主权财富基金的

监管因应与治理改革

以中投公司为例

郭雳◎著

北京大学出版社

PEKING UNIVERSITY PRESS

图书在版编目(CIP)数据

主权财富基金的监管因应与治理改革:以中投公司为例/郭雳著. —北京:
北京大学出版社,2019.5

ISBN 978-7-301-30415-0

Ⅰ.①主… Ⅱ.①郭… Ⅲ.①投资基金—研究—中国 Ⅳ.①F832.51

中国版本图书馆 CIP 数据核字(2019)第 053849 号

书　　　名	主权财富基金的监管因应与治理改革——以中投公司为例	
	ZHUQUAN CAIFU JIJIN DE JIANGUAN YINYING YU	
	ZHILI GAIGE——YI ZHONGTOU GONGSI WEILI	
著作责任者	郭　雳　著	
责 任 编 辑	王　晶	
标 准 书 号	ISBN 978-7-301-30415-0	
出 版 发 行	北京大学出版社	
地　　　址	北京市海淀区成府路 205 号　100871	
网　　　址	http://www.pup.cn	
新 浪 微 博	@北京大学出版社　@北大出版社法律图书	
电 子 信 箱	law@pup.pku.edu.cn	
电　　　话	邮购部 010-62752015　发行部 010-62750672	
	编辑部 010-62752027	
印 　刷 　者	三河市北燕印装有限公司	
经 销 者	新华书店	
	650 毫米×980 毫米　16 开本　19.5 印张　310 千字	
	2019 年 5 月第 1 版　2019 年 5 月第 1 次印刷	
定　　　价	56.00 元	

前　　言

　　主权财富基金应当具备如下要素或特征:(1)由主权国家政府直接拥有;(2)与国家其他财政或政治机构相区隔,能够独立投资和管理;(3)主要承担的义务并非是明确现时的支付义务或流动性要求;(4)为了追求商业回报而投资于多样化的资产组合;(5)相当大一部分投资在全球分布。其法律定位首先立足于母国的相关规定,同时受到投资东道国监管的约束。于是,投资东道国和主权财富基金母国就此展开了一系列博弈,《华盛顿约定》《圣地亚哥原则》等国际治理规则纷纷出台。

　　主权财富基金的研究大致可以从两个维度展开:一是如何因应投资东道国的监管,二是主权财富基金如何改革、完善自身治理。

　　本书第二章至第五章主要围绕前一维度进行分析。总体而言,东道国对于主权财富基金的监管措施可类型化为信息披露机制、新设外资与国家安全审查、黄金股制度等三类由普遍到特殊的监管手段。具体而言,本书主要考察了美国和欧洲作为投资目的地对中投公司所设置的政策障碍和监管壁垒。美国对中投公司投资的监管,首先是针对所有外国投资者普遍开展的国家安全审查制度。2018年修法后,美国外国投资审查委员会的审查范围、权限大幅扩张,审核期限也得以延长,审查力度进一步加大。其次,美国将中投公司视为银行控股公司,对其施加行业性监管,随着颇为严苛的“沃尔克规则”落地,中投公司在美投资受到较大影响。欧洲方面的监管措施围绕着剥离或限制主权财富基金对东道国投资实体控制权展开,分别体现为:第一,出于反垄断、限制控制力或其他目的(例如金融市场的审慎管理等),事前采取限制控制程度的措施。第二,基于特定目的(如保护国防安全或公共秩序),要求进行信息披露,或直接进行国家安全审查。第三,对个别交易进行直接干预,如采取黄金股制度。典型如英国、德国、意大利,根据三国不同的监管倾向和具体措施,中投公司相应采取了股权直投、搭伙间投、组合投资等模式。究其根本,主权财富基金与既有监管体制的博弈应是一个双向去政治化的过程。主权财富基金可以在有限信息披露、国家安全审查、银行控股公司等方面对监管作出更从容的应对。

后一维度上的探讨体现在本书的第六章至第七章。主权财富基金除了对投资东道国监管加以应对外,自身治理制度的改革是其发展的重要基石。从理论角度看,内含于主权财富基金、融合了国家公共政策因素和国内外治理准则的协同治理框架,对传统公司/组织治理理论提出了质疑,国际规则引入、透明度要求撼动了传统私法体系下的股东至上理论。而对传统公私法划分、国际法有效性的挑战,对公平竞争的潜在冲击以及对关联交易可能风险的隐忧,则是主权财富基金作为公法主体参与市场所面临的理论难题。无疑,主权财富基金对当下国际社会普遍接受的公正法律治理状态,即"国际法治",产生了一定的冲击。特别是随着世界范围内市场不确定性增加、金融保护主义盛行,主权财富基金活动正遭遇更多的疑问。

与此同时,主权财富基金的"自我规制"及其延伸功能,可以在"国际法治"的重构中发挥不可替代的作用。主权财富基金形成了复杂而协同的规则秩序,以国家作为关联点,先将国际准则转化为国内法律,再通过主权财富基金的市场力量将这些国内法重新国际化。在该过程中,这些基金使得母国的公共治理和私人或股东利益最大化有机结合,并变相推动了全球市场和投资东道国公共政策的发展。分析全球范围内最具特色和借鉴意义的主权财富基金(如挪威政府养老基金、新加坡淡马锡控股公司和政府投资有限公司、阿联酋阿布扎比投资局、科威特投资局)的治理经验,可以发现主权财富基金成功的关键因素有二:一是适度提高透明度,坚持有限披露;二是引入外部资产管理人。两者也是主权财富基金治理的关键因素。

具体到中国投资有限责任公司(中投公司),因应新常态下各国监管政策逐步明确化与自由化的趋势,借助大国战略(如"一带一路"倡议)所提供的新发展空间,中投公司应审视和处理自身存在的突出问题,如与其他主权投资类型机构的竞合、潜在行政干预、注资撤资机制与特殊的资金来源安排不明晰,以及政府监管、市场问责机制缺失等。在此基础上,中投公司有必要重新思考定位取向,实现目标澄清与功能剥离,以更严格的立法授权与规则制定为辅助,通过"国际法治"的协同治理模式发挥全球影响力。

目 录
CONTENTS

导　语　/001

第一章　主权财富基金概述及界定　/004

    第一节　主权财富基金概述　/004

    第二节　主权财富基金的界定　/007

    第三节　主权财富基金的法律定位　/031

    第四节　中投公司概况与争议　/045

第二章　主权财富基金发展及受投资东道国监管概况　/050

    第一节　主权财富基金的发展情况　/050

    第二节　投资东道国监管措施的类型化总结　/058

第三章　中投公司在美国投资的控股公司路径　/075

    第一节　中投公司在美投资及其监管框架　/075

    第二节　美国国家安全审查制度　/076

    第三节　中投公司的银行控股公司路径及其监管　/083

第四章　中投公司在欧洲投资的多样路径　/101

    第一节　英国:开放导向与股权直投　/104

    第二节　意大利:披露透明与组合投资　/113

    第三节　德国:强监管审查与搭伙投资　/116

第五章　主权财富基金回应东道国监管的策略总结　/123

    第一节　监管的本质及深层原因　/123

    第二节　投资东道国监管措施反思及中投公司的应对策略　/128

第六章　世界主要主权财富基金的治理借鉴　/146

    第一节　挪威政府养老基金　/146

第二节　新加坡淡马锡控股(私人)有限公司　/153

第三节　新加坡政府投资有限公司　/161

第四节　阿联酋阿布扎比投资局　/166

第五节　科威特投资局　/173

第七章　主权财富基金运作引发的理论冲击和构造反思　/178

第一节　对传统公司治理理论的冲击　/178

第二节　主权财富基金治理中的关键因素　/186

第八章　世界经济新常态下主权财富基金的运行困境与规则重构　/206

第一节　新常态下主权财富基金面临的投资与治理难题　/206

第二节　主权财富基金与国际金融市场稳定——以石油输出国主权财富基金大规模撤资为背景　/212

第三节　主权财富基金与"国际法治"——以两个相反面向的涉案基金为例　/218

第九章　中投公司的机遇、问题与定位取向　/228

第一节　新常态下的机遇与大国战略下的定位选择　/228

第二节　中投公司所面临的难题　/237

第三节　中投公司的未来展望　/246

结　论　/263

表图索引　/266

主要术语翻译、缩略语目录　/268

参考文献　/271

词汇索引　/301

后　记　/305

导　　语

　　回顾主权财富基金(Sovereign Wealth Funds,SWFs)不长的历史,自其出现到爆炸式发展,颇受人关注。近年来,主权财富基金无论是数量还是规模,均呈现快速增长态势,成为一类令人难以忽视的资产所有者和投资者,与全球金融市场的关联不断加深。

　　主权财富基金之所以引人关注,既在于其体量扩张迅猛,也在于其性质和作用独特。以主权作为支柱,主权财富基金的资金一般来源于国家积累的大量外汇储备或者自然资源收入。由于对资产的流动性要求较低,主权财富基金往往是长期投资者。此外,主权财富基金在晚近的发展实践中,逐渐显现出投资多样性的特征,它们或持有大量的股票,或在市场波动中进行反周期操作,还可以将资金投向多种类型的资产,尝试不同的投资模式。因此,主权财富基金被视作一种特殊的机构投资者,政策制定者、投资业界对其进行了专门的跟踪研究,而围绕它们的争议也甚嚣尘上。

　　过去十几年间,外界对主权财富基金的看法多有反复。21世纪伊始,它们常被视为外国入侵者或"门口的野蛮人",动摇了资本市场的根基。2008至2010年间,又被当作金融危机时的救世主,成为金融交易中备受追捧的商业伙伴。较近的评论又指称它们具有系统性风险,将其与2015年的国际油价下跌和股市动荡联系起来。

　　主权财富基金作为一支日益重要的国际金融力量,其特殊性对监管提出了全新的挑战。对主权财富基金投资的研究大致可从两个维度展开:第一是投资东道国监管及主权财富基金的应对维度,落脚点在东道国监管逻辑的梳理和理论探讨,侧重于东道国国内监管框架的设定、监管重点的确立等主要内容,并分析研判投资东道国的各种政策障碍和监管壁垒。同时,研究应以现实监管环境为前提,对于主权财富基金(特别是中投公司)投资时应当注意的问题进行整理,提炼应对监管的有效方式,以资借鉴。第二个维度是主权财富基金自身的治理维度,即从主权财富基金自身建设与东道国监管逻辑出发,总结典型主权财富基金的成功经验,尤其是关于缓和与东道国之间紧张对立关系的经验,从而归纳出主权财富基金(特别是中投公司)的治理准则,作为实际应用的参考。

本书旨在总结中投公司及其他主权财富基金海外投资并购实际面临的监管环境和法律风险,归纳总结中投公司应注意事项和行为准则,并为我国未来主权财富基金监管立法提供比较法支持。试图有机结合上述两个维度,本书的研究框架及主要内容如下:

第一章从分类、要素、学科研究差异等不同角度来尝试界定主权财富基金,并由此对其作出限缩定义。在此基础上,本书对比主权财富基金在国内外法律制度下的定位,具体分析了中投公司在我国法域内的地位及其治理结构。

第二章展示了当前主权财富基金的发展现状,并抽象出其投资日趋多元、管理逐渐成熟等两大发展趋势。面对主权财富基金的蓬勃发展,投资东道国采取了相应的监管措施,主要包括信息披露要求、新设外资与国家安全审查制度、设置黄金股条款等。

第三章详细阐释了美国针对中投公司投资监管的两个主要方面——国家安全审查和对银行控股公司的特别监管。前者是美国对所有外国投资者普遍开展的审查,后者则是基于中投公司特殊架构而引发的行业性特殊监管。

第四章对中投公司另一重要投资目的地——欧洲进行分析,选取了三个代表不同监管环境的国家予以研析,分别为英国、德国、意大利。根据三国不同的监管倾向和具体措施,中投公司相应采取了股权直投、搭伙间投、组合投资等模式,取得了不错的效果。

第五章将东道国对于主权财富基金的监管措施进一步抽象,发现监管的实质在于逐渐剥离或限制主权财富基金对东道国投资实体的控制权;而监管的根源在于对主权财富基金政治或战略目标的疑虑。基于此,本章从有限信息披露、国家安全审查、银行控股公司等方面对以中投公司为代表的主权财富基金之监管应对策略作出反思。

第六章回归到主权财富基金的自身治理,选取了全球范围内最具特色和借鉴意义的若干主权财富基金加以剖析,包括挪威政府养老基金、新加坡淡马锡控股公司和政府投资有限公司、阿联酋阿布扎比投资局、科威特投资局等。

第七章围绕主权财富基金,就融合了国家公共政策因素和国内外治理准则的协同治理框架对传统公司治理理论的冲击,作了集中探讨。结合前述各大主权财富基金的治理经验及国际规则,本章对主权财富基金的两大治理关键因素——透明度和外部资产管理人引入做了进一步分析。

主权财富基金对当下国际社会普遍接受的公正法律治理状态,即"国际法治",产生了一定的冲击。特别是随着世界范围内市场不确定性增加、金融保护主义日益盛行,主权财富基金遭受到更多的质疑。另一方面,主权财富基金的"自我规制"及其延伸功能,又可以在"国际法治"的重构中发挥不可替代的作用。第八章即围绕这一逻辑,解析了世界经济新常态下主权财富基金面临的挑战及可能出路。

第九章再次聚焦中投公司,展望其在新常态下的机遇与大国战略为其所提供的新发展空间。审视和处理各种发展难题和制约因素,本章建议中投公司有必要重新思考定位取向,实现目标澄清与功能剥离,以更严格的立法授权与规则制定为辅助,通过"国际法治"的协同治理模式实现全球影响力。

第一章　主权财富基金概述及界定

第一节　主权财富基金概述

一、主权财富基金的概念辨析

尽管围绕主权财富基金的争议不断,但学界一直没有对其概念作出统一界定。"主权财富基金"这一名词最早由美国道富银行经济学家安德鲁·罗扎诺夫(Andrew Rozanov)提出。① 国际货币基金组织(International Monetary Fund,IMF)认为,主权财富基金是广义政府出于宏观经济目的而创建、拥有的特殊目的投资基金或安排。它们为实现金融目标而持有、经营或管理资产,并使用一套包括投资于外国金融资产在内的投资战略。主权财富基金的成立资金通常来源于国际收支顺差、官方外汇业务、私有化收入、财政盈余和/或初级商品出口收入。② 中国人民银行研究报告给出的定义是:"主权财富与私人财富相对,通常指一国政府通过特定税收与预算分配、可再生自然资源收入和国际收支盈余等方式积累形成的,由政府控制与支配的,一般以外币形式持有的公共财富。主权基金是为管理主权财富而由政府设立的专业资产管理机构。"③主权财富基金国际工作组(International Working Group of Sovereign Wealth Funds)所制定的《圣地亚哥原则》(Santiago Principles)指出,主权财富基金是指中央及

---

① ROZANOV ANDREW. Who Holds Wealth of Nations [J]. Central Banking Journal,2005,15 (4):3.

② The International Working Group of Sovereign Wealth Funds. Press Release No. 08/06 (c) [EB/OL]. [2017-03-22]. http:// www. iwg-swf. org/pr/pdf/chn/pr08O6c. pdf. 转引自郭雳、张涛. 中投境外投资并购的监管环境与模式选择 [J]. 清华法学,2010 (5):1.

③ 中国人民银行上海总部国际金融市场分析小组. 2007 年国际金融市场报告[M]. 北京:中国金融出版社,2008:5.

地方政府出于宏观经济目的而建立的一种特殊的投资基金或机构设置,其拥有、管理和支配一部分国民资产,并运用一套包括投资国外金融资产在内的投资战略来实现其财务目标。一般而言,主权财富基金通常来源于国际收支盈余、官方外汇操作、私有化进程、财政盈余或商品出口收入。[①]

上述各定义的侧重点不尽相同,但均包含了三个基本要素:第一,所有权归属。各定义均强调主权财富基金为国家或政府所有,即强调"主权"要素,这不可避免地使主权财富基金带上政治属性。第二,资金来源。主权财富基金的资金来源于外汇资产,即政府以外币的形式注资该基金,这强调的是"财富"要素。由于资金来源对投资目标往往具有决定性影响,其决定了主权财富基金的使用意图与风险偏好。因此,"财富"要素深深影响着其他要素的取舍与界定。第三,机构性质。对主权财富基金的界定多将其限定为资产池或者投资工具,或者界定为投资机构,这里强调的是"基金"要素。

除了上述三个基本要素,多数机构或学者还结合主权财富基金的其他要素进一步对主权财富基金的定义加以阐述,这些要素包括投资目的、投资策略、投资期限、风险偏好等。

二、主权财富基金的分类

学界对主权财富基金的分类方式众多,比较有代表性的有:

(一)根据主权财富基金设立的目标分类

陈超(2006)根据设立目标将主权财富基金分为五类:第一类是用于跨期平滑国家收入,减少意外收入波动影响的稳定型基金;第二类是用于协助中央银行分流外汇储备,干预外汇市场的冲销型基金;第三类是用于跨代平滑国家财富,为子孙后代积蓄财富的储蓄型基金;第四类是用于预防国家社会经济危机,促进经济和社会平稳发展的预防型基金;第五类是用于支持国家发展战略,在全球范围内优化资源配置的战略型基金。[②]

---

① The International Working Group of Sovereign Wealth Funds. Generally Accepted Principles and Practices-Santiago Principles[R]. Washington, DC: IWGSWF, 2008: 3.

② 陈超. 主权财富基金全球兴起[J]. 当代金融家, 2006 (10): 10.

与之类似,国际货币基金组织(2007)根据投资目的不同,将主权财富基金分为五类:稳定基金(Stabilization Fund)、储蓄基金(Savings Fund)、储备投资公司(Reserve Investment Corporation)、发展基金(Development Fund)和养老储备基金(Pension Reserve Fund)。[①]

（二）根据主权财富基金的资金来源分类

Lowery(2007)根据资金来源不同,将主权财富基金分为商品型基金(Commodity Funds)和非商品型基金(Non-Commodity Funds)。[②] 商品型基金主要是指资金来源于资源型商品出口收入的主权财富基金。国家或地区通过出口自然资源,如石油、天然气、矿产等,获取大量的外汇收入,再将这些收入作为资金建立主权财富基金。石油输出国组织(Organization of Petroleum Exporting Countries,OPEC)成员国、智利、俄罗斯等国的主权财富基金是这一类型的代表。非商品型基金主要是指资金来源于非资源型商品出口、财政盈余、公共盈余的主权财富基金。中国、韩国、新加坡、澳大利亚等国的主权财富基金是这一类型的代表。

（三）根据主权财富基金的法律形式分类

李虹(2014)提出,根据主权财富基金存在的不同法律形式,将主权财富基金大致分为两类:第一类是"行政机关法人式"主权财富基金,第二类是"国有企业法人式"主权财富基金。"行政机关法人式"主权财富基金是指,主权财富基金由其母国的某一政府部门直接经营,构成了独立的行政机关法人。这一类国家的代表有挪威、俄罗斯以及一些石油输出国组织成员国。对于"国有企业法人式"主权财富基金,国家将其外汇资产交由国有投资公司或基金管理公司进行市场化运作。在法律上,第二类主权财富基金是政府独资的企业法人。尽管政府仍然对主权财富基金的投资策略有较大的影响力,但这一形式的主权财富基金对市场更为敏感,更加适合商业化运作。[③]

---

① International Monetary Fund. World Investment Report 2007：Financial Market and Turbulence：Causes，Consequences and Policies［R］. Washington，DC：IMF，2007：3.

② LOWERY CLAY. Lowery at Barclays Capital's 12th Annual Global Inflation-Linked Conference［EB/OL］.（2008-02-25）［2017-03-22］. http：//www. treas. gov/press/releases/hp836. htm.

③ 李虹. 主权财富基金监管研究［M］. 北京：经济管理出版社，2014：46—48.

第二节　主权财富基金的界定

自主权财富基金的概念被提出后,定义上的争议,导致该术语在使用上出现混乱,进一步导致学界在对基金规模、性质、增长预期等方面进行统计或研究时出现不同结果。[①]

一、经济学界定与法学界定

对于主权财富基金定义的争论多集中在经济学界,除了基本的所有权归属、资产来源、机构性质三个要素,机构和学者对其他要素的定义五花八门。相较之下,法学界尽管意识到定义不统一的问题,但对主权财富基金的具体定义多援引国际货币基金组织或主权财富基金研究中心(Sovereign Wealth Fund Institute,SWFI)等机构的定义,对问题往往未予具体讨论。

事实上,经济学研究解决的是主权财富基金应否投资以及投资何种产品的问题,而法学的研究视角则是在投资东道国的既有法律和不确定政策的外在约束条件下,主权财富基金是否能够投资以及如何合法有效投资。法学上对主权财富基金诸多要素的定位直接关系到其在母国和投资东道国适用何种法律。例如不常为经济学界所讨论的机构性质问题,直接关系到主权财富基金的外观问题。

关于主权财富基金的定义,经济学界的讨论主要集中在 2007 年至 2009 年间,法学界的讨论则相对较少,表 1.1 将经典的观点按不同要素予以罗列:

表 1.1　不同机构或学者对于主权财富基金的定义

机构或学者名称	所有权	资产来源	投资目标	投资策略	机构性质
美国财政部（2007 年 6 月）	国家政府	外汇储备,但区别于货币当局管理的官方储备			投资工具

---

①　ROZANOV ANDREW. Definitional Challenges of Dealing with Sovereign Wealth Funds [J]. Asian Journal of International Law, 2011 (1): 250.

（续表）

机构或学者名称	所有权	资产来源	投资目标	投资策略	机构性质
德意志银行（2007 年 9 月）	国家	公共部门的多余的流动资金，源于政府部门的财政盈余与/或中央银行的官方储备		广泛的多样化资产	金融工具或公共基金
麦肯锡（2007 年 10 月）	国家	央行储备	在某些风险边界的范围内追求金融回报的最大化		
Stephen Jen（2007 年 10 月）	主权性	高外汇敞口；无明确负债		高风险容忍度；长期投资（五年以上）	
Edwin Truman（2007 年 11 月）	政府		多样化的经济和金融目的	有时也持有国内资产	国际资产池
OCED（2007 年 11 月）	政府	外汇资产	资产多元化；让储备获得更好的收益；为将来提供养老金；为资源耗竭后的后代储蓄；稳定价格和经济；促进工业化；实现战略和政治目的		投资工具
福布斯网站的投资辞海（2007 年 12 月）		中央银行从预算和贸易盈余，甚至从自然资源出口中获得的储备资产	使国家经济和人民获益		资金池
中国人民银行发布的《2007 年国际金融市场报告》（2008 年）	政府	通过特定税收与预算分配、可再生自然资源收入和国际收支盈余等方式积累形成			公共财富/专业资产管理机构

（续表）

机构或学者名称	所有权	资产来源	投资目标	投资策略	机构性质
IMF（2008年2月）	广义政府	国际收支顺差、官方外汇业务、私有化收入、财政盈余和/或初级商品出口收入	出于宏观经济目的而创建，拥有特殊目的	投资于外国金融资产	投资基金或安排
IWGSWF（GAPP，2008年9月）	中央及地方政府	国际收支盈余、官方外汇操作、私有化进程、财政盈余或商品出口收入	出于宏观经济目的而创建	投资于外国金融资产	投资基金或机构设置
Sovereign Wealth Funds Institute	国家	国际收支顺差、官方外汇储备、商品出口收入			投资基金或实体
谢平、陈超（2009年2月）	中央政府	外汇储备、商品出口收入	收益最大化	向海外投资；长期投资	投资机构
李虹（2008年7月）	政府	外汇资产	获得超出风险回报率的收益		投资工具或资本集合
周晓虹（2012年6月）	政府		宏观经济目的		投资基金
张瑾（2014年6月）	政府	国家储备			投资实体

综合上述定义，可以发现所有的定义首先明确的都是主权财富基金的所有权要素。其后，多数定义会强调主权财富基金的"基金"要素，即其机构性质。不管是最广义的还是狭义的定义，几乎所有的定义都包含了上述两方面要素。除此之外，对于其他要素的不同理解产生了不同的定义方式，即多数学者采用"主权＋投资机构＋其他具体特征"[1]的方式来界定主权财富基金。

整体而言，经济学的界定均以"主权""财富""基金"三大基本要素为

---

① 李虹.主权财富基金监管研究[M].北京:经济管理出版社,2014:30.

基础展开讨论,对于投资目的或投资策略两个要素则各有偏重,最大的分歧集中在资产来源的范围上。而法学界(列表中的后三个定义)几乎完全借鉴经济学界定对主权财富基金进行定义,不仅未做细致界分,偏于笼统,也未注意到经济学和法学在界定上侧重点的不同。

二、主权财富基金的要素分析

(一)所有权要素

五花八门的定义中,所有权要素是学界的普遍共识,即主权财富基金为政府或国家所有或控制,这是主权财富基金区别于其他投资机构的最主要特征。

最广义的定义来自于埃德温·杜鲁门(Edwin Truman),他认为主权财富基金是政府所有或控制的独立资产池,资产池里包括投资于国外的资产。[①] 这一定义即是以政府所有或控制作为唯一的界定标准,广泛地囊括了政府养老基金、发展银行、政府金融或非金融公司等能够为"主权财富"带来收益的投资工具。而其他相对狭义的定义则往往在此基础上增设要素,对主权财富基金的内涵和外延加以限缩。显然,单一的所有权要素标准并不能很好地将主权财富基金与其他国有机构区分开来,主权财富基金的界定还需辅以其他要素。

目前主权财富基金大多由国家或政府完全持有,国家或政府往往也对投资决策有最终控制权。学界对"国家"的理解相对统一,但对于"政府"的界定又产生了分歧,例如主权财富基金能否被地方政府所有,学界存在不同看法。"政府"的范围涉及一国国家结构形式等问题,如有学者认为美国主要的主权财富基金均为州政府所有,而在中国方面,香港金融管理局利用所持外汇资产组成的投资基金被普遍认为是主权财富基金。在《圣地亚哥原则》的定义中,"政府"被界定为广义政府,即包括中央政府和各级地方政府,财政稳定基金、储蓄基金、储备投资公司、发展基金以及没有显性养老金负债的养老储备基金等全部被纳入其中。[②]

不管对于"政府"的理解如何分歧,"主权"这一所有权要素的强调,决

---

① TRUMAN EDWIN M. A Blueprint for Sovereign Wealth Fund Best Practices [R]. Washington, DC: The Peterson Institute for International Economics, 2008: 1.

② The International Working Group of Sovereign Wealth Funds. generally accepted principles and practices—Santiago Principles[R]. Washington, DC: IWGSWF, 2008: 3.

定了主权财富基金的投资东道国不能完全像对待私人投资那样对待其投资，它们不仅要考虑国家安全问题，还需考虑是否对其适用主权豁免规定。

另一方面，所有权要素也把为个人收益服务的资产排除出主权财富基金名单之外。例如，迪拜国际资本有限责任公司（Dubai International Capital LLC，DIC）管理的是迪拜酋长国酋长谢赫·穆罕默德·本·拉希德·阿勒马克图姆（Sheikh Mohammed bin Rashid Al Maktoum）的私人财产。根据对所有权要素的界定，迪拜国际资本有限责任公司不属于主权财富基金之列。这是非常具有代表性的例子，因为中东地区的主权财富基金占全球主权财富基金规模的三分之一[①]，但中东地区特殊的政治体制下，主权国家的基金与统治者的私人基金之间界限并不明显。因此，相当大一部分类似迪拜国际资本有限责任公司的基金将被排除出主权财富基金的名单。

（二）基金要素

所谓"基金"要素，是从字面上来进行解构，本质上是要求主权财富基金以一个资产池或投资机构或投资工具的形式独立地存在。《圣地亚哥原则》第1条规定，主权财富基金应有合理的法律架构。言下之意是主权财富基金应当采取一定的法律形式，保证其成为具有一定独立性的市场主体，即主权财富基金能够独立承担投资过程中的风险和责任。

在法律结构上，主权财富基金所采取的法律架构有三种类型，分别是独立的法律实体、国有企业法人和资产池。

第一类主权财富基金是独立的法律实体。基金是政府内部的一个单独部门，但基金本身自成一体，具有完全行事能力，受特定的组织法规范，适用公法。采取这一类型架构的典型是科威特投资局（Kuwait Investment Authority）、卡塔尔投资局（Qatar Investment Authority）和阿联酋阿布扎比投资局（Abu Dhabi Investment Authority，ADIA），主要为中东国家所采用。例如，科威特投资局是科威特政府内部独立的行政机关法人，对部长会议和国民会议负责，主要负责代表政府对外投资；目前投资局负责管理超过5920亿美元的石油收入。

---

① Sovereign Investment Lab. Towards a New Normal：Sovereign Wealth Fund Annual Report 2015［R］. Milan：Sovereign Investment Lab，2016：36.

第二类主权财富基金采取国有企业法人形式,适用普通公司法,也适用其他针对主权财富基金的特殊法律。国有企业法人形式的主权财富基金是形式上最具独立性的主体,每国仅以其自身所投入资产为限承担民事责任,主权财富基金也只以其自身所有资产为限对他人承担民事责任。国际上多数主权财富基金采取公司形式,典型的有中国的中投公司、新加坡的淡马锡控股(私人)有限公司(Temasek Holdings Private Limited,以下简称淡马锡)和政府投资有限公司(Government of Singapore Investment Corp.)。当然,这种形式的主权财富基金又可以按照公司是否对基金资产享有法人财产权作进一步细分。拥有法人财产权的主权财富基金在本质上与一般的国有企业并无二致;而不享有法人财产权的主权财富基金实际上就是由国家发起成立的基金管理公司,它作为基金管理人,根据协议为国家(政府)这一特殊客户从事资产管理业务。①

第三类主权财富基金采取资产池形式,这种形式下的主权财富基金没有独立的法人资格。其由国家或中央银行拥有,但通常受特殊法规约束,通过特殊安排实现主权财富基金与其他政府资产的区隔。这种类型的典型是挪威政府养老基金(全球)(Government Pension Fund Global,GPFG),负责经营的挪威银行资产管理部是隶属于挪威中央银行即挪威银行的独立投资部门,并非公司法意义上的独立法人。尽管资产管理部可以以自己的名义进行对外投资,但在几乎所有重要事务上都得根据协议接受挪威政府和财政部的决定。

不论其法律架构如何,主权财富基金的经营管理都应独立,以保证其投资决策和经营遵循经济原则与投资政策及目标,不受政治影响或干预。主权财富基金应在相关的法规、章程和其他组织文件中规定其治理结构,确保在监督、决策和经营三者之间形成合理、有效的分工。例如,采独立法人实体形式的主权财富基金,其治理结构中应明确区别所有者、决策机构和管理层的角色。而类似于挪威政府养老基金(全球)的主权财富基金以资产池方式建立,它们的所有者可通过一个或多个组织(如部委、议会委员会等)来行使治理机构的职能,通过授权来明确区分上述三者的责任。

---

① 李虹.主权投资基金的法律属性及其监管[J].政治与法律,2008(7):84.

当然,主权财富基金存在的法律形式在大部分界定中都未得到严格而明确的限定,这意味着无论是学界还是监管层,都倾向于通过功能标准而非形式标准来辨识主权财富基金。这一方面充分考虑了不同国家的国情,具有广泛的包容性;另一方面也意味着判断主权财富基金必须取决于其他要素的精确性和限定性。[①] 但从另外一个角度看,明确界定其法律形式,有助于定位主权财富基金所应适用的法律规范,保护主权财富基金的合理预期,通过外观保护防止模糊的功能标准被过度使用,保护商业的稳定性。

(三)资产要素

本质上,主权财富基金所拥有或管理的资金都是外汇资产。只是在外汇资产的来源上有所不同,或是出于某种考虑,如为了突破特定的法律限制或实现特定的法律效果,而在设立时通过某些法律架构改变资本的法律属性。但不管来源何处,或法律属性如何,均不改变其外汇资产的实质。外汇资产的产生有不同的途径,不少学者从主权财富基金的资金来源要素出发,对主权财富基金进行了界定。由于各方视角不同,或是对具体概念的内涵和外延理解不一,因而产生了定义上的差异。

表 1.2 不同机构或学者对于主权财富基金资产来源的界定

机构或学者名称	外汇业务	贸易盈余/国际收支顺差	自然资源出口/初级商品出口收入	私有化收入	预算/财政盈余/特定税收
美国财政部(2007 年 6 月)	√				
德意志银行(2007 年 9 月)		√	√		
OCED(2007 年 11 月)	√				
福布斯网站的投资辞海(2007 年 12 月)		√	√		

---

① 李虹. 主权财富基金监管研究[M]. 北京:经济管理出版社,2014:38.

（续表）

机构或 学者名称	外汇业务	贸易盈余/ 国际收支 顺差	自然资源出口/ 初级商品出口 收入	私有化 收入	预算/ 财政盈余/ 特定税收
中国人民银行发布的《2007 年国际金融市场报告》(2008 年)		√	√		√
IMF(2008 年)	√	√	√		√
IWGSWF (GAPP,2008 年 9 月)	√	√	√	√	√
谢平、陈超(2009年)	√		√		

　　之所以从资金来源角度来界定主权财富基金,是因为资金来源具有极为重要的影响力。首先,资金的来源与投资目标间存在巨大的关联性,前者对后者往往有决定性影响,即资金来源决定了主权财富基金的使用意图与风险偏好,也进一步决定了主权财富基金的投资策略。[①] 其次,资金来源也决定了主权财富基金投资是否稳定且具有长期性。对资金来源和投资目标的界定,影响了投资东道国对于主权财富基金的监管态度,这对于主权财富基金的投资、管理、发展至关重要。下文将结合主权财富基金的资金来源和目标要素进行分析。

　　进一步探析主权财富基金的资金来源,可以发现,资金在终极意义上属于公共储蓄或公共财富,是全体国民的基金。这就要求主权财富基金母国在制度设计时,必须建立有效的机制,一方面保障公众的知情权和监督权,另一方面使其投资收益最大限度地服务于全民利益。换句话说,资金来源的特殊性对主权财富基金运行的透明度与监督的问责制建设提出了更高的要求。

　　（四）投资目标

　　且不论何种投资机构可以被界定为主权财富基金,就更宏观的主权

---

　　① ROZANOV ANDREW. Definitional Challenges of Dealing with Sovereign Wealth Funds [J]. Asian Journal of International Law, 2011 (1): 252.

投资而言,不同国家由于经济结构和宏观经济上需求的不同,主权投资的目标往往各不相同。例如,智利、蒙古或阿尔及利亚等一些以资源为基础的经济体,会建立稳定基金来保护本国的货币和预算,以防止基础商品价格的过度波动;印度、沙特阿拉伯等国留存大量的盈余用于外汇储备,因为这些国家的收入来源和结构性赤字具有脆弱性;日本则承认,为本国的老龄人口提供福利是其最为紧迫的任务,因此日本大量主权财富留存于养老基金;石油资源丰富的波斯湾沿岸国家以及挪威将大量的石油超额收入投放于国外,是为了将财富传递给本国后代;最后,私有化收入或者刺激长期投资和经济增长的需求,则促进了特殊发展基金的成立,例如爱尔兰、哈萨克斯坦、摩洛哥等国的主权投资持有对其本国经济有战略意义公司的股份。

　　长期的财务投资者身份常常为主权财富基金所标榜,几乎所有基金都声称自己获取风险收益目标的纯粹财务性,以换取投资东道国的信任。但事实上,财务目标只是主权财富基金的一般目标,以追求收益为唯一目标或最终目标的主权财富基金并不多见。财务目标本身指向的是稀缺性的配置,非财务目标的实现在绝大多数情形下需要以财务目标的实现为前提。不同的非财务目标决定了财务目标实现方式的多元化,表现在市场上即不同资本具有不同的投资期限和不同的风险偏好。[①]《圣地亚哥原则》第2条规定,应明确定义和公开披露主权财富基金的政策目的。可见,各投资东道国普遍接受的原则和做法并不在于否认主权财富基金的政策目标,而应在于主权财富基金所追求的政策目标应当被清楚界定,且有明确授权。清晰定义的政策目标将保障主权财富基金专业化运作,确保主权财富基金不受行政的干预,不会直接或间接地承担政府的地缘政治任务而开展投资。

　　学理上根据主权财富基金的不同政策目标对其进行了分类,如表1.3。本书借用IMF的分类加以分析。第一种目标是,跨期平滑国家收入,对冲国家收入意外波动(石油等自然资源的枯竭和价格剧烈波动)对经济和财政预算的影响。追求此种目标的基金被称为稳定基金(Stabilization Fund)。第二种目标是,实现代际财富的转移和分享,应对老龄化社会以及自然资源收入下降的挑战。这种目标在于代际分享财富

---

　　① 李虹. 主权财富基金监管研究[M]. 北京:经济管理出版社,2014:35—36.

表 1.3　不同机构或学者针对主权财富基金政策目标做的分类

不同机构或学者	分类				
IMF—Financial Market and Turbulence: Causes, Consequences and Policies(2007)	Stabilization funds	Savings funds	Reserve investment corporations	Development funds	Pension reserve funds
IMF—A Work Agenda (2008)	Stabilization funds	Savings funds for future generations	Reserve investment corporations	Development funds	Contingent pension reserve funds
陈超、胡海琼（2006）（实际是借鉴丁《圣地亚哥原则》的分类，在其基础上增加两类）	稳定型基金 Stabilization-oriented Fund	储蓄型基金 Savings-oriented Fund	冲销型基金 Sterilization-oriented Fund	战略型基金 Strategy-oriented Fund	预防型基金 Preventive Fund
巴曙松（2010）	平准基金 Stabilization-oriented Fund	储备基金 Savings-oriented Fund	冲销型基金 Sterilization-oriented Fund	发展基金 Strategy-oriented Fund	养老储备基金 也可以称作预防型主权财富基金（Preventive Fund）
IFSWF—Case Studies(2014)	Stabilization funds	Savings funds (1) Intergenerational equity (2) Future pension obligations	Reserve investment corporations		

的主权财富基金被称为储蓄基金(Savings Fund),中东多数国家设立的主权财富基金均属此类。第三种目标是,协助中央银行分流外汇储备,干预外汇市场,冲销市场过剩的流动性,同时降低外汇储备持有成本或用于实行追求较高回报的投资。以此为目标的主权财富基金是储备投资公司(Reserve Investment Corporation)。不同于货币当局为了国际收支或货币政策目的而持有的外汇储备,储备投资公司将盈利性作为首要目标,而货币当局管理的外汇储备则将安全性和流动性置于目标序列之首,将盈利性作为次要目标。第四种目标是,为重点社会经济项目(如基础设施项目)融资,支持国家发展战略,在全球范围内优化配置资源,更好地体现国家在国际经济活动中的利益。这一目标的追求产生了发展基金(Development Fund)。这一主权财富基金类型典型的例子是新加坡淡马锡。第五种目标是,在个人养老金之外,提供新的公共资金来源以应对不确定性很强的偶发养老金支付需求。这类主权财富基金能够支付政府资产负债表上的养老金,因此被称为养老储备基金(Pension Reserve Fund)。同时,养老储备基金也可以应对政府资产负债表上的或有负债,以回应潜在社会经济危机和发展不确定性。以科威特为例,伊拉克战争结束后,科威特投资局所积累并管理的主权财富基金在科威特重建中发挥了重要作用。

（五）投资策略

《圣地亚哥原则》第 18 条规定,主权财富基金的投资策略(investment policy)应是明确的,并与其所有者或管理机构定义的目标、风险容忍度和投资战略保持一致,而且应基于稳健的投资组合管理原则。投资策略(包括资产配置)是实现所有者或治理机构所制定的目标的策略。投资策略能引导主权财富基金在活动中遵循已经批准的投资目标、战略、风险容忍度和投资监督程序。资产配置一般体现在基准投资组合中,反映了主权财富基金的政策宗旨、负债状况、投资期限、风险容忍度和不同资产类别的特点。投资策略通常会界定可容许的资产类别,规定个别持有规模、流动性、地域与行业集中度的上限。根据主权财富基金的政策目标,基金的资产配置可以设定一定的投资范围,例如只投资于国外资产。[①] 对于主权财富基金的投资策略,应予明确的是:

---

① 谢平,陈超. 谁在管理国家财富?[M]. 北京:中信出版社,2010:202.

首先,主权财富基金主要投资于国外金融资产而非专注于投资本国金融资产,其投资策略存在一定的外向性。换个角度看,即排除了仅投资国内市场的投资机构。这一界定方式体现了国际上较为普遍的共识。

其次,主权财富基金在投资策略上的另一突出特征是投资的长期性。风险调整后的最大财务收益作为主权财富基金最核心、最基础的目标,有助于其在中长期投资期限中使用较大幅度的投资策略。因此,主权财富基金可以广泛地投资于股票、债券等固定收益、泛行业直投、泛行业私募股权、另类资产等多种资产类别,以及金融、科技、资源能源、房地产和基础设施等多个领域,构建多元化的组合投资。投资的长期性决定了主权财富基金在投资中所采取的长期视角及其承受商业周期的能力,给全球金融市场带来了重要的多样性。[①]

最后,主权财富基金的投资策略还可以做两类划分,分别为组合投资和战略投资。组合投资是指投资股权比例通常在5%—10%或更少,持有目的不是为了控制目标企业,而是为了获得红利和股票溢价收入的财务性投资。战略投资指投资股权比例通常在5%—10%及更高,持有目的是为了相对或绝对控制目标企业的投资。[②]

三、本书的界定

（一）狭义的界定

从前述最广义的定义,到通过不同要素进行限缩的定义,在不同机构或学者列明的主权财富基金中,往往包括了货币当局的外汇操作、养老基金、国内发展基金和私人财富基金等形形色色的投资机构,宛如一个机构万花筒,将各类投资机构囊括其中。这不仅过分地扩大了主权财富基金的范围,还会产生不必要的误解,不利于针对主权财富基金进行深入的归纳研究。

本书借用主权财富基金研究室(Sovereign Investment Laboratory)所下的定义,从比较狭义的层面上来界定主权财富基金,即主权财富基金应当具备如下要素或特征:

---

① The International Working Group of Sovereign Wealth Funds. generally accepted principles and practices—Santiago Principles[R]. Washington, DC: IWGSWF, 2008: 3.

② LYONS GERARD. State Capitalism: The Rise of Sovereign Wealth Funds [J]. Journal of Management Research, 2007, 7 (3): 124.

1. 由主权国家政府直接拥有；
2. 与国家其他财政或政治机构相独立，能够独立投资和管理；
3. 主要承担的义务并非是明确现时的支付义务或流动性要求；
4. 为了追求商业回报而投资于多样化的资产组合；
5. 相当大一部分投资在全球分布。①

首先，主权财富基金必须为中央政府所有或控制，中央政府是唯一的所有者。因为主权财富基金的资金来源于国家的财富，最终所有权和收益权归属于全体国民。因此财富仅惠及局部地区的基金不应属于主权财富基金。当然，在本书的分类当中，阿拉伯联合酋长国的多只基金被纳入主权财富基金范围，原因在于阿联酋作为联邦，旗下每个酋长国都是能作出决定性决策的行政单元。

其次，主权财富基金应该能够独立运营。其组织运作应与央行和财政部相独立，且不应受到政治因素的过分影响。

再次，主权财富基金不同于养老基金这类的机构，不需要直接应对养老金等支出，也不对国民承担具体实时的一系列责任。

复次，主权财富基金在国内外投资各种各样的风险资产，以寻求风险调整后的最大财务收益。

最后，主权财富基金在全球范围内配置其资产，且当前主权财富基金直接股权投资的地区集中在发达经济体。

表 1.4 列出了截至 2016 年年底所有符合上述条件的主权财富基金。而表 1.5 选取几个典型不符合本书定义的投资基金作为比较对象，用以说明本书的相关界定。

表 1.4 本书所界定的主权财富基金

序号	国家或地区	主权财富基金名称	创立时间	资金来源	截至 2016 年的总市值（单位：十亿美元）
1.	挪威	Government Pension Fund—Global	1990	商品出口收入（石油和天然气）	903.96
2.	阿联酋—阿布扎比	Abu Dhabi Investment Authority	1976	商品出口收入（石油和天然气）	828.00

---

① Sovereign Investment Lab. Towards a New Normal：Sovereign Wealth Fund Annual Report 2015 [R]. Milan：Sovereign Investment Lab，2016：9.

（续表）

序号	国家或地区	主权财富基金名称	创立时间	资金来源	截至 2016 年的总市值（单位：十亿美元）
3.	中国	China Investment Corporation（中投公司）	2007	贸易盈余	813.76
4.	科威特	Kuwait Investment Authority	1953	商品出口收入（石油和天然气）	592.00
5.	新加坡	Government of Singapore Investment Corporation	1981	贸易盈余	353.58
6.	卡塔尔	Qatar Investment Authority	2005	商品出口收入（石油和天然气）	335.00
7.	中国	National Social Security Fund（社保基金）	2000	贸易盈余	294.85
8.	阿联酋—迪拜	Investment Corporation of Dubai	2006	商品出口收入（石油和天然气）	200.82
9.	沙特阿拉伯	Public Investment Fund	1971	商品出口收入（石油和天然气）	190.00
10.	新加坡	Temasek Holdings	1974	贸易盈余	179.71
11.	阿联酋—阿布扎比	Mubadala Development Company PJSC	2002	商品出口收入（石油和天然气）	125.00
12.	俄罗斯	National Wealth Fund and Reserve Fund	2008	商品出口收入（石油和天然气）	110.85
13.	阿联酋—阿布扎比	Abu Dhabi Investment Council	2007	商品出口收入（石油和天然气）	110.00
14.	澳大利亚	Australian Government Future Fund	2006	非商品出口收入	92.51
15.	韩国	Korea Investment Corporation	2005	政府关联公司	91.80
16.	利比亚	Libyan Investment Authority	2006	商品出口收入（石油和天然气）	66.00
17.	哈萨克斯坦	Kazakhstan National Fund	2000	商品出口收入（石油和天然气）	65.70
18.	文莱	Brunei Investment Agency	1983	商品出口收入（石油和天然气）	40.00
19.	马来西亚	1 Malaysia Development Berhad	1993	政府关联公司	34.95

（续表）

序号	国家或地区	主权财富基金名称	创立时间	资金来源	截至 2016 年的总市值（单位：十亿美元）
20.	阿联酋	Emirates Investment Authority	2007	商品出口收入（石油和天然气）	34.00
21.	阿塞拜疆	State Oil Fund of Azerbaijan	1999	商品出口收入（石油和天然气）	33.21
22.	新西兰	New Zealand Superannuation Fund	2001	非商品出口收入	21.74
23.	爱尔兰	Ireland Strategic Investment Fund	2001	非商品出口收入	21.70
24.	东帝汶	Timor-Leste Petroleum Fund	2005	商品出口收入（石油和天然气）	16.90
25.	阿联酋—迪拜	Istithmar World	2003	政府关联公司	11.50
26.	阿联酋—迪拜	Dubai International Financial Center	2002	政府关联公司	11.00
27.	巴林	Mumtalakat Holding Company	2006	政府关联公司	10.51
28.	俄罗斯	Russian Direct Investment Fund	2011	非商品出口收入	10.00
29.	阿曼	State General Reserve Fund	1980	商品出口收入（石油和天然气）	9.15
30.	阿曼	Oman Investment Fund	2006	商品出口收入（石油和天然气）	6.00
31.	安哥拉	Fundo Soberano de Angola	2012	商品出口收入（石油和天然气）	4.75
32.	阿联酋—拉斯海马	Ras Al Khaimah Investment Authority	2005	商品出口收入（石油）	1.20
33.	尼日利亚	Future Generations Fund	2012	商品出口收入（石油和天然气）	1.07
34.	摩洛哥	Ithmar Capital	2011	政府关联公司	1.00
35.	越南	State Capital Investment Corporation	2005	政府关联公司	0.87

（续表）

序号	国家或地区	主权财富基金名称	创立时间	资金来源	截至 2016 年的总市值（单位：十亿美元）
36.	巴勒斯坦	Palestine Investment Fund	2003	非商品出口收入	0.80
37.	基里巴斯	Revenue Equalization Reserve Fund	1956	商品出口收入（磷酸盐）	0.65
38.	圣多美和普林西比民主共和国	National Oil Account	2004	商品出口收入（石油和天然气）	<0.01
	合计			来自石油和天然气收入的资金	3625.41
	合计			来自贸易盈余的资金	1641.90
	合计			其他来源资金	357.23
	全部基金			总计	5624.54

［数据来源：主权财富基金研究室（Sovereign Investment Laboratory）］

表 1.5　几个典型不符合定义的投资基金

国家或地区	创立时间	相关基金及其情况说明	定位或变化	定义要素或特征				
				S	I	L	C	A
澳大利亚	2012	Western Australian Future Fund 于 2012 年 12 月发起设立。其成立的目的在于为国家矿产资源收入和后世利益留存资金提供保值增值服务。		×	√	√	√	×
巴西	2008	巴西政府成立 Fundo Soberano do Brasil（FSB）是为了减少政府支出对于通胀的影响、减弱货币实际升值、支持巴西公司的对外投资。其初始资本是 61 亿美元，建立时还发行了 59 亿美元政府债券。	分别在 2014 年 9 月和 2015 年 12 月提取了 15 亿美元和 2.16 亿美元用以资助财政预算。	√	×	√	×	×

（续表）

国家或地区	创立时间	相关基金及其情况说明	定位或变化	定义要素或特征				
				S	I	L	C	A
法国	2012	BPIFrance 于 2012 年底成立,其后兼并了 CDC Entreprises、Fonds Strategique d'Investissment(原被视为法国的主权财富基金)和 OSEO。其操作类似于公众投资银行,用以支持中小企业,并为潜在的高增长公司或行业提供天使资金。	管理着 258 亿美元资产	√	√	×	√	×
加蓬	2012	FFonds souverain de la République Gabonaise 成立的目的在于发展加蓬国内的新兴产业,从而产生充足利润,以取代原来的石油收入。		√	√	√	√	×
中国香港地区	2016	未来基金(Future Fund)成立于 2016 年 1 月,是为财政收入寻求高额回报的投资工具,使政府可以有更多的资源应对长期的开支。		√	×	√	√	×
印度	2008	National Investment and Infrastructure Fund 用于为印度基础设施升级提供资金支持。该公司筹措资金,投资于基础设施金融公司的股权,而这些公司又可以此投资加杠杆进一步筹资。因此该公司被视为"银行的银行的银行"(a banker of the banker of the banker)。		√	√	√	√	×
伊朗	2011	The National Development Fund of Iran 拥有两种作用,一是作为准发展银行,二是作为石油收入储蓄基金。从 2011 年始,在稳定财政收入方面起着重大作用。		√	√	√	√	×

（续表）

国家或地区	创立时间	相关基金及其情况说明	定位或变化	定义要素或特征				
				S	I	L	C	A
意大利	2011	Fondo Strategico Italiano 的作用在于从有前景的意大利大企业中获得少数股东权益，并促进基础设施和对国民经济有战略意义行业的发展。其与 Qatar Holding、Russian Direct Investment Fund、Kuwait Investment Authority and Korea Investment 共同签署了伙伴协议，并共同建立了合资企业 Cdp Equity。		√	√	√	√	×

＊定义要素或特征一栏中，S（Sovereign）、I（Independently）、L（Liability）、C（Commercial）、A（Abroad）依次代表上文所列五个要素和/或特征。

（二）限缩定义的原因

本书将主权财富基金的定义进行一定限缩，考虑的因素在于：

首先，包罗万象的广泛定义，容易因为各主权财富基金自身不同的情况、其母国不同的政治体制、不同的透明度等因素产生不必要的误解，既影响学理的归纳，也容易因概念外延的扩张而使投资东道国对主权财富基金产生过分的戒备，影响主权财富基金的发展。

本书所罗列的 38 只主权财富基金共管理着 56245 亿美元资金，其中 36254 亿美元来自石油和天然气收入，占比 64.46％；29.19％来自贸易盈余，约 16419 亿美元；其他来源资金共 3572 亿美元，占 6.35％。相比于另一具有影响力的研究机构主权财富基金研究中心截至 2016 年 12 月底的统计，可以发现本书界定的主权财富基金更具代表性和普遍性。主权财富基金研究中心采用了更广泛的定义，其列举了 80 只主权财富基金，总资产达 73320 亿美元。可见，本书所界定的主权财富基金占据了主权财富基金研究中心所列基金规模的 77％，且涵盖了全球最大、最发达的主权财富基金。

值得指出的是，主权财富基金研究中心给出的主权财富基金范围非常广泛，并呈现出较大的波动态势。即过去几年，其统计下的主权财富基金表现出比对冲基金、养老基金和其他私人机构投资者更快的增长速度；

但这种快速发展的势头在 2015 年戛然而止，且在总量上发生了衰减。然而，如果根据本书的界定，所列 38 只主权财富基金在总量上实际仍是增长的，只是增长速度远逊于之前几年，几乎所有以石油出口收入为资金来源的主权财富基金都受到了油价下跌的影响。从这点上看，有必要重视和分析油价保持低位条件下会对主权财富基金的未来产生怎样的影响。

其次，限缩定义下的主权财富基金具备显著代表性，足以涵摄与广泛定义下基本一致的主权财富基金发展脉络。面对资金规模日益膨胀、资金来源日益多元、投资策略日益变迁、投资资产日益多样的发展态势，有必要取其精华，针对具有主权财富基金典型特征和治理特点的基金进行剖析。

科威特投资局于 1953 年建立，成为世界上第一只主权财富基金。其后 20 世纪 70 年代成就了主权财富基金发展的第一个高潮，新加坡淡马锡和阿联酋阿布扎比投资局等基金均在这一阶段创立。这期间多数主权财富基金由商品稳定基金发展而来。由于大宗商品（尤其是石油）价格和产出水平容易产生波动，因此稳定基金的目标是通过最小化商品收入异常变动的影响，来促进本地经济的发展，并平滑政府的财政收入。而新加坡淡马锡当时的任务则是"负责持有并管理新加坡政府在各大企业之投资，目的是保护新加坡的长远利益"。

20 世纪 90 年代迎来了主权财富基金发展的第二个高潮。闻名世界的挪威政府养老基金（全球）的前身政府石油基金（Government Petroleum Fund）便是在这一阶段成立的，到 2005 年底才改为现名。此次高潮中，稳定基金仍然是主角，只是资金来源不限于石油，而广泛地来源于铜、钻石和其他诸多自然资源产品。成立此类基金的国家的财政大多依赖这些自然资源的出口，这类基金通常倾向于国内投资。上述两阶段所成立的稳定基金缺点明显，其管理水平较低，且易受政治因素的干扰，严重影响了资金管理的效率，本质上并不具备现代主权财富基金的特征，甚至不属于严格意义上的主权财富基金。低效的管理也迫使稳定基金向着真正意义上的主权财富基金进化。①

自 2000 年后，主权财富基金全面爆发式增长，韩国投资公司（Korea

---

① BALDING CHRISTOPHER. Sovereign Wealth Funds：The New Intersection of Money and Politics [M]. New York：Oxford University Press，2012：4.

Investment Corporation)、澳大利亚未来基金(Australian Government Future Fund)、中国投资有限责任公司、俄罗斯国家财富和储备基金(National Wealth Fund and Reserve Fund)等相继成立,资金来源从商品出口收入拓展到贸易盈余、私有化收入等诸多方面。投资目标也不再限于跨期平滑国家收入,实现代际财富的转移和分享、冲销市场过剩的流动性并降低外汇储备持有成本、支持国家发展战略等成为了多元的目标追求。目标多元化和财务利益最大化的追求使得主权财富基金通过广泛的国际投资来丰富基金的收益来源。同时,有别于以往稳定基金往往被中央银行或财政部紧密控制和管理,新型主权财富基金有意识地在法律上、实践中与其他政府部门或机构进行分离,使基金管理人能够免受直接的政治压力。可以说,当前发展中的主权财富基金才算作真正意义上的主权财富基金。狭义定义下的主权财富基金与当前基金的发展趋势更加相称,更符合学界研究的目标,更具有代表性。

(三)与其他投资机构比较

如前所述,主权财富基金只是国家(政府)持有或控制的投资工具之一。追求不同的目标和策略的国家(政府)投资工具,拥有差异化的资产配置和投资选择。如果从所承担金融风险的角度进行审视,可以将所有投资工具纳入一个金融风险的谱系中,从外汇储备基金(持有最具流动性和低风险的资产),到养老和社会保险基金(同样要求具有较高投资回报),再到主权财富基金(持有最具风险且流动性最差的资产),这一谱系呈现风险承担递增、流动性要求递减、投资选择逐渐多元化的排列方式。若纯粹地以"国有"界定国家所拥有的资产,国有企业也可以纳入其中,可以全方位地对具有"国有"性质的各个机构进行系统的比较。

值得注意的是,尽管各个投资机构有所区别,但是随着全球经济的多元化发展,各个投资机构呈现出混合发展模式,即一类投资机构往往会纵深发展,兼顾多种类型机构的投资目的。

外汇储备基金成立的目的在于保持币值稳定,控制通货膨胀,进行宏观调控。因此外汇储备基金首先要求具有高度的流动性,且需预留额外资产用以直接资助国际收支的平衡。其次,外汇储备基金通常由中央银行或财政部直接管理,一般是传统的政府主导型管理模式。最后,外汇储备基金的投资目的侧重于"保值",投资方式较单一,持有的资产大部分是OECD国家的政府债券(尤其以美国国债为主)。例如,沙特货币管理局

(Saudi Arabian Monetary Agency)拥有6355亿美元资产,有将近70%投资于外国证券,其余全部为现金和黄金。当然,部分外汇储备基金(包括沙特货币管理局和中国国家外汇管理局),也会有一些更加冒险的投资操作,但是这部分投资只占资金的一小部分,而且主要用于对冲币值波动带来的风险。

稳定基金,如智利经济和社会稳定基金,用于国家宏观经济受到严重冲击后,在短时间提供资金,用以稳定本国币值。与外汇储备基金类似,稳定基金的投放方式必须保证政府能够即刻得到资金,而不是追求收益最大化。因此,其投资组合具备流动性和低风险性,通常由主权债务、现金和黄金、预期高质量的商业债券(如大型综合性银行)组成。

养老和社会保险基金在投保人达到退休年龄后对他们负有现时的养老金支付义务。首先,该类基金的投资目的是为社会公民提供养老保障,因此投资风格相对保守,其资产配置需保证充足的流动性以履行现实的养老金支付义务。另一方面,其风险组合的管理又必须确保其能持续地满足未来的支付需求。因此,典型的养老和社会保险基金如加利福尼亚州公共雇员养老基金(CalPERS)、加拿大养老金计划投资委员会(Canada Pension Plan Investment Board)、韩国国家养老金服务基金(the National Pension Service of Korea),均寻求支付义务与风险收益之间的平衡,将资金投资于基础设施、私募股权基金等非流动性资产,从而组成了更高风险而流动性更低的投资组合。其次,养老和社会保险基金的产权可以归属于地方政府,上述加利福尼亚州公共雇员养老基金即是典范。再次,加利福尼亚州公共雇员养老基金的资金来源于政府以社会保障税形式征收的资金,也就是说它的来源主要是社会成员的贡献。最后,通常情况下,政府对养老和社会保险基金的运作影响较小,基金信息披露程度普遍较高。

主权财富基金位于金融风险谱系的中间偏右位置。主权财富基金具有独立的身份,追求长期的商业回报。不同于中央银行、稳定基金或公共养老基金,主权财富基金没有直接的社会支付义务。因此,其对风险和非流动资产有更高的容忍度,从而有条件创造更高的投资回报。这些基金可以较广泛地进行资产配置,包括股票、债券、私募、不动产、基础设施、对冲基金、交易所交易基金、期货合约、大宗商品等,并可在不同地域和金融部门配置风险收益组合。此外,出于改变原有收入来源过分依赖单一商品(大多数情况下是石油)以及避免出现小经济体因各产业部门之间发展不平衡而引发"荷兰病"①的危险,主权财富基金的投资组合大量发生于境外,这方面与其他主权投资工具有所不同。

国内投资和发展基金在全球范围内也非常普遍,这些基金中的部分成员最终可能逐渐转化为国际性投资机构,甚至是主权财富基金,如淡马锡和马来西亚国库控股公司(Khazanah Nasional Berhad)②。法国信托投资局(Caisse des Dépôts et Consignations)或意大利国有银行(Cassa Depositie Prestiti)都属于拥有悠久历史授权的老牌机构,而像马来西亚一马发展有限公司(1 Malaysia Development Berhad)、哈萨克斯坦的国家主权基金投资公司萨姆鲁克—卡泽纳(Samruk-Kazyna)则是出于进一步促进新兴经济体经济发展而设立。这些基金在国内创设新的政府关联公司或合伙企业来促进经济发展、扶持国内企业,并管理现有政府关联公司的国有股份。除此之外,这些基金,尤其是美国的基金,大都为地方政府所有,用于特定目的的投资。除了阿拉斯加永久基金,路易斯安那州投资 45 亿美元建立了一系列信托基金(trust funds),俄克拉荷马州在州政府(非养老金)基金(non-pension state funds)上投资 50 亿美元,得克萨斯州建立了学校和大学永久基金。这些基金都服务于州一级层面上的特殊目的,在未来帮助各州的经济和社会发展。

更大范围内,国有企业、政府关联公司、混合所有制企业,形形色色的国家(政府)所有或控制公司在现实生活中屡见不鲜,这些企业往往投资于基础设施和具有战略重要性的行业。近年来最受瞩目的莫过于来自新兴市场的国家石油公司,包括沙特阿拉伯国家石油公司(Saudi Aramco)、俄罗斯天然气工业股份公司(Gazprom)、中国石油天然气集团公司(China National Petroleum Corporation,中石油)、伊朗国家石油公司(National Iranian Oil Company)、委内瑞拉国家石油公司(Petroleos De Venezuela S. A.)、巴西国家石油公司(Petroleo Brasileiro SA,Petrobras)和马来西亚国家石油公司(Petronas of Malaysia),它们曾被称作是"新石油七姐妹"(new Seven Sisters)③,并一度控制了全球的主要石油生产。

---

① "荷兰病"主要是指中小国家经济的某一初级产品部门异常繁荣,而导致其他部门衰落的现象。

② 二者在本书中均被界定为主权财富基金。

③ HOYOS CAROLA. The new Seven Sisters: oil and gas giants dwarf western rivals [EB/OL]. (2007-03-12)[2017-03-22]. http://www. ft. com/cms/s/2/471ae1b8-d001-11db-94cb-000b5df10621. html♯axzz4IIxpkN34.

国有企业很容易与主权财富基金相混淆。事实上,正是两家国有企业在美国市场的收购意图引发了全世界对于新兴市场主权投资基金的关注,分别是中国海洋石油总公司(China National Offshore Oil Corporation)收购美国石油公司优尼科(Unocal)案和迪拜港口世界集团(Dubai Ports World)收购太平洋东方蒸汽船航运公司(Pacific & Oriental Steam Navigation Company)案。国有企业也常常购买国外资产,也会在国外布局大量的投资组合。从法律结构上看,国有企业都采取了普通公司法规范下的公司法人形式。以公司形式设立的主权财富基金在法律性质上即是国有企业。但国有企业并非总是以营利或创造财富为目标的投资工具,有些国有企业甚至是长期亏损,需要国家财政予以补贴的。整体而言,国有企业的所有权归属于中央政府或地方政府,资金来源于政府划拨和公司盈利等。

表 1.6　主权财富基金与其他主权投资机构比较

比较项	外汇储备基金	稳定基金	养老和社会保险基金	主权财富基金	国内投资和发展基金	国有企业
风险承担能力	递增 →					
流动性要求	递减 →					各不相同
投资组合	多元化 →					多投资实业
所有权	中央政府	中央政府	交保社会成员	中央政府	中央/地方政府	中央/地方政府
资金来源	外汇储备	外汇储备/商品出口收入/投资收入	社会成员交纳	外汇储备/商品出口收入/投资收入	国家财政	政府划拨/企业盈余
投资目的	保值/稳定币值	稳定币值	缓解未来养老和社会风险支出压力	增值目的(主要)或政策目的(次要)	战略	增值/营利/战略
投资期限	会进行短期操作	长期	长期	长期	长期	长期

（续表）

比较项	外汇储备基金	稳定基金	养老和社会保险基金	主权财富基金	国内投资和发展基金	国有企业
政府控制	完全	完全	不明显	完全	完全	重要，但不完全
信息披露	不透明	透明度较高	各不相同（大多不透明）	透明度高	不透明	各不相同（商事公司需满足信息披露要求）

　　有些基金兼具了上述多种角色，最明显的是一些养老储备基金，如澳大利亚未来基金（Australian Government Future Fund）和新西兰退休基金（New Zealand Superannuation Fund）。这些基金建立之初，使用的是财政盈余，用以为未来公共养老金义务的兑现筹集资金。因此，这些基金当前并没有现时的支付义务，实质上和主权财富基金一样投资于风险组合。不过，它们的资产分布和风险承担程度将会因开始用于支付而发生变化。

　　许多拥有促进经济发展目的的主权财富基金，事实上也与发展基金有诸多的重合。像巴林玛姆塔拉卡特控股公司（Mumtalakat Holding Company）和越南国家资本投资公司（State Capital Investment Corporation）积极地参与到了其所投资的政府关联公司的运营中。它们的运作方式和现代私募股权基金有很多类似之处，即均积极地参与到所投资企业的治理中，以获取投资增值。而当它们退出所投企业，它们又可以在金融资产领域追加投资，形成广泛的证券组合，从而将自身角色向储备投资基金转变。淡马锡和马来西亚国库控股公司均不断地从事上述操作。

　　阿联酋阿布扎比所拥有的多只基金也逐渐呈现这种混合发展趋势，其中最典型的是穆巴达拉发展公司（Mubadala Development Company）。穆巴达拉所接受的授权是促进阿布扎比经济多元化发展，因此它可以在阿联酋国内不同行业广泛地进行投资运作。另外，穆巴达拉在国外分布有以营利为目的的股权组合，用以支持其在国内的投资。同时，穆巴达拉还与美国通用电气公司（General Electric Co.）和意大利芬梅卡尼卡集团（Finmeccanica）等跨国公司共同成立合伙企业，并收购了瑞士航空技术公司

(SR Technics)①、约翰巴克国际资产发展公司(John Buck International)以追求特殊的目标。

主权财富基金在保持其原有特征的情况下，也拥有了更加多元的投资目标。卡塔尔投资局(Qatar Investment Authority)是混合模式的另一个例子。卡塔尔投资局广为人知的是其在海外的投资，特别是在英国的投资，但卡塔尔投资局同样也在国内进行投资以支持卡塔尔经济发展。其中最大的一笔投资发生在 2009 年，其与德国联邦铁路公司(Deutsche Bahn)共同成立了资产达 244 亿美元的合资企业，用以支持卡塔尔的铁路系统发展。卡塔尔投资局还通过哈萨德食品公司(Hassad Food)和阿勒哈里发投资公司(Al Gharrafa Investment Company)投资外国农场，以实现保障母国食品安全的目标。

第三节　主权财富基金的法律定位

一、母国国内法上的法律地位

主权财富基金的法律定位，首先应立足于母国的相关规定，健全的国内法律框架一方面可以为主权财富基金提供良好的制度环境，为主权财富基金的治理打下基础，有利于合理的目标和投资决策的制定和执行。另一方面，国内法规定为明确划分主权财富基金和其他政府实体职责提供依据，有助于实现对主权财富基金的有效监督和管理。

（一）法律基础与治理结构

如前所述，在法律结构上，主权财富基金存在多种架构，但无论是作为政府内部的一个单独部门，受特定的组织法和公法规范；还是作为国有企业法人，适用普通公司法；抑或是作为受特殊法规约束的资产池，只要其法律基础健全，均可支持主权财富基金的有效运作，有助于实现主权财富基金设立的目标。

国内法应予明确规定的，首先是主权财富基金的法定所有人和资产

---

① 目前，穆巴达拉已同意向海航集团旗下的海航航空(HNA Aviation)出售瑞士航空技术公司 80％的股份，将继续保留剩余 20％的股份。参见驻瑞士经商参处. 海航集团收购瑞士民航技术服务提供商 SR Technics 公司[EB/OL]. (2016-07-15)[2017-03-22]. http://ch. mofcom. gov. cn/article/jmxw/201607/20160701360055. shtml.

受益者。主权财富基金作为独立的市场主体,必须能够承担投资过程中的风险和责任,否则就无法对其投资或经营业绩进行评估。母国仅以其在基金中拥有的权益为限承担民事责任,运营主权财富基金的公司也只以其经营资产为限对他人承担民事责任。

其次,国内法应清晰地对主权财富基金进行授权,明确主权财富基金或其管理人开展投资和交易的内容和范围,清楚定义主权财富基金的目标。明确的授权和目标设定有助于主权财富基金在本国实现问责制,也满足了投资东道国的类似要求。①

最后,由于主权财富基金的特殊性,国内法进行授权的同时应当对主权财富基金的治理结构予以建构,并制定严格的信息报告和披露制度。立法的明确规定一方面有助于理解主权财富基金的机构设置和组织结构,以确保主权财富基金以专业化方式管理。另一方面,可以澄清并披露主权财富基金与其他政府实体(如中央银行、开发银行、其他国有公司和企业)之间的法律关系,有助于更好地理解不同机构各自的委托代理关系及其承担的责任。不仅如此,健全的法律基础可以使公众加深对主权财富基金管理公共资金使命的理解,从而增加对主权财富基金的有效监督,促进其良性发展。这也有利于消解东道国的揣测与忧虑。

国内法法律基础完善的典范是挪威政府养老基金(全球)。作为该国央行管理的最大一只基金,政府养老基金(全球)的主要目标是提高挪威政府的长期石油收益并为政府公共部门养老金提供资金支持,同时保证挪威政府在石油收入上的透明度。2005年,挪威议会通过《政府养老基金法》,规定挪威财政部持有该基金并委托挪威央行下属的挪威央行投资管理部负责该基金的实际运作和管理。挪威财政部对该基金的投资设置作出了严格的要求,对投资结构、持股比例等均加以限制。挪威政府养老基金(全球)遵守完全透明的经营模式,定期向社会公众汇报其投资情况和财务回报。法律上的委托代理制度安排和监督,以及严格的信息报告和披露制度,有效实现了挪威政府作为所有人和监管者的角色分离,保证了政府养老基金(全球)的有效运作,使之成为全球主权财富基金的典范。

(二)监管架构

主权财富基金为国家(政府)所有或控制,带来所有者、监管者及市场

---

① 谢平,陈超. 谁在管理国家财富? [M]. 北京:中信出版社,2010:191.

主体三者之间的平衡和协调问题。在主权财富基金母国的法律框架内，国家(政府)往往既是基金的所有者，同时也是其监管者，具有双重角色。如何将母国政府的所有者和监管者角色实现区隔，是母国对主权财富基金进行监管的核心。

母国政府作为监管者的意义主要体现在：首先，有利于把握主权财富基金对母国国内宏观经济政策和金融监管体系的影响，维护母国金融稳定。其次，有利于克服主权财富基金可能带来的行政垄断，保持母国市场竞争机制的有效性。最后，有利于保护主权财富基金的海外利益。应当明确的是，东道国的忧虑仅凭借主权财富基金自身的公司治理水平提升、透明度提高并不能完全消解，化解猜忌的另一面还要依靠母国监管的完善。

实践中，母国对主权财富基金的监管比较模糊，没有清晰的监管安排，也没有明确的监管主体。现有监管举措常集中于解决主权财富基金的公司治理问题，即更多强调母国政府作为主权财富基金所有者的决策权和财务审查权的实现。同时，监管多从属于对市场主体的一般性、行业性监管，即当主权财富基金行为涉足相关领域时，才由该领域的主管部门予以监督管理。至于专门性监管，在全球范围内，几乎没有相关的规定或实践。即使是一般性、行业性监管，目前也仅在新加坡和韩国有零星的相关经验。例如，韩国投资公司因其法律定位为资产管理公司，适用韩国《金融投资服务与资本市场法》《外汇交易法》等规定，故受到韩国金融服务务委员会(Financial Services Commission)的监管。实践中新加坡的案例是其金融管理局(Monetary Authority of Singapore)于 2004 年 10 月依《证券期货法》对新加坡政府投资有限公司三名从事内幕交易的职员作出处罚。[①]

二、国际法上的相关规则

随着主权财富基金的日益壮大，全球各大市场均开始关注这一新兴的投资机构。投资东道国和主权财富基金母国就此也展开了一系列博弈。

(一)《华盛顿约定》

为规范主权财富基金的投资行为，2008 年 3 月 20 日，作为主权财富基金投资东道国和母国的双方代表，美国财政部与新加坡政府投资有限

---

① 李虹. 主权财富基金监管研究[M]. 北京:经济管理出版社,2014:97.

公司、阿布扎比投资局签订了《华盛顿约定》(Agreement on Principles for Sovereign Wealth Fund Investment)。[①]《华盛顿约定》就主权财富基金的监管达成了两套原则共九项约定,第一套原则是关于主权财富基金母国的五项约定,第二套原则是关于东道国的四项约定。

第一套原则:(1)主权财富基金投资应该以单纯追求商业利益为目的,而不是直接或间接促进其所属政府实现地缘政治目的;(2)主权财富基金应当将适当时期内的投资信息(例如投资目的、投资目标、体系架构及财务信息,特别是资产配置、基准及回报率等)予以披露;(3)主权财富基金应当具备完善的治理结构、内部控制及运作和风险管理系统;(4)主权财富基金应当在私营领域进行公平竞争;(5)主权财富基金应当尊重东道国的规章制度及投资所在国的信息披露要求。

第二套原则:(1)主权财富基金东道国不应当设置保护主义壁垒而限制证券投资或外国直接投资;(2)东道国应当具备可预测的投资框架;国内投资规则应普遍适用且可预测,并以法律作为依据;(3)东道国不应当对投资者区别对待;(4)东道国应当尽可能不干预投资者的决定,不寻求对主权财富基金进行政策指引。[②]

《华盛顿约定》的核心是美国作为东道国接受主权财富基金的投资,但主权财富基金必须接受美国监管。《华盛顿约定》中第一套原则第(2)、第(3)项约定对主权财富基金的透明度提出了要求,而第二套原则第(2)项约定则对东道国的政策提出了透明、可预测的要求。这一约定体现了美国作为东道国对主权财富基金透明度的诉求,也说明了在金融危机时期,美国需要主权财富基金的投资来提振本国经济。

对于主权财富基金而言,《华盛顿约定》并不能令人满意。虽然其要求东道国不应设置保护主义壁垒,但该约定归根结底是美国作为东道国在本国法律框架内对主权财富基金的一种规制。美国完全可以使用国家安全审查制度来限制主权财富基金的投资;此外,过高的透明度会让主权财富基金在市场中失去先机。总体而言,《华盛顿约定》是对主权财富基金国际监管的一个尝试,是一个多边的、一般性的,并在一定程度上自愿

---

① U. S. Department of the Treasury. Treasury Reaches Agreement on Principles for Sovereign Wealth Fund Investment with Singapore and Abu Dhabi [EB/OL]. (2008-03-20) [2017-03-22]. http://www.treasury.gov/press-center/press-releases/Pages/hp881.aspx.

② 佚名. "华盛顿约定"为 SWFs 投资松绑? [J]. 中国对外贸易,2008(4):15.

遵守的行为准则。[1]

（二）《OECD 关于主权财富基金与投资东道国政策的宣言》

成立于 1961 年的经济合作与发展组织（Organization for Economic Cooperation and Development,OECD）是一个拥有 34 个成员国的国际经济组织。OECD 不仅研究经济增长,为世界经济长期可持续发展提供政策建议,在重大的国际经济问题上,还通过成员国之间的协商共同构建多边经济规则,以政府间双边审查、多边监督和平行施压的方式,促使各成员国遵守规则或进行改革。OECD 的重要成员国如美国、英国、法国、德国、澳大利亚等,均为主权财富基金在世界范围内的主要投资东道国。

基于 2007 年西方七国首脑会议（G7）[2]和上述主要主权财富基金东道国的建议,OECD 于 2008 年 4 月发布《关于主权财富基金与投资东道国政策的宣言》（Sovereign Wealth Funds and Recipient Country Policies）,对主权财富基金东道国作出政策指引。[3] 该宣言包括《部长级会议宣言》《OECD 关于投资自由化的一般政策》以及《与国家安全有关的东道国投资政策指引》三个部分。其中,《与国家安全有关的东道国投资政策指引》是规范东道国政策制定行为的国际准则,而《OECD 关于投资自由化的一般规则》则是政策指引的立法基础。[4] 在宣言中,OECD 对主权财富基金的快速发展给予了充分认可。主权财富基金作为金融市场中的长期投资者,在风险资本不足、市场情绪普遍悲观的时期,促进了国际金融市场的资本流动,为其注入了强心剂。同时,主权财富基金的投资行为不仅刺激了东道国经济,为其创造了大量的就业机会,也在一定程度上稳定了母国经济,提升其抗风险能力。

因此,遵照《OECD 资本流动自由化行为准则》（OECD Code of Liberalisation of Capital Movements）[5]和《OECD 国际投资和跨国公司

---

① 张璨. 国际金融监管法制化研究:以主权财富基金国际监管制度为视角[M]. 上海:上海人民出版社,2014:72.

② 西方七国首脑会议（G7）,是西方七个最大的工业化国家（美国、日本、德国、法国、英国、意大利和加拿大）的国家元首或政府首脑就共同关心的重大问题进行磋商的机制。

③ OECD Investment Committee. Sovereign Wealth Funds and Recipient Country Policies [R]. Paris:OECD, 2008.

④ 张璨. 国际金融监管法制化研究:以主权财富基金国际监管制度为视角[M]. 上海:上海人民出版社,2014:71.

⑤ OECD. OECD Code of Liberalisation of Capital Movements [R]. Paris:OECD,2013.

宣言》（Declaration on International Investment and Multinational Enterprises)①中提出的多重监督机制，东道国应以长期、稳定、透明、非歧视性的政策应对主权财富基金的投资。在上述文件中包含了以下五条重要原则：

1. 非歧视性原则。OECD 成员国对来自非成员国的投资应采取非歧视态度。

2. 透明度原则。OECD 成员国对外国投资的限制应为同等、可接受的。

3. 逐步开放原则。OECD 成员国应逐步开放对国际资本流动的限制。

4. 不设新限制原则。OECD 成员国不应对国际资本流动设立新的限制。

5. 单边开放原则。OECD 成员国单方面开放资本流动限制，无需双边互惠基础。

不过这份报告认为，主权财富基金的投资除了商业目的之外，可能会存在战略性或政治目的。投资东道国可以有限度地针对外国投资使用 OECD 制度框架内的国家安全条款，对主权财富基金也不例外。国家安全是一个可以用来限制外国投资的依据，但不应成为投资东道国实行保护主义的理由。《与国家安全有关的东道国投资政策指引》认为，以保护国家安全为目的制度设计应当遵循透明、可预见、可问责与比例原则②：

1. 透明度与可预见原则。这一原则有五点内涵：法规法典化并予以公开；立法遵循程序正义并且可预见；政府修改投资政策和法律时应履行事前通知义务；提前咨询利益关联方的意见；对外国投资的国家安全审查，应有明确严格的时间限制。

2. 可问责原则。在立法、司法、行政的权力监督下，政府应及时披露重大投资或禁止投资的决策，以确保投资措施决策的责任归属，同时应保护商业机密。

3. 监管比例原则。对外国投资的限制不应超出保护国家安全所需，

---

① OECD. The OECD Declaration and Decisions on International Investment and Multinational Enterprises: Basic Texts [R]. Paris: OECD, 2012.

② OECD. Transparency and Predictability for Investment Policies Addressing National Security Concerns: A Survey of Practices [R]. Paris: OECD, 2008.

应将其对投资者不利的影响降到最低,且这种出于国家安全考虑而作出的限制,应是穷尽其他方法之后的最终救济手段。

OECD 的上述制度安排有一定可取之处,对东道国利用国家安全条款抵制主权财富基金投资的做法有一定的约束和限制作用,在一定程度上保证了国际资本流动的顺畅,缓解了金融保护主义之风。特别是在这些制度安排中,OECD 着重强调,无论是否出于保护国家安全的考虑,在东道国针对主权财富基金投资作出的政策变化与法律规制中,需要保持良好的透明度。

当然,上述制度安排也存在一定的局限性。首先,OECD 更多关注主权财富基金投资东道国的立法与政策,而在一定程度上忽视了母国应如何应对东道国国家安全条款的问题。其次,OECD 对主权财富基金东道国作出政策指引,但依然没有对主权财富基金的透明度作出界定和具体要求。最后,OECD 认可主权财富基金东道国出于国家安全利益考虑采取一系列限制投资的措施,这对 OECD 自身所倡导的"透明度""非歧视"原则形成了挑战。

(三)《科威特宣言》与《圣地亚哥原则》

鉴于主权财富基金已被公认为成熟的机构投资者、国际货币和金融体系中的重要参与者,早在 2007 年 10 月,国际货币基金组织下设的国际货币与金融委员会(International Monetary and Financial Committee,IMFC)①就提出,国际社会需要从主权财富基金母国和东道国两方面通过对话等方式分析主权财富基金的监管问题,确定最佳实践路径。2008 年 4 月,拥有 26 个成员国的主权财富基金国际工作组(International Working Group of Sovereign Wealth Funds)在华盛顿成立。② 欧盟委员会、OECD 以及世界银行也参与到工作组的事务当中。2009 年 4 月 6 日,国际工作组发表了《科威特宣言》(Kuwait Declaration),宣布成立主权财富基金国际论坛(International Forum of Sovereign Wealth Funds,IFSWF),取

---

① 国际货币与金融委员会拥有 24 个成员,他们从 189 个 IMF 成员国的财政部长、中央银行行长或同等职务的人员中产生。

② 主权财富基金国际工作组(IWG)的 26 个成员国包括:澳大利亚、阿塞拜疆、巴林、博茨瓦纳、加拿大、智利、中国、赤道几内亚、伊朗、爱尔兰、韩国、科威特、利比亚、墨西哥、新西兰、挪威、卡塔尔、俄罗斯、新加坡、东帝汶、特立尼达和多巴哥、阿曼、沙特阿拉伯、越南、阿联酋和美国。IWG 常设观察员包括:阿曼、沙特阿拉伯、越南、OECD 和世界银行。

代主权财富基金工作组。^① 该论坛成立的目的是加强主权财富基金之间的交流,促进建立和维护公开、公正、稳定、良好的国际投资环境。

主权财富基金工作组分别于美国首都华盛顿、新加坡和智利首都圣地亚哥召开了三次会议,起草并最终确定了关于主权财富基金管理和实践的《主权财富基金的通用准则与实践》(Sovereign Wealth Funds: Generally Accepted Principles and Practices,GAPP),即《圣地亚哥原则》。^②

《圣地亚哥原则》的出台强调了主权财富基金在国际投资中的重要地位。主权财富基金工作组试图证明,主权财富基金是一国政府出于经济和财务目的作出的投资安排。因此,制定《圣地亚哥原则》是基于四个目标:

1. 帮助维持国际金融体系的稳定,促进资本的自由流动;

2. 遵守投资东道国所有适用的法律法规及信息披露要求;

3. 从考虑经济利益和财务风险的基础上进行投资;

4. 制定一套透明和健全的治理结构,以便形成适当的操作控制、风险管理和问责制度。

《圣地亚哥原则》的宗旨是:确定一套能正确反映适当公司治理和问责制度,以及主权财富基金审慎、稳健投资做法的公认原则和实践框架。通过履行这些原则和实践,维持稳定、开放的国际投资环境,促进主权财富基金继续为其母国、投资东道国和国际金融体系带来长期发展。

作为一套自愿性质的原则和实践框架,《圣地亚哥原则》主要包括了24 个条款,涵盖 3 个领域:法律框架、目标以及与宏观经济政策的协调(原则 1—5);体制框架和治理结构(原则 6—17);投资和风险管理框架(原则 18—23)。

《圣地亚哥原则》将主权财富基金的透明度作为主权财富基金监管的基础性问题,在原则 1、2、4、6、13、16、17、19、21、22 中对主权财富基金透明度作出了十项要求:

1. 公开披露主权财富基金的法律依据、结构以及主权财富基金与其

---

① IWG-SWF. Establishment of The International Forum of Sovereign Wealth Funds [EB/OL].（2009-04-06）［2017-03-22］. http://www. ifswf. org/sites/default/files/2010%20Kuwait%20Meeting%20-%20Kuwait%20Declaration. pdf.

② IWG-SWF. Sovereign Wealth Funds Generally Accepted Principles and Practices-The Santiago Principles［EB/OL］.（2008-10-28）［2017-03-22］. http://www. ifswf. org/sites/default/files/santiagoprinciples_0_0. pdf.

他国家机构之间的法律关系；(原则 1)

2. 界定并公开披露主权财富基金的政策目标；(原则 2)

3. 公开披露主权财富基金的资金来源；(原则 4.1)

4. 公开披露主权财富基金代表政府支出的一般方法；(原则 4.2)

5. 公开披露主权财富基金的职业和道德规范，并向主权财富基金的管理机构、管理层和工作人员公布；(原则 13)

6. 公开披露主权财富基金的治理框架、目标以及管理方式；(原则 6、16)

7. 公开披露主权财富基金相关的财务信息；(原则 17)

8. 公开披露主权财富基金在经济和财务收益之外的目的；(原则 19.1)

9. 公开披露主权财富基金上市证券的投票方式，以及其他在行权过程中的关键因素；(原则 21)

10. 公开披露主权财富基金风险管理框架的一般方法。(原则 22)

《圣地亚哥原则》的上述要求为主权财富基金透明度提出了一个基本的监管框架，但是这个框架也存在局限性。首先，《圣地亚哥原则》对主权财富基金的定义尚不明确，透明度的要求缺乏严格的、可计量的标准，对透明度的界定以及信息披露的标准、方式也没有作出说明。

其次，《圣地亚哥原则》对主权财富基金透明度的要求基于母国法律，但该原则却是由世界银行、欧盟以及主要的主权财富基金投资东道国负责起草的。因此，《圣地亚哥原则》就变成东道国对母国主权财富基金的单方面约束。对主权财富基金透明度的要求更多出于东道国的利益考虑，很可能造成信息的过度披露。一些主权财富基金并不认同《圣地亚哥原则》，认为《圣地亚哥原则》要求的披露是一种歧视性的待遇，违反WTO 的一般原则。

再次，《圣地亚哥原则》不能约束东道国的监管权力，只是一个单方行为，不能从根本上消除主权财富基金面临的政治风险。[①] 主权财富基金的透明度不仅应该包括主权财富基金在结构和运营上的透明度，也应该包括东道国在投资审查程序和公平对待投资者等方面的透明度。

---

① 目前，仅 OECD《主权财富基金与投资东道国政策报告》处理了投资接受国监管政策的问题，参见 OECD Investment Committee. Sovereign Wealth Funds and Recipient Country Policies [R]. Paris：OECD，2008.

最后,《圣地亚哥原则》力求将所有的主权财富基金都纳入这个框架之内,但忽视了主权财富基金在法律形式和投资策略上的差异,使得对其监管陷入了一个无所适从的困境。《圣地亚哥原则》归根结底是自愿性准则,是一部国际"软法",没有强制约束力,缺乏有效的激励机制,无法对主权财富基金是否遵守其要求作出奖励与惩罚。[①]

三、"国际法治"下的独特角色

(一)"国际法治"释义、演进与重构

"国际法治"(International Rule of Law)是指国际社会各行为体(国家、国际组织、非政府组织和个人等)共同崇尚和遵从人本主义、和谐共存、持续发展的法律制度,并以此为基点和准绳,在跨越国家的层面上约束各自的行为、确立彼此的关系、界定相互的权利和义务、处理相关事务的模式与结构。[②]"国际法治"的直接目标就是构建一种"国际法律秩序",即在某一方面、某一领域建立起超越国家领土范围的法律秩序。[③]"国际法治"体现在传统安全、经济、文化、环境、人权等领域,其中经济领域法治化程度最高。

"国际法治"的构建,最早依赖于国家以条约(其中包括形成国际组织的条约)方式构建国际法律关系框架,从而对国际法律秩序的存在和运行发挥奠基作用。[④]不过,自经济全球化以来,跨国商事活动急剧增加,贸易呈现全球化趋势。[⑤]鉴于国家法和国际法都无法适应跨国商事活动的

---

① 李虹. 主权投资基金的法律属性及其监管[J]. 政治与法律,2008(7):188.

② 何志鹏. 国际法治:一个概念的界定[J]. 政法论坛,2009(4):80.

③ "国际法治"一词肇始于《联合国宪章》,在 20 世纪末逐渐为各国学者、国际组织所重视,并被广泛使用。国内外学者对"国际法治"从不同角度进行了论述,比如有学者将"国际法治"定义为"国际社会接受公正的法律治理的状态",指出其内在要求是:第一,国际社会生活的基本方面接受公正的国际法的治理;第二,国际法高于个别国家的意志;第三,各国在国际法面前一律平等;第四,各国的权利、自由和利益非经法定程序不得剥夺。参见车丕照. 法律全球化与国际法治[J]. 清华法治论衡,2002:1. 另参见 BACCHUS JAMES. Groping toward Grotius:the WTO and the International Rule of Law [J]. Harvard International Law Journal,2003,44(2). WATTS ARTHUR. The International Rule of Law [J]. German Yearbook of International Law,1993,36. COGAN JACOB KATZ. Noncompliance and the International Rule of Law [J]. Yale Journal of International Law,2006,31.

④ 何志鹏. 国际法治:一个概念的界定[J]. 政法论坛,2009(4):67.

⑤ 〔英〕戴维·赫尔德. 全球大变革:全球化时代的政治、经济和文化[M]. 杨雪冬等,译. 北京:中国社会科学文献出版社,2001:208—262.

需要,全球的新商人法便应运而生。① 跨国从事商事活动的公司通过编撰统一的商事规范并使其得到普遍运用和政府的承认②,推动了世界范围内商法规则的统一,进而促进法律向有利于经济全球化的方向发展。新商人法是 20 世纪 80 年代以来法律全球化的重要途径,形成了以美国法为主导的"新自由主义"式的国际经济法体系。不仅如此,以美国为主导的西方发达经济体在市场管理法、证券法等领域均引领了法律全球化③,进而促进了经济领域"国际法治"④的发展。在这个过程中,发达经济体,尤其是美国的经济、政治和法律模式成为各国现代化治理的模板。

然而,在全球经济新常态下,随着国家和国家集团的分化和改组,国际规则的修正面临挑战,其中国际金融体系、国际贸易规则、全球金融监管以及国际经济组织等变化最大。例如,以美元等西方货币为主导的国际金融体系矛盾重重,随着欧元区的稳定和发展,以及新兴经济体实力的不断壮大,越来越多的主权货币将进入国际储备货币的行列,特别是像中国这种积累了大量外汇储备的新兴市场国家,其地位和作用更不可小觑。

经济发展是法律构建的基础与重要目标,新商人法诞生的初衷即是跨国从事商事活动的公司为了避免风险和降低交易成本,进而促使自身交易以及其他跨国商事活动趋于法律化。新常态催生了新的经济发展需求,其所诱发的法律秩序重构过程中,博弈主体主要是在金融危机中变得衰弱的发达经济体以及逆势而上的发展中国家和新兴市场经济体。而主

---

① "新商人法"(New Law Merchant)理论是英国施米托夫教授在伦伯特"国际共同法"理论的基础上提出的。从总体上来看,施米托夫教授认为旧商人法是建立在国内法基础之上的,不可能是独立的与完美的法律体系,更不是一种完全独立于国内法之外的法律体系,而只是国际贸易领域一些自治性质的规范的总和(国际贸易自治法),但是由于它不能完全摆脱国内法的控制,其效力与执行等均有赖于国内法的支持,因此不能完全"自治",他主张商人法的适用必须与国内法结合起来进行。当代的"现代商人法"时期,随着经济全球化的发展和大量国际组织的积极活动,商人法的国际性得到了复归。参见〔英〕施米托夫. 国际贸易法文选[M]. 赵秀文,译. 北京:中国大百科全书出版社,1993:4,248,264.

② 例如,国际商会所编订的《国际贸易术语解释通则》《跟单信用证统一惯例》和《托收统一规则》等已被公认为是最重要的商人自己的立法。

③ 更有甚者认为,法律全球化是"跨国法治的美国化"。参见〔美〕海德布兰德・W. 从法律的全球化到全球化下的法律[C]. 刘辉,译∥奈尔肯・D.,菲斯特・J.,主编. 法律移植与法律文化. 高鸿钧等,译. 北京:清华大学出版社,2006:157.

④ 法律全球化与"国际法治"虽然是两个密切联系的概念,却并非同一范畴。法律全球化是实现"国际法治"的基本途径,没有世界范围内的法律的趋同化和一体化,就不可能在国际社会中实现法的统一的治理;但法律全球化并不等同于"国际法治",因为"国际法治"还包含有实质正义的内容。参见车丕照. 法律全球化与国际法治[J]. 清华法治论衡,2002(2):1.

权财富基金恰恰与这种博弈密切相关,其代表了不同以往的资本逆向流动,即主要主权财富基金来自发展中经济体,资金来源多数为自然资源或初级商品出口收入和贸易盈余,而它们投资的地区集中在发达经济体,这就造成了资本从发展中国家和新兴市场经济体流向发达经济体。从 2015 年的投资数据上看,尽管资金在逃离北美,但美国依旧是主权财富基金最青睐的地区。[①] 区别于过去经济全球化下,资金从发达经济体向发展中或新兴市场经济体配置,这种资金逆向流动的趋势加大了发展中国家和新兴市场经济体重塑国际规则的谈判筹码和方式。作为经济发展的实践者,主权财富基金将在新常态下的"国际法治"重构中发挥不可替代的作用。

(二) 主权财富基金对"国际法治"的突破和重构

主权财富基金在相当程度上代表着全球资本的南北逆向流动,预示了国际贸易规则、全球金融监管国际规则的修正。其之所以能对传统"国际法治"形成较大冲击,原因在于内含于主权财富基金的协同治理框架及其效力来源的独特性。

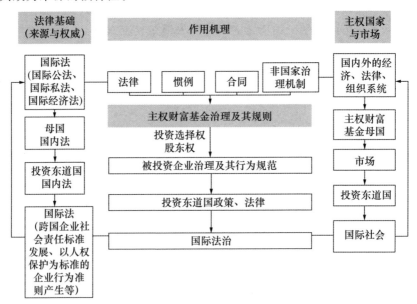

图 1.1 主权财富基金在"国际法治"突破和重构中的作用与角色

① Sovereign Investment Lab. Towards a New Normal: Sovereign Wealth Fund Annual Report 2015 [R]. Milan: Sovereign Investment Lab, 2016: 33.

在协同治理框架下,主权财富基金的治理规则首先融合了法律、惯例、合同和非国家治理机制,广泛地吸收了国内外治理准则,以当下国际社会普遍接受的人本主义、和谐共存、可持续发展等价值目标进行"自我规制"。另一方面,出于自身政策目标的追求,主权财富基金又将国家公共政策因素考量内化于国际化的治理准则之中,调和了国内外经济、法律、组织系统,使得其治理模式与全球化、国家主权间呈现出错综复杂的互动关系。

其后,主权财富基金以自身治理规则为基础,借助投资选择权、股东权积极行使等市场化手段影响被投资企业的行为,使其公司治理标准进一步延伸。换句话说,各主权财富基金摸索形成了复杂嬗变的规则秩序,其以国家作为关联点,先将国际准则内化为主权财富基金的治理规则,并上升为母国国内法律对主权财富基金加以规范;然后通过主权财富基金的市场力量将母国国内法再国际化,实现扩张和传播。在这个过程中,国内法律的转化虽然以国际准则为基础,可无疑带上了主权财富基金母国法治精神和原则的烙印,使得母国的公共治理和股东、利益相关者等私人主体的利益最大化有机结合。这一规则秩序下,主权财富基金进一步影响了被投资企业的行为和治理,从而直接或间接推动全球市场和投资东道国法律及公共政策的发展。[①] 主权财富基金倡导的以功能为导向的全球性市场规则超越了传统一国国内的国家和市场分工体系,深远地影响跨国投资社会责任标准的发展,促成了以人权保护为标准的企业行为准则,突破和重构了"国际法治"或国际法律秩序的形成和运作方式。此不同于以往"国际法治"构建,国家或政府不再是"国际法治"主要的直接施动者,却借助主权财富基金始终保持了其在"国际法治"中基本、关键、常见的主体角色。[②] 某种程度上看,主权财富基金的协同治理是新商人法的进一步发展。

另一方面,协同治理框架的法律效力来自投资人与被投资人(国家股东与主权财富基金、主权财富基金与被投资企业)之间的合同,这种通过

①　BACKER LARRY CATÁ. Sovereign Investing and Markets-Based Transnational Rule of Law Building：The Norwegian Sovereign Wealth Fund in Global [R]. Pennsylvania：Coalition for Peace & Ethics Working Paper，2013：5.

②　何志鹏. 国际法治：一个概念的界定[J]. 政法论坛，2009(4)：66.

合同建构的法律被称作"反身型法律"(reflexive law)①。反身型法律在来源和权威上有别于国家法和国际法,表现出"自我合法化"的特征,因而被称为"自我繁衍"和"自我发展"的"自创生"法律制度。②

当然,主权财富基金协同治理框架所形成的"新商人法",其"自我合法化"只是相对的。上述合同效力不是源于国家法律而是源于合同本身,然而任何合同都必须植根于既存的法律秩序。也就是说,从渊源上看,新商人法虽然得益于国际模范法典或其他国际"软法",但其所实际依托的商事合同并非属于无(国家)法律③的合同,而是以合同制定者所在国法律为基础的合同。④

追溯 20 世纪 80 年代至今的法律全球化历程,跨国公司的自我立法及其纠纷解决机制导致了商法的全球化,而这个领域的全球化实际上是美国化。⑤ 因为在全球化过程中,美国大型律所几乎包揽了跨国公司的主要法律事务,并实际上建构和塑造了新商人法。美国跨国律师所采用的往往是纽约州法,因为它们的总部设在纽约,根据该州的合同法,它们形成了适用于跨国公司的标准合同。⑥ 也就是说,这一时期的新商人法并非与国家法没有关联,而是与美国法存有潜在关联。美国大型律所通过其跨国商事法律实践,巧妙地主导了新商人法的内容和特征,成功地使之美国化。⑦

---

① 根据图依布纳的观点,反身型法律的特征是一种新型的法律自我限制(legal self-restraint),它并不负责对社会进程的后果予以规制(regulate),而是把自己的作用限制在对民主的自我调整机制的定位、矫正和重新阐释。参见〔德〕图依布纳. 现代法中的实质要素和反思要素[J]. 矫波,译. 北大法律评论,1999(2):580.

② 参见〔德〕贡特尔·托依布纳. "全球的布科维纳":世界社会的法律多元主义[J]. 高鸿钧,译. 清华法治论衡,2007(2):246. 以及〔德〕贡塔·托依布纳. 法律:一个自创生系统[M]. 张骐,译. 北京:北京大学出版社,2004:45.

③ 〔德〕贡特尔·托依布纳. "全球的布科维纳":世界社会的法律多元主义[J]. 高鸿钧,译. 清华法治论衡,2007(2):259.

④ 以挪威政府养老基金(全球)为例,挪威银行用以指导政府养老基金(全球)的《伦理指南》虽是参考《联合国全球契约》《联合国商业和人权指导原则》《二十国集团/经合组织公司治理准则》和《OECD跨国企业指南》的要求制定的,但《伦理指南》事实上以挪威法律为支撑,并深深融入了挪威法律的精神和价值追求。详见第七章。

⑤ SHAPIRO MARTIN. The Globalization of Law [J]. Global Legal Studies Journal. 1993(1):38—39.

⑥ FLOOD JOHN. Lawyers as Sanctifiers:The Role of Elite Law Firms in International Business Transactions [J]. Indiana Journal of Global Legal Studies. 2007, 1(14):48—49.

⑦ 高鸿钧. 美国法全球化:典型例证与法理反思[J]. 中国法学,2011(1):14.

而主权财富基金主导的这场新商人法变革,情况则要更为复杂。主权财富基金的所有人是国家,国家虽采取私人主体的方式作为市场参与者而非监管者参与竞争,但并未完全脱离它们作为主权者的特征,因此主权财富基金的行为仍指向其特定的政策目标。此时,主权与资本的张力高度融合,双方在全球的层面上形成了共生关系。在谋求国家的公共财富在全球市场上增值的同时,主权财富基金对"国际法治"的建设产生了重大影响。

第四节　中投公司概况与争议

一、法律地位

作为目前中国第一大、世界第三大主权财富基金,中国投资有限责任公司(China Investment Corporation,简称中投公司)成立于 2007 年 9 月 29 日,是经过国务院批准,依照《中华人民共和国公司法》设立的从事外汇资金投资管理业务的国有独资公司。中投公司的组建宗旨是实现国家外汇资金多元化投资,在可接受风险范围内实现股东权益最大化。[①] 中国财政部通过发行特别国债的方式筹集 1.55 万亿元人民币,购买了相当于 2000 亿美元的外汇储备作为中投公司的注册资本金。其资本结构如下图所示。

中投公司在国际上被认为是一个典型的主权财富基金,从成立过程和资本结构上分析其法律地位,其本质上应被归为特殊的国有企业。

首先,中投公司"经过国务院批准"成立,这决定了其与国务院之间的关系。在行政上,中投公司是一家正部级单位,是为数不多直接由国务院管理的企业,处于与中国人民银行、国资委、财政部相似的地位。

其次,中投公司的 2000 亿美元注册资本来自国家财政收入,而不是官方外汇储备。一方面,中投公司资本结构上的特殊安排,使央行避免触

---

① 中投公司. 关于中投［EB/OL］.［2017-03-22］. http://www. china-inv. cn/wps/portal/! ut/p/a1/jZBNC4JAEIZ_Ucy06mrHTcsP3CJEsr3IEqkLuUpIh359JnR0dW4Dz8M784K AAoSWb1XLQXVaPn-7oOUJKW79DBPk7IjMwwM_WwlhjjMCt3kgtInRv_x9P2SR7aaIaHsE42 AfBe6OI8Z0nY8zw3CdbwAW_k8mwJA_BpAX93kNopdDs1G66qBouvZR3jVcQRgTMssMTA101P gKnCpRv7Ns_z4pNWWay-vwv2gA!! /dl5/d5/L2dBISEvZ0FBIS9nQSEh/.

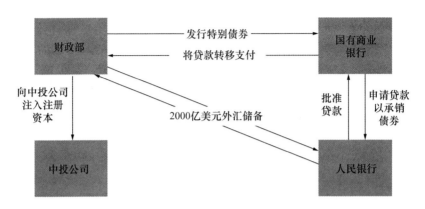

图 1.2　中投公司的资本结构

〔资料来源：LI HONG. Depoliticization and Regulation of Sovereign Wealth Funds：A Chinese Perspective〔J〕. Asian Journal of International Law，2011（1）.〕

犯《中华人民共和国中国人民银行法》(《中国人民银行法》)第 29 条规定的"中国人民银行不得对政府财政透支，不得直接认购、包销国债和其他政府债券"。中投公司与央行之间便不再有严格意义上的法律关系，其由财政部出资设立，与其他国有企业在资金来源上没有什么区别。这种资本化的方式不会影响基础货币总量，避免通胀升级和财政负担增加。当然，财政部首期缴付 450 亿美元后，中央汇金投资有限责任公司(中央汇金)被划转并入中投公司，成为中投公司的全资子公司，使得中投公司注册资本来源的定位越发困难，这也是为外界所争议之处。

　　另一方面，资本结构安排使得中投公司与央行之间没有直接的外汇储备联动机制，中投公司将独立运营 2000 亿美元的外汇储备注册资本。按照《中华人民共和国预算法》第 39 条的规定："中央预算由全国人民代表大会审查和批准。地方各级政府预算由本级人民代表大会审查和批准。"发行特别债券必须由全国人民代表大会及其常务委员会批准。因此，尽管超额储备不断增长，央行无法直接将其转移至中投公司。外汇储备资金的注入需要通过至少由三方组成的机制，即全国人大及其常委会作为国债发行的批准机构，财政部作为国债发行人，一家或多家商业银行作为承销方。换句话说，央行的外汇储备缺乏向中投公司动态转移的通道，很难有效解决我国外汇储备快速膨胀但投资效率低下的问题。

　　上述两方面可以在法律地位上将中投公司定位为一家国有独资公

司,其对管理的财产具有独立的财产权,公司经营具有独立性。这种特殊的安排可以保持中投公司的独立性,并且能够在一定程度上避免政府过度干预,保持其对金融市场的敏感性。但是按照《中国人民银行法》的有关规定,国家外汇管理局应该按照安全性、流动性、盈利性的原则独立管理、运作和监管中国的外汇储备。作为中国最大的金融机构之一,在外管局和央行的双重干预下,中投公司很难保持独立,目前,我国在法律上还没有特别明确的制度安排来解决这一问题。这也意味着中投公司很难作为一个纯粹的金融企业真正独立出来,难以克服政府的政策影响。

二、治理结构

中投公司下设三个完全独立的子公司:中央汇金、中投国际有限责任公司(中投国际)和中投海外直接投资有限责任公司(中投海外)①。中央汇金的主要业务是根据国家金融体制改革的需要,依法对国有重点金融机构进行股权投资,并按照公司治理原则开展股权管理。中投国际、中投海外分别承担中投公司的境外投资和管理业务。中投国际侧重于开展公开市场股票和债券投资,对冲基金和房地产投资,泛行业私募基金委托投资、跟投和少数股权财务投资。中投海外是中投公司对外直接投资业务平台,通过直接投资和多双边基金管理,促进对外投资合作,力争实现投资收益的最大化。中投国际和中投海外均坚持市场化、商业化、专业化和国际化的运作模式。此外,中投公司在香港地区成立有中国大陆以外唯一的全资子公司——中投国际(香港)有限公司,并开设有纽约代表处。其组织结构图如下。

中投公司治理结构的完善及其子公司和境外分支机构的设立是随着中投公司投资战略的变迁而逐渐完成的。随着中投公司资产配置的优化调整,为了继续完善公司治理、明晰业务分工和提高投资效率,2011 年 9 月中投国际成立,其时,中投国际完全承继了中投公司原有境外投资业务以及经营原则和运作模式,负责部分外汇资产的投资和管理,坚持自主经营和商业化运作,努力在可接受的风险范围内实现长期投资收益最大化。为了充分发挥中投国际作为外汇资金多元化投资平台的作用,2011 年 12

---

① 中投海外设立于 2015 年 1 月,原名中投汇通资本有限责任公司,于 2015 年 6 月 1 日做了名称变更。

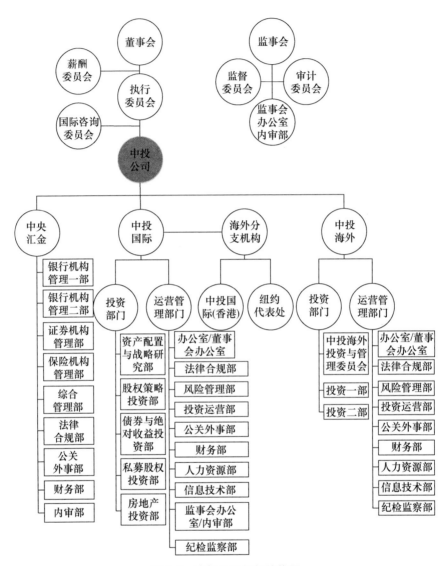

图 1.3 中投公司组织结构图

月,财政部陆续向中投国际注入 300 亿美元现金。① 上述变化的背景是中投公司从 2010 年开始,减少了投资组合中的现金占比,加大了直接投资力度,增加了长期资产投资,投资组合进一步多元化。中投国际的成立

① 中投公司. 中国投资有限责任公司 2011 年年度报告 [R]. 北京:中投公司,2012:4.

正是为了实现上述战略转变。而2015年中投公司完成了专业直接投资平台——中投海外的组建工作。这一举措使得中投公司的投资架构更加清晰,重塑了内部管理格局。中投国际和中投海外均坚持市场化、商业化、专业化和国际化的运作模式,搭建了现代公司治理架构。

此外,在境外分支机构方面,中投国际(香港)有限公司成立于2010年11月,目的在于充分利用香港作为国际金融中心的平台优势。中投公司曾在加拿大多伦多开设了亚洲以外的首家代表处,希望借此开拓新的投资合作机会和领域。2015年,为优化公司海外机构布局,中投公司关闭了多伦多代表处,开设纽约代表处。目前,由于中投国际对中投公司的继承,这两个分支机构均直属于中投国际。

第二章　主权财富基金发展及受投资东道国监管概况

第一节　主权财富基金的发展情况

一、发展现状

如前所述,本书所定义的 38 只主权财富基金共管理着 5.62 万亿美元资金,其中 3.62 万亿美元来自石油和天然气收入,占比 64.46%;29.19%来自贸易盈余,约 1.64 万亿美元;其他来源资金共 0.36 万亿美元,占 6.35%。不同的研究机构对主权财富基金的界定范畴有所不同,但主权财富基金在美国次贷危机后,全球经济下滑、市场波动、主权债务危机不断的经济背景下,仍在不断增长,这是不争的事实。

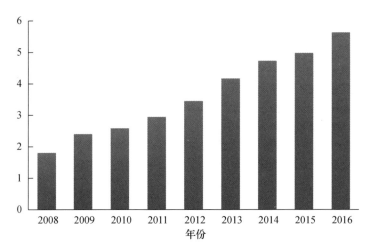

图 2.1　基于本书定义关于主权财富基金规模的统计(单位:万亿美元)
［数据来源:主权财富基金研究室(Sovereign Investment Laboratory)］

另一家研究机构 TheCityUK 对全球主要主权财富基金管理的资产规模进行持续追踪,其研究展现了同样的趋势。其统计了超过 80 只主权财富基金,2008 年至 2014 年间(除 2009 年外),主权财富基金的总规模逐年上升,截至 2014 年年底主权财富基金资产总规模较 2008 年上涨 69.05％,达到 7.1 万亿美元,而近 5 年平均增长率高达 12％。主权财富基金总规模的增长得益于既存基金资产的增值以及新基金的不断创设,其中商品型基金占据了 60％左右的比例。

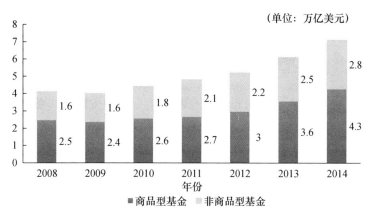

图 2.2　TheCityUK 关于主权财富基金规模的统计(单位:万亿美元)
(数据来源:TheCityUK Research Center)

主权财富基金的增长势头之所以能在近十年间得以持续,规模迅速攀升,且增长潜力巨大,根本原因在于全球官方外汇收入和储备的增加。石油储备大国快速上升的资源商品出口收入和亚洲国家超过流动性需求部分的外汇储备资金均存在管理需求,因此,设立主权财富基金实现外汇储备的高投资高收益是很多国家的现实选择。

二、发展趋势

(一)主权财富基金投资日趋多元

近年来,主权财富基金的投资日趋多元,风格更加主动积极。世界经济不景气、全球宏观政策、地缘政治等不确定性增强的背景下,以美国债券为主的被动投资收益表现较差,对主权财富基金投资行为触动较大,使多元化成为主权财富基金投资所强调的重要主题。高投资回报率的要求以及母国对于收入来源多样化的需求,使得主权财富基金无论在资产类别,还是产业领域和投资地域的选择,都将呈现更加多变活跃的态势,结合各自投资目标的不同侧重,资产组合日趋多元。

首先,资产类别的风险度上升,投资进一步往产业后端延伸。当前全球范围内,公开市场回报率持续走低、债券市场极度低迷,投资回报率的普遍下降促使资本寻求更高回报率的财产。主权财富基金亦不例外,表现为其投资不断向产业后端拓展。

主权财富基金的投资重点首先向另类投资延伸。根据 Preqin 的相关研究,主权财富基金对于公共股权资产、另类资产的投资热情正在不断上涨。[①] 同样,Invesco 在 2014 年研究了全球 52 家主权财富基金的资产配置和管理,观察到很多主权财富基金明显有将资产配置到另类投资领域的倾向。[②]

从另一个角度来看,这也是主权财富基金自身发展的必然结果。主权财富基金建立之初,由于经验不足等原因,更偏好选择投资风险较低的固定收益类投资工具,如现金和现金类资产、政府债券、企业债券等,以及公共股权投资工具。而当主权财富基金积累一定经验后,将对股权投资加大投资比例,并尝试投资如房地产、私募基金、对冲基金等类型的另类资产。

这一现象进一步体现为直接投资的比例提升。当前,国际金融市场主要资产收益率下滑,大宗商品价格大幅下跌,投资者对优质项目的竞争不断加剧;而金融危机救助过程中,各国纷纷出台的低利率甚至负利率政策又导致流动性泛滥,两方面因素共同作用下,全球资产呈现资产荒、资产贵的现象。随着全球投资重点向另类投资延伸,此类资产价格迅速提升,回报率随之降低。这种情况下,资本将进一步以牺牲流动性为代价追求更高回报。根据联合国测算,2015 年全球外商直接投资(Foreign Direct Investment,FDI)急剧上升 38%,总额达到 1.76 万亿美元,成就

---

① Preqin. 2015 Sovereign Wealth Fund Review: Exclusive Extract [R]. New York: Preqin, 2015: 6.

② Invesco Australia Limited. Global Sovereign Asset Management Study 2014 [R]. Melbourne: Invesco, 2014: 4.

2008 年金融危机以来的历史最高点。[①] 主权财富基金在这一浪潮中,不断加大直接投资的比重。当然,与之紧密联系的是主权财富基金投资策略的变更。越来越多的主权财富基金选择跟随私募基金、风险投资基金从事直投,而非采取以往成为这些基金有限合伙人的方式。[②]

其次,投资领域谨慎调整,安全资产的需求大幅提升。主权财富基金在不动产、消费品、信息技术几大板块的交易出现增长,而在娱乐传媒、金融业、电信业等板块的投资出现缩减。尤为显著的是,2015 年主权财富基金发起的 53 起总价值达 275 亿美元的交易中,不动产、酒店、旅游设施、基础设施、公用事业领域的投资高达 57%,累计投资占主权财富基金总投资的 28.5%。[③] 过去十年,上述安全资产的投资稳步提升,成为投资组合的首选。之所以出现这一情况,原因有四:一是发达经济体的安全资产价格处于低位;二是为了用低风险资产替换已趋于零收益的主权债务;三是作为量化宽松政策下通货膨胀的对冲;四是投资组合的多样性配置需求。

例如,全球多只大型主权财富基金均逐渐调整其投资至不动产领域。2008 年金融危机过后,主权财富基金对于不动产的兴趣不断提升。2014年,主权财富基金共发生了 31 起不动产公开收购,占交易总数的 23%;总价值达 234 亿美元,占全年投资额的 39%。无论是交易数量上,还是总价值上,不动产领域俨然成为最吸引主权财富基金投资的领域。即使是在主权财富基金大幅缩水的 2015 年,交易数量出现了 20% 的下滑,但不动产领域的投资总值仍然在上升。延续 2014 年的显著态势,主权财富基金主要专注发达国家大型商业地产的收购,特别是在美国、英国和澳大利亚;其中美国和英国项目总值分别为 73 亿和 36 亿美元,占据了不动产投资的半壁江山。此外,新兴城市、高增长率企业所在的经济开发区、最

---

① UNITED NATIONS CONFERENCE ON TRADE AND DEVELOPMENT. World Investment Report 2016-Investor Nationality: Policy Challenges「R]. New York: United Nations,2016:2. 不过,2016 年和 2017 年外商直接投资额持续回落,2017 年降至 1.45 万亿美元。参见 UNITED NATIONS CONFERENCE ON TRADE AND DEVELOPMENT. World Investment Report 2016—Investment and New Industrial Policies [R]. New York: United Nations,2018:2.

② Sovereign Investment Lab. Towards a New Normal: Sovereign Wealth Fund Annual Report 2016 [R]. Milan: Sovereign Investment Lab,2017:20.

③ Sovereign Investment Lab. Towards a New Normal: Sovereign Wealth Fund Annual Report 2015 [R]. Milan: Sovereign Investment Lab,2016:19.

有创造力的企业是最具吸引力的,例如米兰、澳大利亚的大城市纷纷在2015年进入主权财富基金的视野。多数研究表明,不动产投资的回报是自然通胀的对冲,因为租金通常和通胀紧密联系。尽管学术上对于最佳组合的测算存在显著不同,但共识是资产组合总值的15%配置于建筑、非上市不动产基金,会降低组合随股票和债券收益波动的程度。

不过受到英国脱欧、特朗普当选美国总统等一系列国际事件影响,全球地缘政治关系紧张程度升级,自2016年以来,主权财富基金的资产组合又发生了转变。与创新科技相关的投资比例逐渐上升。一个典型的例子是新加坡政府投资有限公司(GIC)收购了美国ITC集团19.9%的股权,后者是美国最大的独立电力传送公司。12亿美元的成交额创造了迄今为止亚洲公司在美国电力传送领域的最高投资纪录。①

最后,投资地域呈现积极拓展。从地域上看,以往主权财富基金直接股权投资的地区集中在发达经济体。尤其是在2009年后,主权财富基金配置于OECD国家的投资比例稳步提升。但是从2014年开始,这一比重开始下滑,从2013年的64.9%下滑到54.7%。投资组合的重新分配是多方面因素共同造成的,一方面是为了多元化配置而从北美撤出资金,另一方面则是因为以商品生产收入为资金来源的主权财富基金从国外撤出资金而转投国内,以更好地帮助国内市场从困难中复苏。

不过有趣的是,2015年这一趋势再度反转,主权财富基金在OCED国家的投资比重达到了71.9%的历史高点。来自发展中国家的各主权财富基金再次回避了国内投资,而将94%的资产投资国外。从客观的市场形势上,由于投资新兴市场收益普遍低于发达地区,大部分主权财富基金在发达经济体的资产配置比例仍高于新兴市场。另外,从主权财富基金的特殊偏好上,决定资产配置地域分布的首要因素是政治的稳定性、对于投资的开放态度。从这一点来讲,新兴市场的吸引力仍弱于发达经济体。②

具体从2015年的投资数据来看,尽管资金在逃离北美,但美国依旧是主权财富基金最青睐的地区,2015年仍有78.6亿美元交易在美国发

---

① 腾讯证券. GIC收购19.9% ITC股权 总价值12.3亿美元[EB/OL]. (2016-04-21)[2017-03-22]. http://stock.qq.com/a/20160421/056167.htm.

② Invesco Australia Limited. Global Sovereign Asset Management Study 2014[R]. Melbourne:Invesco,2014:5.

生。其中大部分资金都流向了不动产领域，如果将餐馆、酒店、汽车旅馆等全部纳入其中，这一领域的总投资额达 75.6 亿美元。主权财富基金第二大投资目的地是中国，尽管中国在此前一年经济表现不佳，对主权财富基金的吸引力有所下降，但投资总量仍达 61.7 亿美元。值得注意的是，其中绝大多数资金都是在 2015 年中国股灾救市中流入的。①

（二）主权财富基金管理逐渐成熟

首先，设定多元目标，坚守长期目标。不管主权财富基金设立宗旨有何不同，稳定的职能都是其肩负的重要使命。因此，以往在母国国内经济需要支持时，主权财富基金往往会被召回以投资国内，择机再扩大国外投资。2015 年不管是对石油出口国（由于国际油价下跌），还是对新兴经济体（由于全球贸易萎缩）而言，都是非常惨淡的一年，但各主权财富基金反而在这一年调整了投资策略，并坚守了其长期目标。多数主权财富基金多元化全球投资配置，为未来世代储备充足的国家财富，这与主权财富基金宣称自己为长期财务投资者是相吻合的。

主权财富基金另一个主要功能是为过度依赖商品收入的国家提供多样化的收入来源。特别是在经济不稳定时期，所有的商品生产者都在寻求多元化其收入来源的方式。例如，沙特阿拉伯正尝试减少自身对石油出口的依赖，积极筹划使其收入来源多元化。其中一项举措是将沙特国家石油公司（Saudi Aramco）的股份私有化，用以扩充沙特公共投资基金（Public Investment Fund）的资本金。倘若主权财富基金在国内财政紧张时出售多元配置的资产，可能会产生相反的效果，即增加其对商品收入的依赖。因此，与普遍预期不同的是，尽管面临经济下行、国内财政赤字、商品价格下跌压力，多数石油出口依赖国均增加了其主权财富基金管理的资产。这和主权财富基金目标的准确定位紧密联系。

其次，海外直接投资比例增加。随着主权财富基金投资经验的累积，其投资不再限于被动的间接投资工具，直接投资成为主权财富基金投资的发展趋势。这一趋势的主要推动力在于，前述全球经济下行形势下对于投资收益的压力，以及主权财富基金希望以更加积极的态度参与投资企业的管理来获得稳定长期收益的客观需要。另外，主权财富基金自身

---

① Sovereign Investment Lab. Towards a New Normal: Sovereign Wealth Fund Annual Report 2015 [R]. Milan: Sovereign Investment Lab, 2016: 33.

投资能力得到培育也为直接投资提供了可能。经历了 2008 年金融危机，主权财富基金从中吸取教训，投资能力得到普遍提升。部分主权财富基金外部管理人委托有所减少，自主管理比例增加。

根据主权财富基金研究中心统计，主权财富基金直接投资规模总体上呈现一定的上升趋势。2014 年主权财富基金直接投资规模达到 1174 亿美元，处于历史第二高位，仅次于 2013 年的 1864 亿美元。① 另一家研究机构 TheCityUK 的分析同样显示，2014 年主权财富基金直接投资总额达到 1170 亿美元，自 2007 年以来直接投资规模累计已达 8000 亿美元。②

主权财富基金的直接投资多数是通过跨境并购取得外国企业股权完成的。虽然目前直接投资仅占主权财富基金所有资产配置的 10% 左右，但过去十年的递增趋势不得不引起重视。

以中投公司为例，近年来中投公司基于公开市场、另类投资与直接投资三者不同的风险和期望收入特征，在三者之间进行动态调整，逐渐强化直接投资和能力建设，重点关注跨境投资以及投后产业整合与全流程管理。为了专注于直接投资业务，中投公司于 2015 年 1 月成立了中投海外作为对外直接投资业务平台，通过直接投资和双边基金管理，促进对外投资合作。2015 年中投公司加快了对发达经济体不动产行业直接股权投资的步伐。中投公司收购了摩根士丹利旗下澳洲不动产投资平台 Investa Property Group，价值达 18 亿美元。Investa 拥有 30 亿澳元的物业资产，包括在悉尼和墨尔本等城市的写字楼等，同时还拥有 60 亿澳元物业资产的管理合同。在房地产方面，中投公司一夜之间成为澳大利亚办公楼市场上的主要投资者，它买下了分别位于悉尼、墨尔本、布里斯班的九座大楼的所有权。

最后，联合模式得到普遍使用。主权财富基金与战略合作伙伴或具有相同投资理念的投资者联合投资，可以充分调动它们的资金实力，减轻政治和监管风险，从而获得稳定的回报。根据 ESADEgeo 统计，2013 年发生的 161 笔交易中，71 笔为主权财富基金与其他投资者形成合作关

---

① 转引自叶楠. 新常态下主权财富基金的投资战略研究[M]. 武汉：武汉大学出版社，2015：110.

② TheCityUK Research Center. Sovereign Wealth Funds 2015 report [R]. London：TheCityUK，2015：6.

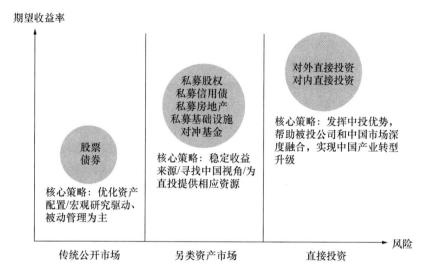

图 2.3 中投公司总组合的主要资产类别及其风险回报特征

系,组成交易联盟(Deal Consortia)进行投资,占比高达 44.1％。①

主权财富基金的合作伙伴包括其他类型的基金管理人(包括私募股权基金、保险公司和养老基金)、产业技术所有者和投资东道国政府部门。2009 至 2013 年间,主权财富基金 50％的交易通过联合投资完成。其中,多达 65％的合作者为其他基金管理人,如中投公司、新加坡政府投资有限公司和澳大利亚未来基金三只主权财富基金对 Apax VIII ②进行联合投资,使其在 2013 年 6 月完成 58 亿欧元融资。其次,25％是产业技术所有者。最后则是东道国政府或地方政府部门,尤其后者会采取不同政策吸引主权财富基金的投资。例如几内亚政府与阿联酋阿布扎比穆巴达拉发展公司(Mubadala Development Company)签订协议,合作开发当地的铝土矿开采和铝提取项目。类似的,俄罗斯政府通过俄罗斯直接投资基金,与中投公司和卡塔尔投资管理局共同对俄罗斯的项目进行了

① ESADEgeo Center for Global Economy and Geopolitics. Sovereign Wealth Funds 2014 [R]. Barcelona:ESADEgeo Center for Global Economy and Geopolitics,2015:14.

② Apax 是欧洲最大的私募股权投资机构,旗下美国和欧洲基金管理的资产规模分别达到 15 亿美元和 44 亿欧元,除了雄厚的资金实力之外,它还拥有精通电信、信息技术、医疗保健、媒体、零售以及金融服务等多个领域投资的专业队伍。Apax VIII 是 Apax 旗下一只在全球范围内进行投资的大型基金,由美元和欧元共同计价。参见 APAX partner. Funds[EB/OL]. [2017-03-22]. http://www.apax.com/inside-apax/company/funds/.

开发。

个案方面来看,2015 年主权财富基金在基础设施投资领域突显了联合投资模式的运用。阿联酋阿布扎比投资局旗下塔里德投资公司(Tawreed Investment)、科威特投资局旗下雷恩房地产和基础设施公司(Wren House Infrastructure)、加拿大养老基金 Caisse de dépôt et placement du Québec(CDPQ)和澳大利亚当地的基础设施管理公司共同组成财团,赢得了对澳大利亚 TransGrid 99 年的使用权(TransGrid 掌控了新南威尔士州绝大多数的电力网络系统)。在欧洲,中投公司和 AEW 欧洲(AEW Europe)联合投标,从美国商业不动产集团世邦魏理仕(CBRE Group, Inc.)买下了法国和比利时的十处商场。而新加坡政府投资有限公司和 Exeter Property 集团则共同投资了欧洲运输枢纽的物流项目。

第二节　投资东道国监管措施的类型化总结

一、监管概况

主权财富基金于 60 多年前开始出现,时至今日,已发展到"太大而不能被忽视"(too big to not ignore)的规模,对此不同的投资东道国选择了不同的规制路径。美国采用普适性规则与特殊行业性监管相结合的方式控制主权财富基金及其关联方的投资,前者是美国对所有外国投资者普遍开展的国家安全审查制度,后者则是将如中投公司等具有特殊架构的主权财富基金视为银行控股公司加以监管。英国目前倾向于充分利用普适性的既有规则。意大利采取了较有针对性的信息披露规则,从而间接地增加主权财富基金透明度要求。德国一方面在政策上施加"高压"态势,另一方面积极地运用单边立法的方式,采取比例触发审查和投票权限制两道门槛,来过滤潜在主权财富基金收购案中的"非财务"因素。后文将结合中投公司的投资情况,对这几个典型投资东道国的监管情况加以详述。

表 2.1　金融危机以来各国针对或涉及主权财富基金的监管实践

时间	事件	特点
2007 年	美国更新《外国投资与国家安全法》（FINSA），赋予外国投资审查委员会（CFIUS）审查全部外国并购美国公司控股股权的报告，并有向总统建议阻止威胁国家安全的交易的权利和地位。	对主权财富基金并购美国公司股权（超过 10%）的监管更加严格；参股华尔街金融企业的投资行为也更容易引起美联储和 CFIUS 的审查。
2008 年 2 月	澳大利亚政府出台《与外国政府相关的在澳投资审查指导原则》（Guidelines For Foreign Government Investment Proposals）。该原则一共有六项，第一项核心原则是审查外资企业的投资行为是否被政府控制；第二项是审查外资企业是否有明确的商业目标和良好的公司治理；第三项是审查外资企业的投资是否会导致其在行业中的不正当竞争；第四项是审查外来投资对澳大利亚政府税收收益和税收政策的影响；第五项是对外国投资的国家安全审查；第六项是审查对澳大利亚目标企业的运营、发展方向以及对澳大利亚的经济和社会的影响。	将主权财富基金的投资作为个案进行处理，更加严格地对影响本国行业发展的投资行为进行审查。
2008 年 3 月	阿布扎比投资局（ADIA）和新加坡政府投资公司（GIC）与美国政府之间达成的《华盛顿约定》	对于主权财富基金而言，约定构建了一套对其投资行为的非政治性、信息披露制度、内部治理结构、公平竞争以及遵守东道国制度的制度框架；而对于东道国，约定主要限制非歧视性待遇和保护主义政策。
2008 年 4 月	《OECD 关于主权财富基金与投资东道国政策的宣言》	主要内容包括两个方面：一是提出了内外非歧视原则；二是提出如果主权财富基金的投资基于政治意图，则东道国出于对国家安全的保护应对主权财富基金的投资设置限制。

（续表）

时间	事件	概述
2008 年 8 月	德国《对外经济法》及《对外经济条例》第 13 次修正案规定德国联邦经济与技术部对来自非欧盟和非欧洲自由贸易区（EFTA）国家的投资者收购德国军工装备、电信、能源和邮政、港口、机场、铁路等战略性产业企业 25% 以上股权的项目拥有审查权，必要时可以通过否决权阻止外国投资者"危机国家安全"的行为。	德国经济与技术部对投资项目保留审查权，对于危害国家安全的项目可采取直接干预措施。
2008 年 10 月	《圣地亚哥原则》	全称《主权财富基金的通用准则与实践》，主要包括了 24 个条款，涵盖 3 个领域：法律框架、目标以及与宏观经济政策的协调（原则 1—5）；体制框架和治理结构（原则 6—17）；投资和风险管理框架（原则 18—23）。
2009 年 4 月	《科威特宣言》	成立主权财富基金国际论坛（IFSWF），取代主权财富基金工作组。该论坛成立的目的是加强主权财富基金之间的交流，促进建立和维护公开、公正、稳定、良好的国际投资环境。
2009 年 9 月	加拿大政府出台《关于投资的国家安全审查条例》（National Security Review of Investments Regulations），建立了外资并购国家安全审查制度。	详细列明了负责具体审查的调查机构，规定负责调查的部长可向调查机构披露并探讨外资并购审查的特定信息，以便更好地促进外资并购国家安全审查。
2016 年 12 月	加拿大政府公布了《外国投资国家安全审查指引》（Guidelines on the National Security Review of Investments）。	对国家安全审查加以澄清，提升了审查的透明度。

　　观察金融危机以来各国针对或涉及主权财富基金的立法政策变化以及国际协定的签署情况（见表 2.1）可以发现，相关规则的出台集中在 2008 年前后，其时正是主权财富基金蓬勃发展的时候，投资东道国一方面对外资具有巨大需求，另一方面又忌惮主权财富基金背后潜藏的政治

目的,因而对其加以限制。一般而言,相关规则主要是与外资投资活动有关的法律。多数投资东道国对外资实行国民待遇,东道国普遍适用的证券法、公司法、竞争法及专门的外资法都对主权财富基金适用。但出于所引进外资被外国政府控制的顾虑,东道国对此类外资的投资活动进行了专门限制,对一些投资活动进行国家安全审查。尽管相关立法并非针对主权财富基金,但项庄舞剑意在沛公,监管直指主权财富基金。

总体而言,投资东道国的监管措施可归纳为以下三种类型,即信息披露、新设外资与国家安全审查、黄金股条款设定。

二、信息披露机制

无论投资东道国出于何种目的而对主权财富基金进行监管,其措施实施的前提均是要求主权财富基金充分披露信息。信息披露作为贯穿监管始终的重要基础,对各监管措施具有重要意义。事实上,就投资东道国法而言,信息披露要求并未单独规定于法律法规之中,而是与各种审查制度相结合。如前所述,无论是投资东道国,还是主权财富基金母国,几乎所有主权财富基金国际论坛(IFSWF)成员国都认为主权财富基金的透明度对监管有积极意义。

信息披露机制的建立具有主权财富基金投资东道国和母国两个面向,但某种程度上,二者的监管目的和初衷并不一致。由此导致各方对主权财富基金信息披露的标准有着不同的主张。主权财富基金母国一般都表示主权财富基金已在条件允许的范围内较为充分地进行了信息披露,其主张的信息披露标准主要考虑的是对本国主权财富基金最大限度的保护。母国的信息披露要求是一种典型的自我监管模式或所有者监管模式。而投资东道国则坚持主张主权财富基金应当尽可能多地进行信息披露,充分展示投资意图、运作模式和投资行为所带来的影响等全方位信息,以保护本国的利益。因此,由于各自利益的牵绊,两者在主权财富基金信息披露标准的确立上存在天然差别,形成了全球范围内建构统一的主权财富基金信息披露机制的一大障碍。

当然,在当前国际经济环境下,投资东道国多数为经济发达国家,经济实力和投资地位上处于强势地位,因此信息披露机制的博弈优势掌握于投资东道国。主权财富基金及其母国则对投资东道国制度和国际趋势作出了相应妥协。

（一）美国主导下的多边协定信息披露标准

作为全球主权财富基金最主要的投资东道国，美国始终实施一套独立的信息披露标准。美国财政部主导下签订的《华盛顿约定》就主权财富基金的信息披露制定了一套政策，该政策规定主权财富基金的信息披露至少应当包含以下几个方面的内容：主权财富基金的成立目的和投资目标；内部机构安排；财务信息，主要包含资产配置和投资回报率等；公司治理和内部控制情况；风险控制体系。

美国财政部的主权财富基金信息披露标准更加侧重于对基金运作的整体进行信息披露，其要求主权财富基金披露公司治理、内部控制及风险控制等内容。设立该标准除了提高主权财富基金信息透明度之外，也具有系统性风险控制的目的，即不仅仅是为了揭露主权财富基金的真实投资意图，同时也带有防止主权财富基金在投资过程中将隐性金融风险引入的考虑。

这一标准在 2008 年 6 月得到了 OECD 的认同。从 OECD《主权财富基金与投资东道国政策报告》针对主权财富基金所建议的措施中不难看出，该报告中所确立的主权财富基金监管原则仅仅是对以往所确立原则的重申，并未就主权财富基金的监管提出新的有效原则，仅仅强调各东道国政府应当平等地对待主权财富基金的投资行为。至于信息披露机制方面，由于 OECD 会员国中投资东道国占大多数，因此其监管规则的设立主要是朝着有利于东道国的角度来设计的，监管规则更多地侧重于对主权财富基金投资行为的监管，而东道国的国家审查制度依旧可以成为其拒绝接受主权财富基金投资的合理理由，虽然在报告中强调了东道国的国家安全审查制度应当作适当限制，但并未指明应当如何限制、应当限制在何种程度内。从这个角度上看，OECD 对主权财富基金的监管规范无疑具有片面性。

不过，美国财政部也建议应当增强投资东道国的政策透明度，使主权财富基金能够了解和预测东道国的投资结构、内部投资规定。同样在 2008 年 6 月发表的《主权财富基金与投资东道国政策报告》中，OECD 接受了美国财政部的相关建议，提出接受国的投资保护措施应该是透明且可预见的。①

---

① 陈克宁，陈彬. 主权财富基金的透明度与信息披露[J]. 证券市场导报，2011（5）：20.

（二）《圣地亚哥原则》及其延伸出的"自律"信息披露标准

《圣地亚哥原则》所建构的主权财富基金信息披露标准主要包含以下几个方面：主权财富基金的法律框架应健全，应公开披露其法律基础和结构的主要特点，以及与其他国家机构之间的法律关系；在融资、提款及支出操作的一般方法上，应具备明确且公开披露的政策、规则、程序或安排；应及时向所有者报告与主权财富基金相关的统计数据，或按要求纳入适当的宏观经济数据组；对其操作的问责制框架应在相关法律、章程或其他章程性文件或管理协议中明确定义；应及时准备有关操作及业绩的年报和所附财务报表，进行年度审计；应公开披露其治理框架、财务信息、投资政策说明及非经济金融考虑之外的投资决定；在东道国开展和活动时，应遵循其监管和披露要求；应衡量其资产和投资业绩，并按明确定义的原则和标准向所有者报告。

但《圣地亚哥原则》所作规定是原则性的，因此其主张的主权财富基金信息披露标准较其他标准来看更加宏观，其建构了主权财富基金信息披露制度的宏观框架，却并未给出主权财富基金信息披露的具体细则。因此，其可操作性不强。

《圣地亚哥原则》虽未达成更加具有操作性的共识，但反面突显了主权财富基金信息披露制度建构的必要性。尽管作为"软法"的《圣地亚哥原则》本身缺乏法律制度的强制约束力，但确实给予了主权财富基金一定的"纪律"约束，后者通过自律履行信息披露责任，从而加深投资东道国的信任，有利于投资活动的充分开展。

三、新设外资与国家安全审查

投资东道国对主权财富基金监管的局限性主要体现在东道国的国家安全审查制度上，东道国在面对外来主权财富基金投资时，基于对其国家资本属性的担忧，往往通过自身业已建构的国家安全审查制度进行严审。从全球各国最新的立法实践来看，国家安全审查已成为其规范和约束主权财富基金的最有效手段，几乎所有类型的主权财富基金相关投资都面临着东道国国家安全审查制度的审查。而从法域上看，除美国外[①]，典型的还有以下几个国家。

---

① 后文在美国监管分析部分详述。

（一）澳大利亚外资审查制度

澳大利亚拥有丰富的矿产资源,因此也是主权财富基金投资主要的东道国之一。澳大利亚政府担心本国的资源为外国资本所控制,于是不断加强本国的外资管理法律,如《外资并购法》《外资并购与接管法案》（Foreign Acquisitions and Takeovers Act）等。对外资的审查权由澳大利亚联邦财政部享有,具体由外国投资审查委员会（Foreign Investment Review Board,FIRB）负责实施。审查的范围主要有:（1）私营企业购买澳大利亚企业超过15％股份的交易;（2）外国国有企业对澳大利亚企业的任何投资;（3）获得澳大利亚城市土地利益的交易;（4）其他符合申报起点和情形的并购。《外资并购与接管法案》规定,在不违反本国利益的前提下,委员会有权否定外国投资者的提议或终止外国投资者的收购。

在国企中国铝业集团声明出资150亿美元购买澳大利亚力拓集团（Rio Tinto Group）9％的股份后不久,2008年2月,澳大利亚政府出台《与外国政府相关的在澳投资审查指导原则》（Guidelines For Foreign Government Investment Proposals）,以提高对外资审查的透明度。[1] 这也标志着澳大利亚对主权财富基金实行单独的专门监管模式。该原则一共有六项,第一项核心原则是审查外资企业的投资行为是否被政府控制;第二项是审查外资企业是否有明确的商业目标和良好的公司治理;第三项是审查外资企业的投资是否会导致其在行业中的不正当竞争;第四项是审查外来投资对澳大利亚政府税收收益和税收政策的影响;第五项是对外国投资的国家安全审查;第六项是审查对澳大利亚目标企业的运营、发展方向以及对澳大利亚的经济和社会的影响。[2]

在上述六项原则中,至少有三项是直接限制外国国有企业和主权财富基金的投资,包括"投资者应独立经营,不受外国政府的影响","投资项目不应阻碍竞争或者导致对相关行业的垄断和控制","投资项目不应影响到澳大利亚的国家安全"。对外资审查六项原则的出台使得澳大利亚

---

① FIRB. Guidelines For Foreign Government Investment Proposals [EB/OL]. （2008-06-24）［2017-03-22］. http://www. aph. gov. au/About_Parliament/Parliamentary_Departments/Parliamentary_Library/pubs/BN/0708/ForeignInvestmentRules#_Toc202002020.

② MONCRIEF MARC. Swan Gives Foreign Governments A Peek at FIRB Guidelines [EB/OL]. （2008-02-18）［2017-03-22］. http://www. smh. com. au/business/swan-gives-foreign-governments-a-peek-at-firb-guidelines-20080217-1snl. html.

对包括主权财富基金在内的外资审查更为严格,最终导致力拓集团宣布撤销与中国铝业集团的并购协议。虽然在外界批评的压力下,澳大利亚政府 2009 年对有关条文进行了修改,但也只是从形式方面减少了对部分外资的审查。

2010 年,澳大利亚立法机构对《外资并购与接管法案》作出修订,提出对外国投资实行"国家利益"审查政策。"国家利益"不仅包括了国家安全,还包括了市场竞争、税收政策、环境、对经济的普遍影响等方面。修订后的法案规定,与外国政府相关的任何直接投资(达到 10% 以上持股比例)都需要获得外国投资审查委员会的批准;对于投资后持股比例低于 10% 的直接投资,只要投资可能影响或控制被投资的企业,也必须进行申报。①

（二）法国的国家安全审查与并购行业准入

通过修订《外资法》和《货币与金融法》,法国正在逐步建立和完善国家安全审查制度。早在 2005 年,在《货币与金融法》第 L. 151-2 条款规定的议会批准基础上,法国政府就对外国投资的适用法规作出了修订,指出:未经法国政府相关部门事先审查并批准,外国投资者不得获得法国公司的控制权股份或特定比例股权,并对外国投资者进行了区分。② 对于欧盟投资者,仅在其投资涉及 11 个特定行业时,才需要进行申报;而对于非欧盟投资者,只要其获得法国公司的控制权、分支机构或三分之一以上注册资本或投票权,就必须申报。对于法国政府的审查决定,投资者有权向法国行政法院或欧洲法院起诉。

2014 年 5 月 14 日,针对美国通用电气集团(GE)对法国阿尔斯通公司(Alstom)电气业务收购案,法国政府颁布了《2014-479 号法令》,即人们所说的《阿尔斯通法令》,禁止外资并购法国的战略性企业,以此进一步限制外国投资者收购法国境内公司的多数股权。此外,根据该法令,对于欧盟投资者对法投资的申报范围,也由原来的 11 个行业增加至 16 个行业。

（三）加拿大外国投资审查机制

加拿大管理外国投资的主要法律依据是于 1985 年 6 月通过的《加拿

---

① 安德慎律师事务所(Allens Arthur Robinson Law Firm). 聚焦:澳大利亚外国投资政策之修订——国家利益[R]. Sydney:Allens Arthur Robinson Law Firm,2010.

② STEINITZ MAYA, INGRASSIA MICHAEL. The Impact of Sovereign Wealth Funds on the Regulation of Foreign Direct Investment in Strategic Industries:A Comparative View [J]. Business Law International,2009,10(01):10.

大投资法》(Investment Canada Act)。2005 年 7 月,加拿大政府出台《加拿大投资法》的修正案,对可能影响加拿大国家安全的外国投资设立了审查机制。加拿大政府表示,此法案的出台主要是针对中国公司在加拿大的并购行为,并作为对中国并购诺兰达公司的官方回应。至此,加拿大政府将《加拿大投资法》制定的目标扩展为保护国家安全。①

加拿大政府于 2009 年 9 月颁布《关于投资的国家安全审查条例》(National Security Review of Investments Regulations),建立了外资并购国家安全审查制度,该审查制度建立在外资准入审查基础之上。该条例作为《加拿大投资法》的细化规定,详细列明了负责具体审查的调查机构,规定负责调查的部长可向调查机构披露并探讨外资并购审查的特定信息,以便更好地促进外资并购国家安全审查。② 根据《加拿大投资法》的规定,工业部在审核外国投资时主要考量六大因素:(1)投资对加拿大经济活动的水平和性质的影响,包括对就业、能源、加工和出口的影响;(2)加拿大人对加拿大企业及其所属行业的参与程度和重要性;(3)投资对加拿大生产率、产业效率、技术开发、产品革新、产品品种的影响;(4)投资对加拿大产业内部竞争的影响;(5)投资同民族工业、经济及文化政策的一致性如何,并考查政府所发布的工业、经济及文化政策目标或可能受投资重大影响的省的有关立法;(6)投资对加拿大在世界市场竞争能力的贡献。

2012 年 10 月,在美国政策的影响下,加拿大政府强烈暗示,鉴于可能的安全风险,它将禁止华为参与竞标政府通信网络项目的建设。③ 2013 年 11 月,联想拟全盘收购黑莓的计划被加拿大政府否决。

2016 年 11 月 3 日,加拿大财政部发布了 2016 年加拿大《秋季经济报告》(Fall Economic Statement)。在报告中,加拿大政府公布,将自 2017 年起提高针对外国投资者母国为 WTO 成员国的非国有企业外国投资者的国家安全审查的准入条件,即母国为 WTO 成员国的非国有企业外国

① 张文联. 发达国家产业安全的保护之路[J]. 中国投资,2006(10):44.

② 驻加拿大经商参处. 加拿大关于外国投资的国家安全审查制度[EB/OL]. (2016-02-25)[2017-03-22]. http://www.mofcom.gov.cn/article/i/dxfw/nbgz/201602/20160201262185.shtml.

③ COOPER DANIEL. Canada Vaguely Hints It'll Block Huawei from Government Projects, Cites Security Concerns [EB/OL]. (2012-10-20)[2017-03-22]. https://www.engadget.com/2012/10/10/canada-huawei-block-hint/.

投资者直接收购并控制企业价值(Enterprise Value)超过 10 亿加元(目前的规定为 6 亿加元)的(非文化产业的)加拿大企业时,应当进行国家安全审查。①

加拿大政府于 2016 年 12 月 19 日公布了《外国投资国家安全审查指引》(Guidelines on the National Security Review of Investments),对国家安全审查加以澄清。该指引的出台提升了审查的透明度,有利于外国投资者的进入。② 加拿大进行国家审查时,将考虑如下因素:(1) 投资项目对加拿大国防能力和利益的潜在影响;(2) 投资项目将敏感技术或专业知识转移出加拿大的潜在影响;(3) 研究、制造或销售《国防生产法》(Defence Production Act)第 35 条所认定的商品或技术;(4) 投资项目对加拿大关键基础设施安全的潜在负面影响;(5) 投资项目对加拿大国民重要商品和服务的提供,或加拿大政府商品和服务的提供的潜在负面影响;(6) 投资项目成为外国从事监视或间谍活动契机的可能性;(7) 投资项目阻碍现行或未来情报或法律执行的可能性;(8) 投资项目对加拿大国家利益(如外交关系)的潜在负面影响;(9) 投资项目参与或推动违法行为的可能性,如恐怖主义活动、恐怖主义组织或组织犯罪。

（四）中国国家安全审查制度

作为投资东道国,我国并无针对主权财富基金投资的专门立法。以前,国外主权财富基金可以适用的法规主要集中在外商投资法领域,其中主要包括《外商投资产业指导目录》以及"国家安全审查通知",并没有完整的国家安全审查制度。③《外商投资产业指导目录》虽然对相关行业有一定的外资限制,国务院六部委联合出台的《关于外国投资者并购境内企业的规定》(2006 年第 10 号)对外资并购也有一定的规范,但这些均是就一般外商投资而规定的,不具有针对主权财富基金投资的特殊性。

---

① 郑怡. 加拿大外国投资国家安全审查制度及其最新发展介绍[EB/OL]. (2017-01-03) [2017-03-22]. http://mt.sohu.com/20170103/n477628197.shtml.

② BARUTCISKI MILOS, KALBFLEISCH ADAM. What Foreign Investors Need to Know About the New National Security Guidelines under the Investment Canada Act [EB/OL]. (2016-12-20) [2017-03-22]. https://www.bennettjones.com/Publications％20Section/Blogs/ What％20Foreign％20Investors％20Need％20to％20Know％20About％20the％20New％ 20National％20Security％20Guidelines.

③ 2011 年 2 月 12 日,国务院颁布了《国务院办公厅关于建立外国投资者并购境内企业安全审查制度的通知》。

　　2015 年 1 月 19 日,我国商务部对外发布了《中华人民共和国外国投资法(草案征求意见稿)》(简称《外国投资法》草案)。这部法律未来一旦获得通过,可填补我国在国家安全审查制度上的欠缺。《外国投资法》草案中第四章专门规定了我国的国家安全审查制度。根据该法律草案,国务院建立外国投资国家安全审查部际联席会议(以下简称联席会议),承担外国投资国家安全审查的职责。[①]

　　《外国投资法》草案中我国国家安全审查的基本程序如图 2.4 所示,包括发起、一般审查、特别审查和国务院决策四个阶段,此外还有预约商谈、安全评估以及附加限制性条件等其他特殊安排。

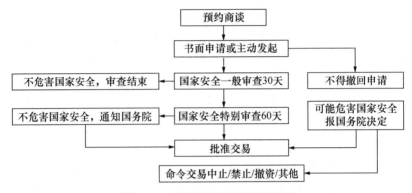

图 2.4　中国国家安全审查的流程

　　审查对象是任何危害或可能危害国家安全的外国投资。其中外国投资包括外国实际控制的企业。[②] 草案对安全审查考虑因素仅作原则性规定,没有列出具体的行业限定。国务院联席会议在进行国家安全一般审

---

　　① 国务院发展改革部门和国务院外国投资主管部门共同担任联席会议的召集单位,会同外国投资所涉及的相关部门具体实施外国投资国家安全审查。

　　② 2015 年《中华人民共和国外国投资法(草案征求意见稿)》第十八条:

本法所称的控制,就某一企业而言,是指符合以下条件之一的情形:

(一)直接或者间接持有该企业百分之五十以上的股份、股权、财产份额、表决权或者其他类似权益的。

(二)直接或者间接持有该企业的股份、股权、财产份额、表决权或者其他类似权益虽不足百分之五十,但具有以下情形之一的:

1. 有权直接或者间接任命该企业董事会或类似决策机构半数以上成员;

2. 有能力确保其提名人员取得该企业董事会或类似决策机构半数以上席位;

3. 所享有的表决权足以对股东会、股东大会或者董事会等决策机构的决议产生重大影响。

(三)通过合同、信托等方式能够对该企业的经营、财务、人事或技术等施加决定性影响的。

查之后，如果认定外国投资可能存在危害国家安全风险的，应决定进行特别审查，并书面通知国务院外国投资主管部门。启动特别审查程序后，联席会议应当组织对外国投资的安全评估，并结合评估意见进行审查。国务院有权终止危害或可能危害国家安全且无法消除危害的外国投资。国务院作出的国家安全审查具有非诉性，不得对其提起行政复议和行政诉讼。

《外国投资法》草案第 57 条明确提出了对外国投资进行国家安全审查需要考虑的十一点因素，包括国防安全、国家安全关键技术研发、关键基础设施、信息和网络安全、能源及粮食资源等。在这十一点因素中，因素（八）"外国投资事项是否受外国政府控制"，与主权财富基金投资是否会被纳入国家安全审查的范围息息相关。从股权角度来看，一国政府是主权财富基金的控股股东，主权财富基金的投资事项受其政府控制；从管理者角度来看，主权财富基金的管理者是以投资收益最大化原则独立作出投资决定的，投资事项不受政府控制。因此，特定主权财富基金投资是否被列入国家安全审查的范围，恐怕需要结合实际情况做具体判断。

如果主权财富基金投资需要进行国家安全审查，那么根据《外国投资法》草案第 51 条，在外国投资者所提交的安全审查申请书中，需要列出：外国投资者及其实际控制人、高级管理人员情况；外国投资基本信息，包括投资金额、投资领域、投资区域、投资方式、出资比例和方式、经营计划等。这相当于对主权财富基金提出了基本的透明度要求。此外，《外国投资法》草案第 8 条也规定，国家对外国投资者在中国境内投资的管理，应遵循公开、透明的原则。整体而言，我国的国家安全审查制度仍然处于建立的初期，有待吸取境外经验，在日后的实践中逐步完善。

四、欧洲黄金股条款

（一）黄金股机制探析

黄金股条款虽然不是专门针对主权财富基金的监管措施，但在当前主权财富基金日益活跃的背景下，许多欧盟国家为消除恐惧和担忧正在试图重新引入这一制度。2007 年 7 月 24 日，欧盟贸易委员曼德尔森表示，在保护具有战略意义的欧洲公司不被外资收购问题上，欧盟可以考虑实施所谓的黄金股条款，但在使用上必须谨慎。

黄金股条款是伴随国有企业私有化进程产生的，起源于 20 世纪 70

年代末的英国。黄金股条款的重要性源于其在国防、能源、航空和通讯等与国家安全和公共利益密切相关的行业以及一些公益事业中,对于保障国家安全和公共利益方面的巨大作用。

黄金股条款为投资东道国政府提供了一个参与主权财富基金所投企业治理的有效途径。一方面,东道国政府可以保持对企业一定的控制力,掌握一定的权利,把握企业涉及国家利益的重大经营决策,从而防止战略资源或资产的出售,保证企业现有目标的执行,保护国家和民众的利益;另一方面,通过股东协商、章程限定、立法明确黄金股条款的适用范围,又可以将干预降到最低限度,一定程度上消除主权财富基金投资存在的政治风险。不过,尽管黄金股条款在欧洲范围内广泛存在,但其适用的具体行业、行使的方式存在争议。欧盟委员会(European Commission)自2000年起就黄金股条款的设立对多个成员国提起了诉讼。在欧洲法院的裁决中,多数成员国败诉,仅比利时在2002年胜诉,或在个别案件中部分条款有效。

目前尚未有黄金股条款直接适用于主权财富基金监管的个案出现,但事实上主权财富基金投资的企业中不少在公司章程中已存在黄金股条款,前述英国希斯罗机场控股公司即是典型。而"准黄金股"权利在现实中也大量存在,在2007年欧洲法院(Court of Justice of the European Union)对德国大众公司案①的裁决中,未因德国法上没有使用"黄金股"一词而放弃对德国政府所享有的"准黄金股"权利的规制,认为德国法赋予政府的权利阻碍了欧共体条约关于资本流动自由的规定。②

(二)黄金股条款的欧盟法院判例及学术争议

欧洲是黄金股条款的发源地,黄金股条款的适用和发展已经相对成熟。黄金股经初期的迅速发展并广泛运用之后,欧盟认识到了没有统一、严格规制的黄金股条款可能严重阻碍欧盟内部乃至世界范围内的市场自由,违反了《欧共体条约》规定的设立自由和资本流动自由。于是欧盟委员会对那些滥用黄金股条款的会员国向欧洲法院提起了一系列违反条约之诉,试图通过欧洲法院的判决来有效规制黄金股条款,引导成员国根据

---

①   Case C-112/05,Commission v. Germany,2007 E. C. R. I-8995.

②   VOSSESTEIN GERT-JAN. Volkswagen:the State of Affairs of Golden Shares,General Company Law and European Free Movement of Capital [J]. Lecturer of Company Law,2008 (7):41.

相关案例法进行自查并修正相关条款,消除对市场自由的消极影响。对黄金股制度的研究可以使主权财富基金在可能的监管应对方面未雨绸缪。

　　本书梳理了欧洲法院裁决的部分案件,其涉及条款内容、行业分布见表 2.2、表 2.3。

表 2.2　欧洲法院黄金股案件涉及条款内容

时间	国家	涉案条款		
		否决特定决策	股份持有限制/超过需事前批准	任命董事、监事
2000 年	意大利	* ×		*(至少任命一名董事) ×
2002 年	葡萄牙		*(来自其他会员国的投资者,不得取得葡萄牙企业超过 25% 的持股;任何自然人或法人获得超过 10% 的普通股股份,以及超过上述特别行业的股份限制的,都要获得财政部长的事前批准) ×	
2002 年	法国	*(资产处置的决议) ×	*(任何希望获得一定股份的投资者需要获得事先批准或授权) ×	*(任命两名董事) ×
2002 年	比利时	*(公司决议损害了国家在能源方面的利益时) √		*(任命两名董事) ×
2003 年	西班牙		*(减持公司 10% 及以上的国有股份、投资者通过收购股份达到持股 10% 以上,均需获事先授权) √	
2003 年	英国		*(特定资产的处置必须事前得到书面同意,经批准才能独自拥有超过 15% 的普通股股份) ×	

（续表）

时间	国家	涉案条款		
		否决特定决策	股份持有限制/超过需事前批准	任命董事、监事
2007 年	德国	*（涉及公司收购等重大问题的通过，需要超过80％的多数票。其时，大众公司所在地德国下萨克森州的州政府是最大股东，持有 20.3％ 的股份，基本上拥有公司重大决定的否决权）×	*（任何股东都不得行使超过 20％ 的表决权，表决权的代理行使也不得超过 20％）×	*（任命两名监事）×
2009 年	意大利	*（公司解散、项目转移、合并、分拆、海外总部的迁移、公司目标变更、关于黄金股条款的删除、修改）×	*（对于以下行为的异议权：投资者获得 5％ 以上投票权的股份；合计持有 5％ 以上投票权股份股东间合作协议；或上述行为触及由经济事务与金融部设定的更低比例股权）×	
2010 年、2011 年	葡萄牙	*（对董事的任命、投资者收购10％ 以上股份、关于黄金股条款的修改等拥有一票否决权）×	*（5％ 投票权上限）×	*（任命董事会主席）×
2012 年	希腊	*（解散、重组、战略资产转让）×	*（经实现批准才能购买超过 20％ 的普通股股份）×	

注：*表示该国条款中有相关规定，括号处为该国特别规定；√/×各自表示欧洲法院的肯定或否定裁决。

表 2.3　欧洲法院黄金股案件涉及行业

时间	国家	涉案行业					
		能源	通讯	交通	商业银行	保险	烟草
2000 年	意大利	* ×	* ×	* ×			
2002 年	葡萄牙	* ×		* ×	* ×	* ×	
2002 年	法国	* √（石油）					
2002 年	比利时	* √（石油、天然气）					
2003 年	西班牙	* √（石油、电力）	* √		* ×		* ×
2003 年	英国			* ×（机场）			
2007 年	德国			* ×（大众汽车）			
2010 年、 2011 年	葡萄牙	* ×	* ×				

注：＊表示该国条款中有相关规定，括号处为该国特别规定；√/×各自表示欧洲法院的肯定或否定裁决。

从上述案件中可以发现，欧洲各国在黄金股条款的设定上并不仅仅限于传统范畴的黄金股，即不限于否决权，各国政府还通过设置股份持有限制比例、事前批准、任命董事或监事等"准黄金股"的手段，对涉及国家安全的战略企业进行干预。黄金股条款涉及的行业广泛，除上述所列行业之外，还包括邮政、医疗等，但被欧洲委员会诉至欧洲法院的情形更多地涉及能源行业。此外，由于各国设置的黄金股权利启动条件不一，涉及的公司地位重要性不同，甚至是随着时间的推移，成员国立场和监管口径上的变化，欧洲法院针对同一行业的裁决出现了前后不一的情况。

虽然欧洲法院在黄金股案件中保持着一致的严格审慎态度，但新近的案件表明欧洲法院的司法实践仍然存在不确定性。法院在选择适用设立自由还是资本流动自由进行裁决方面存在犹疑，何种黄金股条款涉嫌违反条约也缺乏定数。①

---

①　SZABADOS TAMÁS. Recent Golden Share Cases in the Jurisprudence of the Court of Justice of the European Union [J]. German Law Journal，2015（5）：1099.

当然,从另一个角度看,无论何种自由原则的适用,其目的都是在于限制成员国对于市场自由的干预。因此,有必要讨论相关自由原则的例外情况,确定市场自由原则适用的边界,给予成员国在黄金股案件中适当合理的抗辩权。在大多数案件中,被告成员国均是以国家或公共利益、安全作为抗辩理由,即在承认黄金股条款限制了市场自由的前提下,寻求《欧共体条约》第 58 条①规定的例外情形的庇护。值得注意的是,是否构成第 58 条规定的例外情形,与黄金股涵盖行业、权利类型息息相关,不仅相关行业严格限定,而且黄金股条款所限制的行为"必须会对社会根本利益造成真实的、足够的威胁"。此外,黄金股条款限制必须符合确定性原则和比例性原则要求,才能构成限制自由的例外,形成有效的抗辩。

此外,从表 2.3 中可以看出,欧洲法院倾向于认可黄金股条款在能源(如石油、天然气、电力)、通讯行业中的设立,认为这些行业涉及公共利益或公共安全。2002 年法国政府主张,其在埃尔夫阿奎坦国家石油公司(Societe Nationale Elf Aquitaine,SNEA)中设置黄金股,是为了抵御外资控制本国石油公司;欧洲法院认为石油产品对于国家至关重要,保护国家石油产品供给属于正当的国家利益,故支持了法国政府的主张。同年,比利时政府认为,黄金股在国家管道运输公司(Société Nationale de Transport par Canalisations,SNTC)和 Distrigaz 天然气公司中设置,是国家安全和国家利益的需要;欧洲法院认为,保护能源供给、实现国家能源政策,属正当公共利益,因此予以支持。2003 年,欧洲法院判定西班牙1995 年第 5 号法律中的黄金股条款适用的 5 个行业中,石油、通讯、电力3 个行业与公共利益密切相关,可以接受黄金股的限制,但对于该法中规定的商业银行、烟草行业只是商业活动,并不关乎国家政策或欧盟政策的实施,故支持了欧盟委员会关于商业银行、烟草业中不应设置黄金股的观点。除上述欧洲法院认可的情况之外,其他成员国涉及交通、商业银行、保险、烟草等多个行业的黄金股条款均被认定为违反欧共体条约。即使在欧洲法院曾经认可的能源、通讯行业,黄金股条款仍可能被认定为违法,这是黄金股条款可涵盖行业范围不确定性和差异性的重要体现。

---

①　现为《欧盟运行条约》第 65 条。

第三章　中投公司在美国投资的控股公司路径

第一节　中投公司在美投资及其监管框架

一、中投公司美国投资情况概述

在各主权财富基金之中，中投公司的投资策略较为激进。目前，中投公司的投资包括现金产品、绝对收益产品、固定收益产品、公开市场股票、房地产、对冲基金、私募股权基金等。

美国作为全球最发达资本市场所在地，是中投公司投资公开市场股票的最大市场。自 2008 年以来，中投公司在北美的股权投资一直占全部股权投资的 40% 以上。例如 2009 年 12 月 31 日，中投公司在美国公开股票市场中投资了 83 只股票，市值约为 96.3 亿美金。[①] 除 iShares、PowerShares 等交易型开放式指数基金，中投公司在美投资的对象主要有两类，一类是 AES 电力、Teck 矿产、淡水河谷等能源类上市公司，另一类是可口可乐、强生、辉瑞、摩托罗拉、美国银行等老牌蓝筹。[②]

二、美国监管框架

目前美国并没有针对主权财富基金的特殊监管规则，也未设专门监管机构。主权财富基金所受监管在形式上与其身份无关，而与其开展的投资业务关联。总体而言，美国针对中投公司投资监管主要体现在两个方面——国家安全审查和对银行控股公司的特别监管。前者是美国对所有外国投资者普遍开展的审查，后者则是基于中投公司特殊架构而引发

---

① SEC. SEC Filing Document [EB/OL]. [2017-03-22]. http://www.sec.gov/Archives/edgar/data/1468702/000095012310009135/c95690e13fvhr.txt.

② Ibid.

的行业性特殊监管。

外资进入美国首先可能遇到的审查是国家安全审查,中投公司作为主权财富基金自然无法幸免。在美国,总统在国家安全方面对外资有审查和限制的权力,美国外国投资委员会(Committee on Foreign Investment in the United,CFIUS)负责为总统提供帮助。

在金融监管方面,中投公司全资控股中央汇金投资有限责任公司(中央汇金),后者是中国银行、建设银行、农业银行、工商银行和光大银行等的最大股东[①],这些银行大多在美国设有分行。按照美国1978年《国际银行法》(International Banking Act)的规定,"控制"(Control)该外国银行的公司视为银行控股公司,因此,中投公司受到《银行控股公司法》(Bank Holding Company Act)的约束。

第二节　美国国家安全审查制度

一、美国对外资设立国家安全审查制度的主要法律依据

(一) 分散立法与 CFIUS 初建

美国外资审查制度的法律依据由法案、行政命令和法规组成。

1950年,为支持朝鲜战争,美国国会通过了《1950年国防生产法案》(Defense Production Act of 1950)[②],这是外资审查制度的基础法案。其后美国历任总统针对外资审查颁布过多个行政命令。1975年,福特总统发布了行政命令11858号[③],创建了CFIUS,负责监控、评估外国投资对美的影响。此后,里根总统、克林顿总统和乔治·布什总统分别发布了数个行政命令[④],对11858号命令进行了修订。尤其是乔治·布什总统发布的第13456号行政命令,对CFIUS的构成、审查的方式、程序等作出了全面的修订。[⑤]

---

① 截至2016年第三季度末,中央汇金持有中国银行64.02%股份,建设银行57.11%股份,农业银行40.03%股份,工商银行34.71%股份,光大银行21.96%股份。

② 50 U.S.C. App. 2170.

③ 40 FR 20263, 3 CFR, 1971—1975 Comp. , p. 990.

④ 54 FR 779, 3 CFR, 1988 Comp. , p. 618; Federal Register Vol. 58, No. 172; Federal Register Vol. 68, No. 43; Federal Register Vol. 73, No. 17.

⑤ Federal Register Vol. 73, No. 17.

1988 年，为了应对日资企业对美国本土企业的大量并购行为，美国通过《埃克森—弗洛里奥修正案》(Exon-Florio Amendment)，对法案第 721 条进行了修订，授权总统在有可靠证据的情况下采取措施，阻止任何可能威胁国家安全的外资控制性交易；规定总统有关外资审查的命令不受司法审查；授权 CFIUS 为法条执行机构，负责对外资进行审查。1992 年，《伯德修正案》(Byrd Amendment) 针对《埃克森—弗洛里奥修正案》做了进一步修正，规定具有外国政府背景的外资交易必须经过 CFIUS 的审查。[①]

（二）专门立法：《外国投资与国家安全法案》(《FINSA 法案》)

在 2005 年中国海洋石油有限公司收购美国优尼科石油公司 (Unocal Corporation)[②] 及 2006 年迪拜港口世界公司对英国铁行集团 (Peninsular & Oriental Steam Navigation Co.) 的并购案[③]中，CFIUS 均未进行干预。然而，美国国会认为这两起并购案均涉及美国的国家安全，并于 2007 年颁布了《外国投资与国家安全法案》(Foreign Investment and National Security Act of 2007，《FINSA 法案》)，旨在改革《埃克森—弗洛里奥修正案》中对外国投资的审查程序。

《FINSA 法案》正式在法案中确立了 CFIUS 的地位，此前 CFIUS 存在的依据仅源于总统的行政命令。同时，新法案制定了更为严格和复杂的审查程序，规定了除例外情形外两种必须接受 CFIUS 审查的交易：第一种是由外国政府控制的交易，第二种是涉及收购关键基础设施[④]的交易。

《FINSA 法案》还建立了重新审查制度，规定当受审查的申请人提交信息时存在做假、隐瞒、漏交、伪证等行为时，总统和 CFIUS 有权撤销已经审查批准并完成的交易；如投资者以签署国家安全风险缓释（Risk

---

① Public Law 102—484，October 23，1992.

② 2005 年 6 月，中国海洋石油公司向优尼科石油公司发出了价值 185 亿美元的收购要约，并向 CFIUS 提交了审查申请书。CFIUS 作出审查后批准收购，但最终优尼科公司接受了雪佛兰公司的报价，中海油收购失败。

③ 2006 年 3 月，迪拜港口世界公司以 68 亿美元资金收购了英国铁行集团旗下的港口终端业务，从而获得了巴尔迪摩、迈阿密、新泽西、新奥尔良、纽约和费城这六个港口的运营权。CFIUS 批准了这一收购行为。

④ 关键基础设施是指，对国家安全、经济安全、公众健康或安全生产有重要影响的系统和资产，既包括物理基础设施，也包括信息基础设施。参见 26 U.S.C. § 1016(e)。

Mitigation)协议为获批条件,CFIUS 有权跟踪协议执行状况并视情况重审。此举增大了外资在交易获批后仍被追溯制裁的风险。

美国财政部是制定外资审查法规的主体,其制定 1991 年的《外国人兼并、收购和接管条例》(Regulations Pertaining to Mergers, Acquisitions, and Takeovers by Foreign Persons)是《FINSA 法案》的实施细则。[①] 该条例在 2008 年 11 月进行了修订,主要内容包括:重申外国人通过交易行为有可能损害美国国家安全的行为,赋予总统中断或禁止该交易的权力,授予 CFIUS 减轻该交易所导致的对美国国家安全威胁的权力;赋予 CFIUS 较大的自由裁量权;界定受管辖和不受管辖的交易范围;规定 CFIUS 的审查和调查程序;要求计划收购美国敏感资产的外国投资者提交关于以往在军队及政府部门服务的个人信息。然而修订后,条例对"控制"并未有明确的比例界定标准,而是规定任何形式,包括持有投票权、董事会席位、代理投票、协议安排、一致行动等能够影响被投资实体业务的行为,都会被认定为"控制"。[②] 尽管条例也规定,完全以被动投资为目的(solely for the purpose of passive investment)、控股不超过 10% 的交易不会被认定为控制性交易,但是在控制的认定上,CFIUS 依然被赋予相当大的自由裁量权。

(三) 修订:《外国投资风险审查现代化法案》(《FIRRMA 法案》)

《FINSA 法案》问世十年后,美国国会首次就 CFIUS 审查外国投资以保护美国国家安全的法定职权作出修改。经过多轮博弈、磋商,2018 年 7 月 26 日,美国国会众议院将 CFIUS 改革法案《外国投资风险审查现代化法案》(Foreign Investment Risk Review Modernization Act,《FIRRMA 法案》)纳入《2019 财年国防支出法案》(National Defense Authorization Act, NDAA),并表决通过。其后参议院亦表决通过,最终于 8 月 13 日经美国总统特朗普签署成为法律。

《FIRRMA 法案》大幅扩张了 CFIUS 的审查范围,特别是扩大到某些不属于传统并购类型的投资交易的审查。早前诸多豁免交易类型将可能落入 CFIUS 的管辖权范围,如某些并不涉及"美国业务"的非控制权投资和房地产收购。同时,《FIRRMA 法案》延长了 CFIUS 的审核期限,赋

---

① 56 FR 58780, Nov. 21, 1991.

② Federal Register Vol. 73, No. 226, § 800.204 and § 800.302.

予了 CFIUS 重启调查、中止交易的权力,并要求 CFIUS 与美国各州以及其盟国建立建立信息交流机制,与外国盟友协调监管措施。

值得注意的是,尽管《FIRRMA 法案》未在其实质性条款中提及任何国家的名称,但其条文及潜台词都表明美国国会意在瞄准中国在美国技术领域的投资,并以该法案回应美国部分国家安全部门对于中国投资者通过设计投资架构以规避 CFIUS 管辖权的指控。[①] 同时,《FIRRMA 法案》要求,美国商务部在 2026 年以前每两年向国会和 CFIUS 通报来自中国投资的详细情况。具体包括:(1)中国对美国直接投资总额,并按最终出资人、投资规模、行业代码、投资类型(新建或并购)、资金性质(政府或非政府投资)分类汇总;(2)中国政府投资的在美国注册的企业名单;(3)受中国法律管辖的公司在美国的关联企业数量、雇员数量和上市公司市值;(4)对中国在美直接投资项目规模、类型、行业进行分析,研究这些投资对《中国制造 2025 计划》的影响,比较分析中国对美直接投资和全球对美直接投资特征;(5)分析商务部在获取中国对美投资综合信息方面存在的局限,提出加强信息收集能力的建议。

二、CFIUS 的构成及审查的基本程序、范围

(一)CFIUS 的构成

CFIUS 是一个跨监管机构的委员会,根据授权对外国投资者在美开展的控制权交易进行审查,以确定其是否对美国的国家安全造成影响,并视情况报告总统,由其决定是否中止或禁止交易。

在机构组成上,CFIUS 法定主席为美国财政部长,常务主席为财政部投资安全局局长,正式成员包括美国财政部长、司法部长、国土安全部长、商务部长、国防部长、国务卿、能源部长和美国贸易代表与科技政策办公室主任。同时,管理与预算办公室、经济顾问委员会、国家安全委员会、国家经济委员会、国土安全委员会五家单位可列席参会,国家情报主管以及劳工部长也应列席,但无表决权。根据案件具体情况,总统或财政部还

---

① Davis Polk & Wardwell LLP. New CFIUS Legislation Enacted [EB/OL]. (2016-08-13)[2017-03-22]. https://mp.weixin.qq.com/s?__biz=MzA5MjkyNTg3Nw==&mid=2455906927&idx=1&sn=89006bcc451804a75229b5ddc313aea1&chksm=87f330b5b084b9a34d4cf15e073f1f89e058581e2cb6f0baab64901447e2983f7551ca27af82&mpshare=1&scene=1&srcid=0815u3QYBNESN7fThpEjZgrS##.

可邀请相关行政部门参与审查。①

CFIUS 每年需定期向国会汇报审查情况,并向参、众两院的司法委员会提交年报,由此构成了总统、CFIUS、国会三方对外资的监管体系框架。

(二) 审查的范围

在实业投资方面,《FINSA 法案》规定,所有外国投资者通过收购现有股权获得美国公司或业务控制权的项目,只要该项目可从事州际贸易,即为"美国业务"(U. S. Business),均属于受 CFIUS 监管的交易(Covered Transaction)。《FIRRMA 法案》则明确规定通过设立合资公司获得控制权的项目,也属于 CFIUS 监管审查的范围。

《FIRRMA 法案》新增四类"受监管交易":(1)涉及关键基础设施、关键技术、美国公民个人敏感数据的"非被动投资"(non-passive investment);(2)外国投资人在美国公司或美国业务中享有的权利发生变化,使之符合法案规定的其他受监管项目的条件;(3)存在规避 CFIUS 监管意图的交易、转让、协议或其他安排;(4)涉及与军队设施或其他国家安全设施距离较近的房地产的收购、租赁或许可使用权,包括政府设施、军事设施、空港、海港,但不包括美国人口普查局定义的"单一住房"(single housing unit)或"城镇地区"(urbanized areas)的房地产。这四类交易,无论投资金额大小,只要外国投资人满足下列条件即被纳入监管范围:(1)可以接触美国公司掌握的任何重要非公开技术信息;(2)拥有董事会席位或观察员权利;或者(3)可以参与任何涉及关键基础设施、关键技术和美国公民个人敏感数据的实质性决策。②

在基金投资方面,外国投资者作为有限合伙人投资美国基金并拥有咨询委员会(advisory board)或类似委员会席位的,涉及上述交易时,若满足以下条件,不纳入 CFIUS 监管范围:(1)基金完全由普通合伙人或管理公司独立进行管理;(2)普通合伙人不是外国实体或外国人;(3)基金咨询委员会不控制基金或普通合伙人自身的投资决策;(4)外国投资者不能通过其他形式,直接或间接控制基金,即外国投资者不能批准或控制基金的投资决定,批准或控制普通合伙人或管理公司对基金所投资的

---

① Federal Register Vol. 73, No. 17, § 3.

② H. R. 5515-538 § 1703(a)(4).

组合公司作出的决定,或者单方面决定对普通合伙人和管理公司的选聘、解聘、管理费和薪酬标准等;(5)外国投资者无法通过其咨询委员会席位接触到重要非公开的技术信息。①

事实上,上述法案对于"国家安全""控制标准"等关键性概念并未给予明确的定义,只是列举了一系列构成国家安全危害的因素。这种模糊的定义给予了 CFIUS 较大的解释权力。尽管在《外国人兼并、收购和接管条例》中,美国财政部明确了在审查过程中哪些因素会被认定为威胁国家安全,但由于外资审查的过程透明度低,且 CFIUS 拥有相当大的自由裁量权,使得主权财富基金在美国的投资面临更大的政治风险和不确定性。包括主权财富基金在内的外国投资者通常仅仅能从其公布的审查结果中推断出何种交易不能获得批准,从而在设计交易结构的时候,尽量避免碰触到红线。

(三)审查的基本程序

与 CFIUS 近三十年来的做法明显不同,《FIRRMA 法案》增设了 CFIUS 的"预申报"程序(declaration),且在某些情况下,该申报是强制性的。②

CFIUS 通过预申报程序确定是否需要交易主体进行正式全面的申报。交易主体可以自行决定是否进行预申报,预申报文件控制在 5 页以内,CFIUS 必须在收到文件后 30 天内进行答复。如果 CFIUS 认为不需要进行全面审查,交易主体可以不做正式申报。该预审程序被视为简化 CFIUS 审批和降低企业交易成本的积极举措。当某项目属于法案规定的"受监管交易"或收购"实质性权益"(substantial interest),而外国投资者具有政府实质出资背景时,该项目必须先经过预申报程序。"实质性权益"由 CFIUS 在日后的实施细则中做详细规定,但是不应包括投票权比例低于 10% 的投资。CFIUS 有权豁免强制预审的规定,条件是 CFIUS 认定外国投资人不受外国政府控制,并且过去与 CFIUS 有良好的合作。

在 CFIUS 接到外国投资者的主动申报或自主决定审查一项交易后,

---

①　H. R. 5515-538 § 1703(a)(4)(D)(iv).

②　H. R. 5515-538 § 1706.

有 45 天的初审期(initial review)。① 在此期间,CFIUS 可以无条件批准交易,或者与交易方签署国家安全风险缓释协议或施加附加条件后批准交易。当出现以下三种情况时,CFIUS 必须立刻开展第二阶段的调查,调查潜在交易对国家安全的影响,并采取必要的保护措施:(1) 交易威胁国家安全,且威胁不能在审查期得到缓释,或者交易为外国政府所控制;(2) 交易将使外资控制美国关键基础设施,CFIUS 认定交易可能会威胁国家安全,且威胁不能通过适当手段消减;(3) 主审交易的机构建议 CFIUS 启动调查,且 CFIUS 同意。调查期严格限制在 45 天内,在 CFIUS 规定的特殊情况下可将第二阶段调查期延长 15 天。在此期间,CFIUS 进一步与并购当事人磋商以寻求解决问题的途径。CFIUS 在上述初审、调查期间仍可能会无条件或附条件地批准交易。经过国家安全调查后,CFIUS 可能会作出三种决定,包括建议总统中止或禁止交易、无法给予总统明确的建议、要求总统对交易作出裁定。总统在收到调查报告 15 天内作出决定。

CFIUS 在初审和调查期间中止交易、采取临时保护措施,或直接向总统汇报并建议采取措施(如总统否决或要求资产剥离)。同时对已完成交易但没有履行 CFIUS 申报的项目,CFIUS 亦可采取临时措施维护国家安全利益。

据了解,目前涉及中国投资者的国家安全审查几乎难以在 75 天内完成,往往需要当事人撤回并重新进行申报,甚至反复撤回和重报。通常来讲,CFIUS 都会通过对交易方进行暗示或附加非常苛刻的条件等手段让交易方主动撤回申报,基本等同于阻止交易。2009 年至 2015 年间,CFIUS 共审查 770 起交易,其中有 80 项交易在初审或调查阶段主动撤回申报,占审查总数的 10.39%。② 真正由总统行使否决权的项目从 1988 年起至今仅有两件,而且恰恰都涉及中国企业,一是 1990 年中航技进出口公司对美国马姆科制造公司的收购,二是 2012 年三一集团子公司收购俄勒冈州 4 个风力发电厂相关资产。

---

① 经《FIRRMA 法案》修订,从原 30 天延长至 45 天。

② Committee on Foreign Investment in the United States. Annual Report to Congress for CY 2015 [R]. Washington, D.C: CFIUS, 2017: 3.

第三节　中投公司的银行控股公司路径及其监管

一、定位基础：美国《国际银行法》的修订与中投公司的境外银行业务

中投公司的银行控股公司地位来源于其持股结构。中央汇金自2003年成立之后，根据国务院授权，对国有重点金融企业进行股权投资。其控股的公司包括五大国有银行和其他在市场中占据重要地位的金融企业。2007年中投公司成立之时，财政部将之前从中国人民银行购得的中央汇金100％股份全部注入中投公司作为其对中投公司出资的一部分，使得中央汇金成为中投公司的全资子公司，中投公司成为了中央汇金的控股公司。

在中央汇金控股的金融企业中，中国银行目前在美国纽约州设有两家经美国联邦存款保险公司保险的分行，在加州设有一家未经保险的分行。中国银行到2016年5月，将南洋商业银行100％股权交割给中国信达资产管理股份有限公司。中国信达资产管理股份有限公司由财政部控股，与中国银行不再有股权关系。中国工商银行在纽约设立分行的申请于2008年8月5日获美国联邦储备系统（美联储）批复，获准开展批发存款、贷款、贸易融资及其他银行业务。[①] 此外，工商银行2012年5月9日获得美联储批准，收购了美国东亚银行（现更名为：工银美国）80％的股权，获得商业银行全牌照和零售业务资质。[②] 2008年12月，中国建设银行在纽约设立分行以及代表处的申请被美联储批准。[③] 2012年5月9

① Federal Reserve Board. Order Approving Establishment of a Branch, to Industrial and Commercial Bank of China Limited, Beijing, People's Republic of China [EB/OL]. (2008-08-05) [2017-03-22]. https://www. federalreserve. gov/newsevents/press/orders/orders20080805a1. pdf.

② Federal Reserve Board. Order Approving Acquisition of Shares of a Bank, to Industrial and Commercial Bank of China Limited, China Investment Corporation, and Central Huijin Investment Ltd. [EB/OL]. (2012-05-09) [2017-03-22]. https://www. federalreserve. gov/newsevents/press/orders/order20120509a. pdf.

③ Federal Reserve Board. Order Approving Establishment of a Branch, to China Construction Bank Corporation, Beijing, People's Republic of China [EB/OL]. (2008-12-08) [2017-03-22]. http://www. federalreserve. gov/newsevents/press/orders/orders20081208a1. pdf.

日,中国农业银行也获美联储批准在纽约设立分行。[①]

外国银行在美国运营往往要受到州和联邦的双重监管,如选择在纽约州注册的中国工商银行还需获得纽约州银行局(New York State Banking Department)的批准。1978年以前,美国没有统一的针对外国银行的联邦法律,只由各州负责管辖。这使得外国银行不受许多制约美国本土银行的联邦法规约束,令后者深感不公。1978年美国国会制定《国际银行法》(International Banking Act),结束了外国银行的超国民待遇,首次创设了规范其设立和运作的联邦法律,促进外国银行与本土银行公平竞争。1991年的《外国银行监管强化法》(Foreign Bank Supervision Enhancement Act)修订了《国际银行法》,增强了美联储监管外国银行的职能,并对违反美国法律的外国银行规定了更为严厉的制裁惩罚措施。因此目前,联邦层面的监管显得更为重要。前述中国工商银行等设立分行的美联储批准程序即是修订后《国际银行法》第7(d)条的要求。[②]

不仅如此,《国际银行法》第8条还要求将"控制"(Control)该外国银行的公司视为银行控股公司,接受《银行控股公司法》(Bank Holding Company Act)的约束。[③] 于1956年颁布的《银行控股公司法》要求欲直接或间接投资于银行或银行控股公司的任何公司[④],需事先向美联储进行申请,接受审查并获得批准。触发审查批准要求的门槛为下列之一:(1)拥有或控制银行或银行控股公司25%以上有表决权的股份[⑤];(2)控制银行或银行控股公司董事会多数席位的选任;(3)有能力对银行或银行控股公司的管理或政策施加控制性影响。在判断是否拥有控制性影响(Controlling influence)的能力时,美联储的考虑因素包括:投资规模、投资者介入管理的程度、投资者与银行或银行控股公司的业务关系、显示重大影响管理或经营之意图或能力的其他相关因素。《银行控股公司法》推

---

① Federal Reserve Board announces its approval of the application by Agricultural Bank of China Limited.

② 12 U. S. C. § 3105(d).

③ 相应地,当投资对象为非银行存款类机构(如储贷协会)时,则需遵循其他法律[如《储贷协会控股公司法》(Savings and Loan Holding Company Act)],其规范内容近似于《银行控股公司法》,监管机构为 Office of Thrift Supervision。

④ 此处的"公司"涵盖较广,包括公司、合伙、商业信托或其他类似商业组织,see 12 U. S. C. § 1841(b)。

⑤ 如无特别说明,下文所称股份均指有表决权的股份。

定持股 5％ 以下的投资者不会对银行或银行控股公司施加控制性影响，而实践中美联储通常不会针对持股 10％ 以下的投资者，认定控制性影响的存在。[①]

对于未触发上述《银行控股公司法》审批门槛的投资，特别是对其中持股 10％ 以上的投资者，美联储则援引《银行控制变动法》（Change in Bank Control Act），要求其事先报批。该法规定了美联储在审批时关于竞争影响和信息披露的标准，并要求其考虑此投资是否会危及银行的财政稳健性，及对银行储户或存款保险基金是否会产生负面影响。不过，该法并未像《银行控股公司法》那样，规定类似的持续监管和限制。[②]

二、美联储认定：附条件下受豁免的银行控股公司

（一）美联储批复下的定位

中国银行在美国设立分行早于中央汇金成立，因此当后者经国务院决定组建并注资改制中国银行时（目前的持股比例为 65.52％），中国银行依照规定在 10 日内向美联储通报，并在向美联储提交的年报中报告股权变动。其后，中央汇金在中国工商银行改制上市后持股约 35.3％（通过中央汇金、财政部、社保基金等，中国政府共持股约 74.8％）。[③] 在中国工商银行寻求在美分行牌照的过程中，中央汇金及其唯一出资人中投公司的性质和地位，受到美国金融监管机构的高度关注，美联储等多次要求我国解释情况。本来《银行控股公司法》只规范公司形式的投资者，而将外国政府的直接投资排除在外，但鉴于中投公司与中央汇金都选择采取了公司制形式，无法排除该法的适用。两公司通过美国律师申请，美联储于 2008 年 8 月 5 日（即批准中国工商银行纽约分行的同时），作出了批复，明确了两公司在美国法下的定位。

美联储批复明确，中投公司与中央汇金受《银行控股公司法》管辖，但同时美联储基于该法第 4(c)(9)条，在规定条件下豁免两公司在该法下

---

①　12 CFR 225.

②　12 U. S. C. §1817(j) and 12 CFR 5.50.

③　据媒体报道，中央汇金在 2008 年四季度又相继对中行、工行、建行等公司 A 股进行了增持，累计投入资金达 12.17 亿元人民币。见俞险峰. 汇金 12 亿轮番增持工中建三行 A 股 [N]. 上海证券报，2008-12-04.

的某些限制和义务。① 原则上,除了事先申请报批,所有银行控股公司仍须接受美联储其他监管,包括检查、报告、资本要求等,特别是银行业与工商业的混业限制(非银行业务限制),例如未经豁免,其在全球范围内不得收购从事非银行业务的公司5%以上的股份。在审批申请时,《银行控股公司法》要求美联储考虑竞争、监管、财政和管理等因素,管理因素中包括审查该公司及其下银行董事、高管、主要股东的能力、经验和操守。同时,该法还授权美联储在某些情形下豁免银行控股公司所本应承担的限制或义务。

(二)《银行控股公司法》豁免条款

两公司主张援引、并为美联储最终认可的豁免条款是《银行控股公司法》4(c)(9)条。该条规定,"当该公司(持股或活动)依外国法设立,其主要业务在美国境外开展,美联储理事会可通过规则或命令(形式)豁免其所受限制或义务,如果理事会认定在规则或命令所设定情形和条件下,该豁免不会与本法目的存在严重出入并符合公共利益"。② 根据美联储的豁免,中投公司可以免受非银行业务限制,投资于任何公司,包括美国公司或在美国开展业务的外国公司;中央汇金可以直接或通过其子公司(但不含在美设有分行、办事机构或商业信贷机构的银行)间接地投资于上述公司。该豁免亦及于中投公司或中央汇金所控股、尚未在美设有分行、办事机构或商业信贷机构的银行(如光大银行);但是如果该银行此后获准在美开设分行、办事机构或商业信贷机构,则其将(和目前的中国银行、中国工商银行一样)不再享受豁免,在活动和投资方面须满足美联储的监管要求(规则K和规则Y)。③

上述豁免适用的前提是中投公司和中央汇金需满足四项条件。

第一,中投公司或中央汇金所控股银行的美国分行(或办事机构,下同),对这两家公司享有控制性投资的其他公司(受控公司)的交易受到限

---

① Federal Reserve Board. Legal Developments: Third Quarter, 2008 [EB/OL]. (2008-11) [2017-03-22]. https://search.newyorkfed.org/board_public/search? text=Board+letter+dated+August+5%2C+2008%2C+to+H.+Rodgin+Cohen&Search. x=26&Search. y=7.

② 12 U. S. C. §1843(c)(9).

③ 12 CFR 211 and 225. 规则K和规则Y均为美联储的规章,前者规范美国银行的国际业务和外国银行的在美业务,后者则主要作为《银行控股公司法》和《银行控制变动法》的实施规则。

制（单独或合并计算）。① 具体限制为：对单一受控公司的交易额限制在美国分行信贷基准的 10％ 以内，对全部受控公司的交易额限制在美国分行信贷基准的 20％ 以内②，并且必须获得全额担保，必须依照市场条件进行，在美国境内相互之间不得交叉营销产品或提供服务。

第二，中投公司、中央汇金必须遵循 4(c)(9) 条的要求，继续保持其主要业务在美国境外开展。

第三，中投公司和中央汇金不得直接或间接（包括联合共同）对一家在美国开展业务的证券公司、保险公司或其他金融企业，取得控制权或实施控制性影响，除非中投公司和中央汇金符合标准并选择作为一家金融控股公司（Financial holding company）接受美联储监管。

第四，中投公司、中央汇金及其单独或共同控制的任何公司（包括任何银行）如果要取得一家美国银行控股公司或银行 5％ 以上的股份，或者要控制一家依照《联邦储备法》（Federal Reserve Act）第 25(a) 条设立的公司③，或一家享受存款保险的美国存款类机构，必须取得美联储的事前批准。

此外，美联储还豁免了中投公司和中央汇金依《银行控股公司法》及美联储规章本应向美联储提交定期报告、备案和维持规定资本充足率的义务。这些豁免附带有两项条件：

第一，中投公司和中央汇金如果要收购在美开展业务的任何一家公司 25％ 以上的股份，或者收购在美从事金融控股公司业务之公司 5％ 以上的股份，必须通知美联储。但是，如果该投资是受《银行控股公司法》管辖的受控银行（例如中国银行）作出，并已由其通过常规要求报告美联储，则中投公司和中央汇金不必再单独通知。

第二，中投公司和中央汇金必须监控其所控制各公司的对外投资，以

---

① 根据美国《联邦储备法》相关规定［12 U.S.C.A.§371c(b)(7)］，交易（Transaction）包括：贷款；购买证券；购买资产（某些资产可由美联储豁免）；接受对方发行之证券作为担保品；提供担保。

② 此处的信贷基准（Lending base）被设定为美国分行之第三方资产的 5％。第三方资产（Third party assets）指美国分行向美联储报告（FFIEC 002）之其针对非关联主体的所有资产请求权。

③ 12 U.S.C.§§611 and 619. 这类公司被称为 Edge Corporation，最初于 1919 年创设，结构和业务多经变化，由美联储负责监管而较少受其他干预，可分为非银行型（经美联储许可从事境外金融机构股权投资）和银行型（从事票据买卖与国际银行业务）。1978 年《国际银行法》允许外国银行机构取得 Edge Corporation 的所有权。

决定如将这些投资合并计算，是否会触发有关控制某存款类机构的信息披露或事先审批义务。

三、思虑：新情况下的同与不同

（一）美国金融监管机构对中投公司本身的疑虑

整体上，美联储的豁免批复没有对中投公司和中央汇金设置额外的障碍，也遵循了以往类似审批中的做法。其豁免特别是非银行业务限制豁免所附带之条件，旨在保障美国银行机构的稳健性、降低利益冲突的可能性、避免资源过度集中和不当银行行为，减少关联交易，增强透明度与美联储监管能力，并减缓、平衡中投公司和中央汇金及所控公司因豁免而可能获得的竞争优势。例如，条件之二是该豁免授权条款本身的要求，条件之四反映了美联储对外国银行控股公司的惯常要求。① 条件之一其实不仅适用于所有外国银行在美分行，也类似于对美国本土银行的要求。如美国《联邦储备法》(Federal Reserve Act)第 23A 条规定②，美联储会员银行与单一关联公司(Affiliate)的交易总额不得超过该银行资本的10％，对其所有关联公司的交易总额不得超过银行资本的 20％；全部交易都必须具有符合要求的担保（现金或美国国债的全额担保，或其他资产的超额 10％—30％担保）。第 23B 条则强调银行所从事的一切关联交易都必须按照"市场公平交易条件"(Arm's-length terms)进行。③ 显然，这些条件意在限制银行的控制者（如银行控股公司）为其他附属机构而损害银行的利益，并非专门针对中投公司和中央汇金。

纵向观察，美联储的豁免批复及附带条件也符合其一贯做法。类似问题最早出现于 20 世纪 80 年代。④ 特别是在 1988 年面对一家意大利政府全资金融公司(IRI)申请时，美联储明确重申：《银行控股公司法》不适用于外国政府，适用于公司形式的政府投资机构；同时考虑到国会立法时的意图，给予其豁免从而适当限制美国监管框架的域外效力，尊重他国对

---

① 12 CFR 225.124.

② 12 U.S.C § 1828(j)(1)将这些要求扩展适用于所有受联邦存款保险公司(FDIC)保险的银行，同时，《联邦储备法》第 371c(d)条将同一控股公司之下的其他银行排除在此关联公司交易限制之外。

③ 12 U.S.C.A. § 371c.

④ 68 Federal Reserve Bulletin 423 (1982).

经济结构的选择,符合公共利益。美联储还表示愿意将此等豁免适用于与 IRI 性质类似的他国政府投资公司,只要其所控股银行在美国是以分行或办事机构,而非法人银行形式开展业务。①

美国方面的相关疑虑则主要有三个方面:(1)对空前规模外国主权财富基金的整体担心;(2)对中国主权财富基金的特殊戒备;(3)对中国金融监管水平的信心不足。在美联储对中投公司和中央汇金申请豁免、中国工商银行设立分行等两项批复及其在国会听证的证言中②,美联储都将中投公司和中央汇金定义为主权财富基金。一部分人担心,外国投资者的投资不是为了获取最大回报,而是为了实现外国政府的政治或战略目的。这些担忧在主权财富基金上尤其突出,特别是当投资对象涉及关乎一国经济命脉的金融机构时。

美国对中国主权财富基金的格外忧虑主要源于两个方面。其一,中投公司和中央汇金的资金来自中国的外汇储备,而西方一直有人指责中国贸易不平衡和中国政府操控汇率。知名的如美国参议员舒莫等 2006年所提交威胁向中国额外征收 27.5% 惩罚性关税的国会议案。③ 又如,英国《金融时报》首席经济评论员马丁·沃尔夫在名为《亚洲的报复》的评论中提出,中国在 2007 年是最大的贸易盈余国,而全球盈余总额的 44%都流向美国;同时,他援引美国马里兰大学卡门·莱因哈特和哈佛大学肯尼思·罗格夫的估算,称有约 1 万亿美元流入了美国的次贷市场,从而暗示中国等国的美元盈余、"过度储蓄"助长了美国和其他发达国家的资产泡沫乃至金融危机。④ 美联储前主席伯南克也曾从学术和政策角度表达

---

① Federal Reserve Board. Order Approving Acquisition of Shares of a Bank, to Industrial and Commercial Bank of China Limited, China Investment Corporation, and Central Huijin Investment Ltd. [EB/OL]. (2012-05-09) [2017-03-22]. https://www.federalreserve.gov/newsevents/press/orders/order20120509a.pdf.

② ALVAREZ SCOTT G. Testimony on Sovereign Wealth Funds Before the Subcommittee on Domestic and International Monetary Policy, Trade, and Technology, and the Subcommittee on Capital Markets, Insurance, and Government Sponsored Enterprises, Committee on Financial Services, U. S. House of Representatives [EB/OL]. [2008-03-05]. https://www.federalreserve.gov/newsevents/testimony/alvarez20080305a.htm.

③ A bill to authorize appropriate action if the negotiations with the People's Republic of China regarding China's undervalued currency are not successful [EB/OL]. (2005-02-03) [2017-03-22]. https://www.govtrack.us/congress/bills/109/s295/text.

④ WOLF MARTIN. Asia's Revenge [EB/OL]. (2008-03-05) [2017-03-22]. https://www.ft.com/content/fba32c1e-9565-11dd-aedd-000077b07658.

过较温和但类似的观点。① 其二,尽管中投公司一再声明其境外投资以营利为目的,但美欧仍有不少主张将其视作可能吞噬、劫掠东道国公司的"秃鹫"、"蝗虫",是服务于中国政府意志的工具,就其承诺持怀疑态度,并对其透明度提出质疑。美国哥伦比亚广播公司"60分钟"栏目对中投公司时任总经理高西庆先生的专访,即为双方意见交换(锋)提供了一次颇为鲜活的展示。② 而有意思的是,中投公司在其网站提供了该专访的下载链接。

(二) 美联储对外国银行在美开展业务的特殊规定

此外,审批外国银行在美开展业务时,美联储的重要考虑因素包括:(1) 其母国监管机构是否对该银行实施综合并表基础上(Comprehensive consolidated basis)的监管;(2) 监管机构如何监控该银行与其关联方之间的关系和交易,后者包括主权财富基金或其他控股股东;(3) 银行及其监管机构的反洗钱措施;(4) 银行的财务和管理资源;(5) 银行及其控股股东(包括控股之主权财富基金)是否充分承诺提供就其经营或活动的足够信息;(6) 母国监管机构的态度。③ 所谓"综合并表监管"要求母国监管机构:(1) 确保银行设置充分的规程以监控其全球范围内的活动;(2) 通过常规检查、审计报告或其他措施获知银行及其附属机构的状况;(3) 获悉银行与其境内外关联公司间的关系和交易;(4) 能从银行获得可反映其全球整体基础上财务状况的报告;(5) 能在全球基础上对银行进行诸如资本充足率、风险资产暴露等审慎性评估,等等。④

在中国工商银行收购美国东亚银行80%股权时,美联储在批复中认可中投公司、中央汇金、中国工商银行均符合综合并表监管的标准。但美联储也明确,对于一家机构综合并表监管的认定并不具有永久的效力,其未来如提出申请,还需根据具体情况重新认定。此外,对于一家机构的认定并不当然地及于该国其他的机构。

---

① LANDLER MARK. Chinese Savings Helped Inflate American Bubble [EB/OL]. (2008-12-26) [2017-03-22]. http://www. nytimes. com/2008/12/26/world/asia/26addiction. html? hp.

② CBS News. China Investment: An Open Book? —Sovereign-Wealth Fund's President Promises Transparency [EB/OL]. (2008-04-06) [2017-03-22]. http://www. cbsnews. com/stories/2008/04/04/60minutes/main3993933. shtml.

③ 12 U. S. C. § 3105(d).

④ 12 CFR 211. 24.

（三）金融控股公司的潜在发展可能性

美联储批复中的两项豁免附带条件都提及了金融控股公司,后者是由 1999 年《金融服务现代化法》(Gramm-Leach-Bliley Act)新引入的一类特殊银行控股公司。[①] 通过对《银行控股公司法》原有条文的修订[②],金融控股公司被允许从事于、或获取并持有从事于下列业务之公司的股份:(1) 金融属性(Financial in nature)业务;(2) 附属(Incidental)于金融属性业务之业务;[③](3)补充辅助(Complementary)于金融属性业务,同时对存款类机构或金融系统整体的安全稳健不构成实质性危险的业务。新法条所列举的金融属性业务涵盖了:金钱或证券的借贷、交易、转让、保全或代客投资,证券承销、经纪或做市,发行销售基于银行获准直接持有资产组合的集合投资工具,各类保险业务,金融投资咨询业务(包括对投资公司),商人银行业务,等等。[④] 同时,新法还授权美联储和美国财政部经业界申请,可建议和批准拓展上述金融属性业务或附属于金融属性业务之业务的范围,就此两部门都被赋予否决权。[⑤] 至于较次要的补充辅助类业务,新法只赋予美联储批准权,具体内容则语焉不详。[⑥]

相比于普通的银行控股公司(只能够从事银行,或者与银行密切相关以致恰当附属之业务)[⑦],金融控股公司可直接或间接从事的业务范围要更广泛。[⑧] 以证券业务为例,获准成为金融控股公司后,该公司应在开展上述业务后 30 天内报告美联储。相反,除少数种类证券外,普通银行控股公司从事证券业务必须经过美联储事先的个案审批,往往通过设立所

---

①　MACEY JONATHAN R. The Business of Banking: Before and After Gramm-Leach-Bliley[J]. Journal of Corporation Law, 2000, 25 (Summer): 691.

②　12 U. S. C. § 1843(k).

③　援引类推以往的相关判例,附属类业务并不一定被要求是银行(金融机构)履行其职能时不可或缺的,可以是"便利或有助于"(Convenient or useful)其履行职能的。See Arnold Tours, Inc. v. Camp, 400 U. S. 45(1970);NationsBank of N. C., N. A. v. Variable Annuity Life Ins. Co., 513 U. S. 251(1995).

④　12 U. S. C. § 1843(k)(4).

⑤　12 U. S. C. § 1843 (k) (2).新法还规定了两部门对此进行判断时应考虑的因素。

⑥　12 U. S. C. § 1843 (j)(1)(A).

⑦　12 U. S. C. § 1843(c) (8).对于"密切相关"(Closely related),美联储有较明确的规定,可见 12 CFR 225.123;至于"Proper incident"则更多地要结合个案具体情形判断。

⑧　金融控股公司的具体业务列表,见 12 CFR 225.86.

谓的"第20条受控机构"(Section 20 subsidiary)开展①,后者还须受到以下限制:(1)美联储着眼于安全稳健的8项审慎性限制或运营标准;②(2)美联储审批时所设定其可承销或交易证券的范围;(3)不得承销或交易共同基金;(4)其源于证券承销或交易的收入不得超过其总收入的25%。③

外国银行或其控股公司要想在美国作为金融控股公司受对待,首先必须满足下列两项条件:该外国银行及其在美受控机构"资本充裕"(Well capitalized)、"管理良好"(Well managed))。④ 资本充裕达标通常需要:(1)该外国银行的母国实施了与《巴塞尔协议》相符的、以风险资产为基础的资本监管;(2)依其母国标准,该外国银行的一级资本充足率不低于6%,资本充足率不低于10%;(3)该外国银行的资本可比美国金融控股公司所拥有银行被要求的水平。管理良好则要求:(1)该外国银行在美分行等机构在最近的一次监管测评中得到"满意"(Satisfactory)或以上的综合评级;(2)母国监管者同意该外国银行在美从事金融控股公司之下业务;(3)该外国银行的管理能力可比美国金融控股公司所拥有银行被要求的水平。⑤

满足这两项条件的外国银行或其控股公司,可以向美联储提交声明(Declaration),表明选择按照金融控股公司对待,声明还须附有符合上述条件要求的各项证明。提交声明之前,外国银行或其控股公司还可请求美联储对其适格性进行预先审查。如果外国银行之前未被美联储认定处于母国"全面或整体监管"之下,或者其注册国从未如此认定其他银行,则必须接受预先审查。⑥ 金融危机中,为配合入股摩根士丹利,日本三菱UFJ金融集团就通过声明程序,被认可为美国法下的金融控股公司。而

---

① 其得名于目前已被《金融服务现代化法》所废止之1933年《银行法》第20条,该条是著名的GlassSteagall法案的一部分,禁止银行与任何"主要从事"发行、承销、公开出售或销售证券的公司之间建立关联关系。第20条受控机构实质上是美联储在满足该条要求后续所创设的例外机制,并沿用至今。相关演进可参见郭雳.中国银行业创新与发展的法律思考[M].北京:北京大学出版社,2006:24.

② 美联储也将其中的2项临时适用于金融控股公司。

③ Federal Reserve System. Securities Underwriting and Dealing Subsidiaries [EB/OL]. (2013-12-19) [2017-03-22]. https://www.federalreserve.gov/bankinforeg/suds.htm.

④ 新法对美国金融控股公司所拥有银行也有类似要求,see 12 U. S. C. § 1843 (1).

⑤ 12 CFR 225.90.

⑥ 12 CFR 225.91.预先审查周期一般控制在30天。

作为入股对象的美国本土投行巨头摩根士丹利在此前两周,已经美联储批准转型为银行控股公司,并也申请成为金融控股公司,可在规定过渡期内调整其投资和业务以符合有关要求。①

正式成为金融控股公司后,则意味着其将面对更复杂、更深入的金融监管。《金融服务现代化法》赋予美联储"综合监管者"(Umbrella regulator)的地位,美国证监会、货币监理署、联邦存款保险公司、各州保险监管机构则保留了对金融控股公司所属相关业务主体首要的"功能监管"(Functional regulation)权②;美联储被要求尊重并尽量借助其他监管机构的职权,但在为保护支付系统或某存款类机构安全所必需时,可以针对其他相关业务主体直接制定规则或进行执法。③ 美联储针对金融控股公司本身的监管重点则在于:(1)信息收集、评估、监管合作;(2)持续监管(准入审批、报告和检查、综合性的资本充足率要求及不达标时的措施、对控股公司内风险暴露和集中的监控、执法行动);(3)倡导推广最佳做法、强化信息披露,就此美联储有详尽的规定。④

由于中央汇金控股多家商业银行,在中国国内亦投资于建银投资、银河证券、申银万国等证券公司,2008年6月中美第四次战略经济对话时,美方曾提出将中央汇金及中投公司认定为金融控股公司。如此,这两家公司在美投资和活动势将受到更严格的监管和限制。美联储的批复和豁免条件表明,当下这两家公司仅被定性为美国法下普通的银行控股公司,而中投公司亦表示其"目前无意成为一家金融控股公司"。⑤ 显然中国方面的沟通解释收到了成效,而其这一立场可能基于以下考虑:(1)中国国

---

① 新法规定的过渡期为两年,并可能有三次各一年的展期。See Federal Reserve System. Order Approving Formation of Bank Holding Companies and Notice to Engage in Certain Nonbanking Activities, to Morgan Stanley, Morgan Stanley Capital Management LLC, Morgan Stanley Domestic Holdings, Inc. [EB/OL]. (2008-09-22) [2017-03-22]. https://www.federalreserve.gov/newsevents/press/orders/orders20080922a2.pdf.

② 12 U. S. C. §1844 (c).

③ 12 U. S. C. §1848 (a).

④ Federal Reserve System. Framework for Financial Holding Company Supervision [EB/OL]. (2000-08-15) [2017-03-22]. https://www.federalreserve.gov/boarddocs/SRLetters/2000/sr0013.htm.

⑤ 法林. 解读美联储来函[J]. 财经,2008(20):106.

内目前仍奉行金融领域"分业经营、分业管理"的基本原则。^①（2）绝大多数外国主权财富基金在美投资金融机构的比例都控制在10％（经常是5％）以下，刻意突出"非控制性"，避免触发更强监管。^②（3）当时全球金融形势极度动荡，美国证券、保险类公司更遭受空前危机，中投公司类型的国有公司此时拓展必须非常谨慎。^③

　　事实上，2007年12月中投公司曾斥资50多亿美元购买了未来可持有摩根士丹利9.9％股权的可转换股权参与单位（PEPS Units），2008年9月还曾传出中投公司可能将增持至49％。但最终入股（90亿美元，可获多至24.9％）转型后摩根士丹利的，则是前述选择作为美国法下金融控股公司的日本三菱UFJ金融集团。不过值得注意的是，美联储为批准该交易设定的条件包括：三菱UFJ金融集团正式承诺将不行使控制性影响。^④ 因此，中投公司所获批复中的豁免条件之三应该不是制约其决策的关键因素。中投公司决定此时不再跟进，应是其综合权衡下的结果。实际上，2007年底协议入资时要求获得9％有保障的固定年收益，就显示出中投公司的求稳心态，之后摩根士丹利股价一路暴跌所引起的浮亏和非议，更不能不促使其倍加小心。无论如何，中投公司是否及何时选择成为美国法下的金融控股公司，将是个值得继续关注的问题。

---

　　① 中国《证券法》第6条、《商业银行法》第43条，不过现行条文中都附有"国家另有规定的除外"之表述，而且不同于美国之前的Glass Steagall法案，这些法条并未直接禁止或限制不同金融机构间建立关联关系。实践中，中信集团、光大集团、银河控股等都曾宣称自己是金融控股公司，当然这并不意味着其符合美国法下的专门定义，并接受相应监管。

　　② ALVAREZ SCOTT G. Testimony on Sovereign Wealth Funds Before the Subcommittee on Domestic and International Monetary Policy，Trade，and Technology，and the Subcommittee on Capital Markets，Insurance，and Government Sponsored Enterprises，Committee on Financial Services，U. S. House of Representatives [EB/OL].（2008-03-05）[2017-03-22]. https://www.federalreserve.gov/newsevents/testimony/alvarez20080305a.htm.

　　③ 中投公司时任董事长楼继伟2008年12月3日称，要待相关政府政策明朗后，才会再投资海外金融机构。

　　④ Federal Reserve System. Statement by the Board of Governors of the Federal Reserve System Regarding the Application and Notices by Mitsubishi UFJ Financial Group，Inc.，to Acquire Interests in a Bank Holding Company and Certain Nonbanking Subsidiaries[EB/OL].（2008-10-06）[2017-03-22]. https://www.federalreserve.gov/newsevents/press/orders/orders20081007a1.pdf.

四、"沃尔克规则"对中投公司的影响

此外,美国对中投公司的监管环境因 2012 年 7 月奥巴马总统签署的《多德—弗兰克华尔街改革和消费者保护法》(Dodd-Frank Wall Street Reform and Consumer Protection Act,简称《多德—弗兰克法案》)而发生重大变化。《多德—弗兰克法案》作为对 2008 年金融危机的回应,对美国金融监管进行了全方位的改革,号称 1933 年《格拉斯—斯蒂格尔法案》(Glass-Steagall Act)以来最为严苛的金融法律。

《多德—弗兰克法案》对银行业最显著的监管改革体现在著名的"沃尔克规则"(Volcker Rule)。[①] "沃尔克规则"对 1956 年《银行控股公司法》第 13 条作出修改,重现了《格拉斯—斯蒂格尔法案》的分业经营要求,对银行实体[②](banking entity,这一定义比银行控股公司覆盖范围更广,包括所有被视作银行控股公司的外国银行组织以及它们的关联方)提出两项要求:(1)原则上禁止银行实体进行自营交易[③];(2)原则上禁止银行实体持有私募股权基金和对冲基金的所有权或者成为其发起人。[④]

"沃尔克规则"同时还要求联邦储备委员会(Board of Governors of the Federal Reserve System,美联储)、货币监理署(Office of the Comptroller of the Currency,OCC)、联邦存款保险公司(Federal Deposit Insurance Corporation,FDIC)、证券交易委员会(Securities and Exchange Commission,SEC)和商品期货交易委员会(Commodity Futures Trading Commission,CFTC)联合制定"沃尔克规则"的实施细则。[⑤] 上述 5 家监管机构在 2011 年 11 月 7 日提出了实施细则草案[《禁止与限制自营交易以及投资对冲基金和私募股权基金》(Prohibitions and Restrictions on Proprietary Trading and Have Certain Interests in, or Relationships with, Hedge Funds and Private Equity Funds)],在广泛征

---

① See 12 U. S. C. A. § 1851.该规则由美联储前主席保罗·沃尔克提出,故称为"沃尔克规则"。

② 12 C. F. R. § 44.2(c).

③ 自营交易是指金融机构以自由账户买卖证券、衍生品等金融工具的交易行为。

④ See 12 U. S. C. A. § 1851(a).

⑤ See 12 U. S. C. A. § 1851(b)(2).

求意见后,最终在2013年12月10日出台了正式细则。[①] 为确保"沃尔克规则"的有效实施,细则除了重申和细化"沃尔克规则"的两项基本要求外,还要求银行实体建立内部合规程序,并对交易资产和负债总额在100亿美元以上的银行实体提出了报告义务。实施细则将"沃尔克规则"的生效时间从2012年7月21日推迟至2014年4月1日,而美联储随后又将过渡期放宽至2015年7月21日。[②] 尽管落地时间一拖再拖,鉴于法令之严苛,其后果不容小觑。

根据实施细则,"沃尔克规则"所规制的银行实体包括任何因1978年《国际银行法》第8条而被视为银行控股公司的公司以及其关联方。[③] 因此中投公司也落入"沃尔克规则"的管辖范围内,这对中投公司投资业务造成重大影响。

（一）对自营交易的影响

"沃尔克规则"对中投公司的影响首先体现在投资策略上。根据"沃尔克规则"实施细则,除非符合细则中的豁免条件,否则银行实体将不能进行包括以做市为目的开展的交易、代理客户开展的交易、为对冲风险开展的交易、以美国各级政府债券为标的的交易以外的自营交易。对于中投公司而言,较有意义的豁免条款为"完全发生于美国境外"的交易(Solely Outside of the United States,"SOTUS交易豁免")。SOTUS交易豁免条款需要满足以下条件:(1)从事自营交易的银行实体不在美国注册,不直接或间接地被在美国成立的银行实体控制;(2)符合《银行控股公司法》4(c)(9)条或4(c)(13)条的规定;(3)从事安排、谈判或具体执行相关交易的工作人员不在美国境内;(4)作出相关交易决策的工作人员不在美国境内;(5)银行实体位于美国或按照美国法律成立的分支机构或关联方,不会直接或间接地将相关交易以合并报表方式记账;(6)银行实体位于美国或按照美国法律成立的分支机构或关联方,没有直接或间接地为相关交易提供融资;(7)除以下的几种情况外,相关交易没有美

---

① See Board of Governors of the Federal Reserve System，Commodity Futures Trading Commission，Federal Deposit Insurance Corporation，Office of the Comptroller of the Currency，Securities and Exchange Commission. Agencies Issue Final Rules Implementing the Volcker Rule [EB/OL]．（2013-12-10）［2017-03-22］. https://www.federalreserve.gov/newsevents/press/bcreg/20131210a.htm.

② Ibid.

③ 12 C.F.R. § 44.2(c).

国的实体参与：与美国实体的境外分支机构进行的交易，条件是该美国实体处于美国境内的工作人员没有参与该项交易的安排、谈判和具体执行；与非关联的美国市场中介机构（如经纪商、做市商、期货商）之间的交易，上述机构作为真正的交易对手主体（acting as a principle），并且上述交易通过中央清算机构及时进行清算交割；通过非关联的美国市场中介机构（如美国经纪商、做市商、期货商）进行的交易，上述机构仅作为交易的代理商（acting as an agent），上述交易在交易所或类似交易机制内进行，交易以匿名方式进行，交易双方互不了解身份，并且上述的交易通过中央清算机构及时进行清算交割。

　　具体到中投公司，由于其自身并未在美国设立任何分支机构或子公司（不包括中央汇金持有的银行、证券公司在美国设立的分支机构和子公司），只要能够满足 SOTUS 交易豁免条件，其自营交易业务所受影响相对较少，不过值得注意的是，其选择交易对手需受到一定的限制。

　　（二）对私募股权基金、对冲基金投资的影响

　　"沃尔克规则"原则上禁止银行实体直接或间接获得并持有其定义的限制类基金（Covered Fund）的所有者权益或发起设立此类基金。限制类基金的定义非常广泛，包括绝大多数在美国成立或发行销售的对冲基金和私募股权基金，某些大宗商品资产池和美国银行实体或是其关联方在美国境外发起设立或投资的类似基金等。

　　有几类基金不属于上述定义的限制类基金范围内，对中投公司基金投资业务较有意义，主要包括：（1）在美国以外成立，并且其所有者权益仅在美国以外发行销售的对冲基金和私募股权基金；（2）任何依据美国《1940 年投资公司法》第 3(c)(1) 条或第 3(c)(7) 条之外的豁免条款而无须注册成为投资公司的发行人。

　　与自营交易的豁免条款类似，对于"沃尔克规则"定义范围内的限制类基金，"完全发生于美国境外的基金豁免"（SOTUS 基金豁免）条款仍然是一条对中投公司较有意义的豁免条款。SOTUS 基金豁免条款包括以下条件：（1）银行实体不是在美国成立，也不直接或间接地被在美国成立的银行实体控制；（2）相关投资或其他业务符合《银行控股公司法》第 4(c)(9) 条或 4(c)(13) 条的规定；（3）基金的所有者权益不向美国居民发行销售；（4）作出相关投资或其他业务活动决策的工作人员不在美国境内；（5）银行实体位于美国或按照美国法律成立的分支机构或关联方，不

会直接或间接地将相关投资以合并报表的方式记账;(6)银行实体位于美国或按照美国法律成立的分支机构或关联方,没有直接或间接地为相关投资或其他业务活动提供融资。

在"沃尔克规则"实施细则征求意见之时,众多的机构对 SOTUS 基金豁免条款中的"所有者权益不向美国居民发行销售"的条件(marketing restriction,也被称为"销售限制条件")提出了异议。他们认为,适用这一豁免条件风险较高,因为有些基金的发行销售主观上并不以美国居民为目标,但是可能无意中向美国居民发售了少量的基金。此外,还有一些结构较为复杂的基金,例如基金结构由一只母基金(master fund)和几只联接基金(feeder fund)组成,或是由同一基金管理人管理的平行基金(parallel fund)组成,上述这些基金不应该仅仅因为其关联的基金向美国投资者发售而被认定为不符合 SOTUS 基金豁免条件。美联储在最终出台的实施细则中明确,基金的所有者权益不向美国居民发行销售应当被解释为,不以主动向美国居民发行销售为目标。① 例如,在基金的销售材料中有明确声明,基金不向美国或美国的居民发售。此后,从 2014 年底至 2015 年,美联储陆续在其网站上公布了一系列"沃尔克规则"常见问题解答。其 2015 年 2 月 27 日对"销售限制条件"作出了进一步的解释。② 针对基金管理人和外国的银行实体提出的"如果一家银行实体拟投资于一只不是该银行实体或其关联方担任基金投资管理人、投资顾问、大宗商品池管理人或商品交易顾问的基金(统称为 third-party fund,第三方基金),该条件如何适用"的问题,美联储给出的解释是,上述投资符合"销售限制条件"。美联储提到,针对外国银行实体设定"销售限制条件",源于公平原则,即外国银行实体不应当因为能够通过在美国提供基金服务而相对于美国本土的银行实体获得竞争优势。而对于"销售限制条件"适用范围进行限制,则是对"沃尔克规则"域外效力的限制,如果其广泛适用于第三方(如与基金投资者并无关联关系的基金发起人)而不是投资于该基金的外国银行实体,则会导致很多外国银行实体所从事的并不会给美国

---

① An ownership interest in a covered fund is offered for sale or sold to a resident of the United States for purposes of the foreign fund exemption only if it is sold or has been sold pursuant to an offering that targets residents of the United States.

② Federal Reserve Board. Frequently Asked Questions about Volcker Rule [EB/OL]. [2017-03-22]. https://www.federalreserve.gov/bankinforeg/volcker-rule/faq.htm#13.

本土带来风险的基金投资业务无法适用 SOTUS 基金豁免条款。

具体就中投公司而言,其投资的大多数基金均是作为有限合伙人被动投资于某只"沃尔克规则"定义的限制类基金,本身不主动从事基金的发行销售行为。因此,在美联储对 SOTUS 基金豁免条款作出上述解释后,中投公司大部分的基金投资均可以依据上述条款取得豁免,避免了过多的基金重组所带来的高昂税负。但是由于中投公司本身作为一家银行实体,如果其在一只"沃尔克规则"定义的限制类基金范围以外的基金中拥有控制性的权益,则须非常谨慎,因为这将会导致该只基金成为"沃尔克规则"定义的银行实体,受到自营交易和基金投资的限制。

(三)合规以及报告要求

为了确保上述限制的有效实施,"沃尔克规则"要求达到一定门槛的银行实体建立起相应的合规内控机制以保证其遵守"沃尔克规则",包括合理的政策和程序要求、针对"沃尔克规则"的合理内控机制、权责清楚的运营框架等。不过具体合规机制应当如何设置,实施细则并没有给出一个模板。[①] 另外,从事自营交易以及私募股权基金、对冲基金投资的银行实体,需要履行报告义务。对于外国银行实体而言,如果其美国业务(operation,含所有在美国运营、位于美国或在美国成立的子公司、关联方、分支机构和代理机构)的资产达到 500 亿美元,需要从 2014 年 6 月 30日起向 OCC 上报与自营交易以及私募股权基金、对冲基金投资的量化指标;如果其美国业务资产达到 250 亿美元,需要从 2016 年 4 月 30 日起履行这一义务;如果其美国业务资产达到 100 亿美元,则报告义务从 2016年 12 月 31 日开始。

(四)中投公司的前景与应对

中投公司已经与美联储等监管机构就"沃尔克规则"如何适用的问题进行过数次沟通,期望对方能够考虑到中投公司仅仅是代国务院持有中央汇金股权,对中央汇金持股的各家银行不具有实际上的控制力,允许中投公司豁免适用"沃尔克规则"。美国监管机构对中投公司豁免请求尚未明确表态。但是美联储作为中投公司的主要监管机构,已经同意中央汇金所控/参股的各家银行实体与中投公司自身分别适用"沃尔克规则",中投公司合规体系不必包含任何中资银行,资产规模不合并计算,且其中一

---

① See 12 C.F.R. § 44.20(b).

家机构违规的影响不波及其他机构。

　　总体而言,在"沃尔克规则"的监管框架下,中投公司仍能够通过选择交易对手,开展大部分的自营交易;在基金投资方面,在美联储对 SOTUS 基金豁免条款作出解释后,中投公司大部分作为被动投资者的基金投资业务将能够纳入豁免条款的框架内。因此,针对"沃尔克规则",中投公司目前一方面须保证未来的交易和投资满足豁免规定,另一方面仍有必要积极争取与美国的监管机构保持沟通,使它们认识到中投公司的特殊性质,促进各监管机构就"沃尔克规则"的适用性作出对其有利的决定。

第四章　中投公司在欧洲投资的多样路径

　　基于设立目的和资金构成,中投公司的投资目标绝大多数仍锁定于境外。中投公司前董事长楼继伟先生 2008 年 12 月就曾表示,中投公司要在地理范围上分散化投资。① 除了美国、加拿大、新加坡、印度尼西亚、俄罗斯等国的能源项目,欧洲市场无疑是中投公司优先考虑的投资目的地。事实上,欧洲国家的公司一直都是主权财富基金投资选择的重点目标,曾有研究表明主权财富基金全部交易金额的 32% 都涉及欧洲公司,仅次于美国。② 而在欧盟国家中,英国是吸引投资数额最多的国家,自 1995 年起该国共吸引 260 亿美元的投资。德国吸引了 51 亿美元的相关投资而位居第二。

　　通过对现有公开资料的深入挖掘,笔者发现,中投公司对于欧洲国家的投资策略可分为三种模式,即对英国公司股权的直接投资(股权直投)、对意大利公司投资组合的直接投资(组合投资)以及借道私募基金对德国公司进行的间接投资(搭伙间投)。与上述三种投资策略相对应的则是东道国对于来自中国及类似国家的主权财富基金投资,所持有的三种监管理念和姿态,即利用普适性的既有规则、具有较强针对性的信息披露规则和制定专门的审查机制。

---

　　① 陈思武,陈济朋.楼继伟:欧美国家政策未明朗 中投不会大规模投资[EB/OL].(2008-12-3)[2017-03-22]. http://news. xinhuanet. com/fortune/2008-12/03/content_10451850. htm.

　　② KERN STEFFEN. SWFs and Foreign Investment Policies—An Update [R]. Frankfurt am Main:Deutsche Bank Research,2008.

表 4.1   中投公司主要的境外投资情况

时间	接受投资方	投资金额	投资类型
2007 年 5 月	美国黑石集团	30 亿美元	持股 10％
2007 年 7 月	英国巴克莱银行	30 亿美元	持股 3％
2007 年 12 月	美国摩根士丹利	50 亿美元	持股 9.86％
2008 年 3 月	美国 J. C. Flower 基金	32 亿美元	成立投资基金
2008 年 5 月	美国 Primary Fund	54 亿美元	股权投资
2008 年 10 月	美国摩根士丹利	56 亿美元	购买可转股权
2009 年 4 月/6 月	美国摩根士丹利	共 20 亿美元	增持至 11.64％
2009 年 7 月	加拿大泰克资源	15 亿美元	1 亿股股票
2009 年 7 月	哈萨克斯坦油气	9.4 亿美元	持股 10.6％
2009 年 7 月	英国帝亚吉欧酒业	2.11 亿英镑	持股 1.1％
2009 年 7 月	金隅股份	未透露	未透露
2009 年 7 月	中新资本控股有限公司（原中信集团旗下）	未透露	持股 40％
2009 年 7 月	哈萨克斯坦 KazMunai Gas Exploration & Production ZAO	9.39 亿美元	10.3881％
2009 年 8 月	澳洲 Goodman 信托	5 亿澳元	购买优先股
2009 年 9 月	英国 Songbird Estates	1.58 亿美元	持股 14.525％
2009 年 9 月	美国橡树资本	10 亿美元	未透露
2009 年 9 月	新加坡来宝集团	8.6 亿美元	14.9％流通股
2009 年 9 月	印尼布米资源	19 亿美元	购买债券
2009 年 9 月	香港 Noble Group Ltd	8.56 亿美元	14.961％
2009 年 10 月	俄罗斯 Nobel Oil ZAO	1 亿美元	45％
2009 年 11 月	南戈壁资源	5 亿美元	有抵押可转债
2009 年 11 月	美国爱依斯电力公司（AES Corporation）	15.81 亿美元	15％
2009 年 11 月	保利协鑫能源控股有限公司	55 亿港元	

（续表）

时间	接受投资方	投资金额	投资类型
2010 年 2 月	英国 APAX 私募基金	15.27 亿美元	持股 2.3%
2010 年 2 月	长沙中联重工科技发展有限公司	8.16 亿美元	15.12%（联合投资）
2010 年 6 月	加拿大畔西能源	8 亿美元	参股及合资
2010 年 6 月	美国切萨皮克资源	2 亿美元	可转优先股
2010 年 12 月	巴西百达	3 亿美元	参股 3%
2010 年 12 月	印尼布码矿产	7300 万美元	参股 8%
2011 年 1 月	澳洲地平线公路	3 亿澳元	持股 13.84%
2011 年 3 月	日本东京电力公司	359 亿日元	参股 8%
2011 年 12 月	美国亚特兰大天然气	8.5 亿美元	持股 10%
2011 年 12 月	法国苏伊士油气	31.5 亿美元	持股 30%
2011 年 12 月	南非山杜卡矿产	20 亿兰特	持股 26%
2011 年 12 月	日本普洛斯物流	8 亿美元	成立合资公司
2012 年 1 月	英国泰晤士水务	2.76 亿英镑	持股 8.68%
2012 年 1 月	加拿大阳光石油	1.5 亿加元	持股 7.43%
2012 年 5 月	美国 EP 能源	3 亿美元	持股 9.9%
2012 年 5 月	俄罗斯极地黄金	4.25 亿美元	持股 5%
2012 年 6 月	法国欧洲卫星通信	3.86 亿欧元	持股 7%
2012 年 11 月	英国希斯罗机场	4.5 亿英镑	持股 10%
2012 年 11 月	俄罗斯森林产品	2 亿美元	股权投资
2012 年 12 月	俄罗斯莫斯科交易所	1.87 亿美元	持股 4.58%
2013 年 8 月	俄罗斯乌拉尔钾肥	20 亿美元	持股 12.5%
2014 年 3 月	美国 iKang 健康集团	4000 万美元	股权投资

　　＊中投公司的具体投资项目并未对外界公开，因此所收集数据均来自媒体报道。自 2013 年后，相关报道较少，因此数据并不完整。

　　（资料来源：根据各类报刊、网站信息资料整理）

第一节　英国：开放导向与股权直投

一、英国监管立场的嬗变与主权财富基金的投资模式选择

英国对主权财富基金的投资持欢迎的态度，在英国法律中并没有专门针对外资进行国家安全审查的规定，主权财富基金投资过程中所面监管措施并非专门针对主权财富基金。从已有英国政府关于主权财富基金的官方表态分析，英国制定专门针对主权财富基金之新规则的可能性非常小。① 英国前首相戈登·布朗曾明确指出，希望主权财富基金将伦敦作为开展国际业务的枢纽，并以透明的方式与英国金融业展开合作。时任英国财政部经济大臣基蒂·厄舍(Kitty Ussher)在 2008 年初的演讲中称，英国将开放经营主权财富基金，不希望指令性调控对主权财富基金投资进行限制，欢迎外国主权财富基金收购英国公司；对人员、商品和服务，尤其是国际资本流动采取开放态度，无论是对伦敦金融城还是对于英国经济整体而言，都是贡献最大的因素。② 伦敦金融城第 679 任市长约翰·史达德(John Stuttard)更是对主权财富基金抛出了"来我这里，不必透明"(come here，even no transparency)的橄榄枝。2007 年 10 月 26日，中投公司成立尚不到一个月，史达德就迫不及待地专访中国，力邀中投公司落户伦敦。史达德爵士认为，强迫主权财富基金透明的理由并不充分，而伦敦金融城采用的是"以风险为基础"的监管制度，可以与企业之间进行"持续的对话"，足以提醒主权财富基金可能面临和形成的风险。③ 这在一定程度上反映了当前英国政府对于主权财富基金在内的外来投资所持有的较为开放的态度。

---

① SAXON MATTHEW. It's Just Business，Or Is It?：How Business and Politics Collide with Sovereign Wealth Funds [J]. Hastings International and Comparative Law Review，2009，32(2)：693.

② HM Treasury. Sovereign Wealth Funds：A British and Norwegian Perspective [EB/OL]. [2017-03-22]. http://www.hm-treasury. gov. uk/speech_est_060508. html.

③ 乔治·帕克. 英国欢迎中国主权财富基金[EB/OL]. (2008-01-21) [2017-03-22]. http://www. ftchinese. com/story/001016852.

当然,回顾历史,英国对主权财富基金的态度也并非一直如此。[①] 在1987 年之前,对于主权财富基金英国持非常保守的态度。当年,科威特投资局购买了英国石油公司(British Petroleum)20%的股权,英国政府当时的反应是强制科威特投资局将其中 10%的股权转让出去。[②] 与之形成鲜明对比的是 20 年后,当 2007 年卡塔尔投资局竞购伦敦证券交易所20%股份[③],迪拜证券交易所购买纳斯达克所持伦敦证券交易所约 28%的所有权时[④],都没有遭受到来自英国政府的阻力。[⑤]

　　之所以发生如此的嬗变,一方面是由于英国已经处于去工业化阶段,其开放姿态非常积极[⑥];另一方面,也反映出英国对国内产业尤其是金融产业监管理念和能力充满了信心。[⑦] 伦敦国际金融服务局(IFSL)每年出具的关于主权财富基金的研究报告中,都表达了对伦敦金融城金融监管能力的充分自信,"英国的金融产业欢迎来自主权财富基金的投资,这种信心来源于英国自身的监管机制、竞争机制和国家安全保护体系,能够确保所有外来投资,无论是否为主权财富基金,都能符合适当的标准。英国政府承诺英国向来自全球的投资者保持开放和竞争的市场"。不过,转变过程也充满曲折,最为直接的代价就是一些金融企业的控制权被外资收

---

① EVANS-PRITCHARD AMBROSE. EC to Rule on Sovereign Wealth Funds [EB/OL]. (2007-11-29)[2017-03-22]. http://www. telegraph. co. uk/finance/markets/2820342/EC-to-rule-on-sovereign-wealth-funds. html.

② The Economist. Asset-backed Insecurity [EB/OL]. (2008-01-17)[2017-03-22]. http://www. economist. com/node/10533428.

③ 驻卡塔尔经商处. 卡塔尔将成为伦敦证券交易所最大股东[EB/OL]. (2007-09-20)[2017-03-22]. http://www. mofcom. gov. cn/aarticle/i/jyjl/k/200709/20070905113834. html.

④ 〔美〕戴维·斯密克. 世界是弯的:全球经济潜在的危机[M]. 陈勇,译. 北京:中信出版社,2009:60.

⑤ DARLING ALISTAIR. Chancellor of the Exchequer,Speech at the London Business School(2007) [EB/OL]. (2007-07-25)[2017-03-22]. http://www. hm-treasury. gov. uk/speechschex_250707. html.

⑥ MUCCH. 欧洲的梦,中国人能像挪威人一样吗? [N]. 晚邮报(意大利),2008-07-10. 转自中国驻意大利大使馆经济商务参赞处. 欧盟主要国家对待中国主权财富基金态度各异[EB/OL]. (2008-07-15)[2017-03-22]. http://www. mofcom. gov. cn/aarticle/i/jyjl/m/200807/20080705664153. html.

⑦ International Financial Service in London. Sovereign Wealth Funds 2010 [R]. London: IFSL,2010.

购。① 但是秉持开放态度的英国吸引了国际资本和一流金融人才,利用美国等国家金融企业的品牌,提高了本国金融系统在全球市场中的竞争力和控制力,增强了金融系统的稳定性,反过头来支持了本国经济改革发展。② 当然,随着英国脱欧以及全球经济疲软的影响,英国在近期对外国投资可能会缩紧口径,具体变化还有待进一步观察。

整体而言,英国对主权财富基金的投资持开放导向的监管理念和姿态,对相关投资更多适用普适性的既有规则。针对这一特点,主权财富基金也采取了相应的投资模式。根据联合国贸易与发展大会报告,2015 年英国是世界第四大外资直接投资接受国。③ 以中投公司为例,中投公司在英国多采用对公司股权直接进行投资的模式。检索公开报道,中投公司在英国投资主要有以下六笔:2009 年 7 月,中投公司购得英国酒业巨头帝亚吉欧(Diageo)1.1%的股权。④ 2009 年 8 月,包括中投公司在内的四家投资者⑤投资歌鸟房地产公司(Songbird Estates)⑥,投资完成后中投公司持股比例约为 19%。⑦《金融时报》该报道还指出,中投公司亦持有英国最大零售商乐购(Tesco)0.5%的股份,但不在其最大 30 家股东之列。2010 年 2 月,中投公司完成了对欧洲最大的私募股权基金安佰深(Apax Partners)集团价值 9.56 亿美元的投资,购买该集团旗下资产管

① 例如英国的摩根建富被德意志银行收购、克林沃特被德累斯顿银行收购、华宝被瑞银集团收购等。参见高小真,蒋星辉. 英国金融大爆炸与伦敦金融城的复兴[R]. 北京:中国证监会研究中心研究报告, 2006.

② 高小真,蒋星辉. 英国金融大爆炸与伦敦金融城的复兴[R]. 北京:中国证监会研究中心研究报告, 2006.

③ UNITED NATIONS CONFERENCE ON TRADE AND DEVELOPMENT. World Investment Report 2016-Investor Nationality: Policy Challenges [R]. Geneva: United Nations, 2016: 28.

④ 马利德,珍妮·威金斯. 中投收购英国酒商帝亚吉欧 1.1%股权 [EB/OL]. (2009-07-21) [2017-03-22]. http://www.ftchinese.com/story/001027672.

⑤ 另外三家投资者是卡塔尔主权财富基金旗下的卡塔尔控股公司、摩根士丹利房地产基金和一家美国投资公司"全球基金投资"。

⑥ 叶檀. 中投投资歌鸟:又一笔愚蠢生意? [EB/OL]. (2009-07-21) [2017-03-22]. http://caihuanet.com/zhuanlan/geren/yetan/200909/t20090902_984076.shtml.

⑦ 高晨. 入股英国歌鸟公司? 中投进军英国房地产市场[EB/OL]. (2009-09-02) [2017-03-22]. http://www.ce.cn/cysc/fdc/jn/sy/200909/02/t20090902_19650168.shtml.

理公司 Apax Partners LLP 约 2.3％的股权^①，该交易获得了英国监管当局——金融服务管理局（Financial Service Authority，以下简称 FSA）^②的批准。2012 年 1 月，中投公司斥资 2.76 亿英镑收购了英国泰晤士水务集团 8.68％的股份，是中投公司在英的又一笔投资。2012 年 11 月，中投公司耗资 4.5 亿英镑，收购了英国希斯罗机场控股公司（Heathrow Airport Holdings Limited）10％的股权。

二、金融产业收购事项的 FSA 审查机制

英国 FSA 根据 2000 年《金融服务及市场法》（Financial Services and Markets Act，以下简称 FSMA）所界定的法定职权运作，任何个人或者公司为取得或增加其在 FSA 注册公司中的股份，都必须获得来自 FSA 的批准。以上述 2010 年中投公司收购安佰深为例，FSA 网站显示，安佰深属于其注册公司（Client），注册号码为 119175，起止日期是 2007 年 10 月 10 日至 2012 年 10 月 9 日。^③ 注册公司要受到 FSA 的规制，需要按照规则和指引手册（Handbook of Rules and Guidance）要求提供相关信息，以便对其活动进行监管。根据 FSA 规则，注册公司应当向 FSA 提供其商业活动发生变化的通知，尤其是公司控制权发生变化的情形。任何注册公司控制权的变化都要获得 FSA 的事先批准。在获准之前，注册公司不能从事任何涉及控制权变化的交易。而且，一旦 FSA 批准了该项交易，注册公司还要向 FSA 披露控制权发生变化的具体时间。

英国公司必须向 FSA 报告公司控制权发生变化的情形包括以下四种：（1）他人获得控制权；（2）现有控制权人增加控制权；（3）现有控制权人减少控制权；（4）现有控制权人终止享有控制权。而所谓的控制权人，根据 FSA 的规则和指引手册，系指在一个公司（或公司的关联公司中，下

---

① NICHOLSON CHRIS V. C. I. C. Approved to Buy Stake in Apax Partners［EB/OL］.（2010-02-04）［2017-03-22］. https://dealbook. nytimes. com/2010/02/04/cic-approved-to-buy-stake-in-apax-partners/? _r=0.

② 英国金融服务管理局，负责全面监管英国银行业与投资服务业。2013 年 4 月 1 日 FSA 被撤销，将其职能分拆由金融行为局（Financial Conduct Authority，FCA）和审慎监管局（Prudential Regulation Authority，PRA）分别承担。

③ The Financial Services Register. Apax Partners UK Ltd［EB/OL］.［2017-03-22］. https://register. fca. org. uk/ShPo_FirmDetailsPage? id=001b000000MfFJkAAN.

同)持有 10％或者以上的股票;在一个公司中持有 10％以上表决权;在一个公司中持有一定数量的股票或者表决权,能对公司的管理活动施加显著影响的人。在计算上述股票或者表决权数量的时候,对于一致行动人(act in concert)将合并计算。

需要指出,欧盟在 2007 年发布了《关于金融领域持股和增持审慎评估的指令》(Directive of Prudential Assessment of Acquisitions and Increase of Holdings in the Financial Sector)。① 从指令的法律效力来看,"对于成员国,就其所要达到的结果具有法律拘束力,但采用何种形式与方法来达到该结果,则由成员国自行选择"。② 因此尽管对于成员国具有拘束力,但指令的规定并不直接适用于成员国,其实施必须借助法律转化。《欧共体条约》虽然没有明确规定指令的直接效力③,但在 Yvonne Van Duyn vs. Home Office 案④中,欧洲法院首次肯定了指令实质性的直接效力,但由于成员国的强烈反对,欧洲法院对指令的直接效力进行了相应限制,其中包括在成员国国内制定的执行性立法到期前,指令不具备直接效力。⑤ 如果成员国没有制定相应措施,作为一种对抗效力,指令则可被直接援引。⑥

由于英国自身对于金融机构并购存在专门立法,即 2000 年 FSMA,因此上述指令并不直接适用于英国金融监管。事实上,该指令是经由英国 2009 年对 FSMA 的修正规则(Regulations2009,下称"《修正规则》")得到落实的⑦,具体方法是在 FSMA 中增加了关于评估标准、对控制人信息披露以及由国家主管机关事前授权等要求。对于评估标准,《修正规

---

① 参见 Directive 2007/44/EC. 该指令出台后,2008 年 7 月,欧洲证券监管机构委员会(CESR)、欧洲银行业监管委员会(CEBS)、欧洲保险及养老金监管委员会(CEIOPS)等三大金融监管机构联合出具了关于《金融领域持股和增持审慎评估指令的指引》(Guidelines)。

② European Code,249(3).

③ 盛学军,主编. 欧盟证券法研究[M]. 北京:法律出版社,2005:362.

④ See Court of Justice of the European Communities,Case 47/74 (Dec. 1974).

⑤ 例如,《要约收购指令》在 2004 年 4 月 21 日通过,意味着欧盟各成员国都必须按照指令的要求对本国的公司收购相关制度予以调整,以符合《要约收购指令》的要求。根据该指令第 21 条规定,在 2006 年 5 月 20 日之前,各成员国必须将该指令转化为内国法予以适用,并将转化情况通知欧盟委员会。参见盛学军,主编. 欧盟证券法研究[M]. 北京:法律出版社,2005:321.

⑥ 张丽娟. 共同体指令的直接效力[C].赵海峰,卢建平,主编. 欧洲法通讯(第二辑).北京:法律出版社,2001:76.

⑦ 参见 FSA 关于 change of control 的相关内容,载 http://www. fsa. gov. uk/Pages/doing/regulated/notify/control/index. shtml。

则》规定,在评估授权的申请时,主管机关应当根据以下四点要求,来判断潜在收购者对于被收购金融机构可能产生的影响,评价"潜在收购者的适格性"及"潜在收购的财务稳健性",以保证被收购的金融机构"审慎和稳健的管理":

(1)收购者的信誉;

(2)收购结束后将要负责经营公司的任何个人的经验和声誉;

(3)潜在收购者的财务稳健性,特别是针对被收购的金融机构希望开展的业务类型而言;能否符合并持续符合主管机关的要求,尤其是,监管者与被监管者之间是否存在可以实现的有效监督结构,主管机关之间能否有效地沟通并决定它们之间的责任分配;

(4)是否存在合理的怀疑,根据"2005/60/EC"号指令第一章的定义,存在与潜在收购有关的洗钱或资助恐怖主义的行为。

三、关键基础设施领域的监管强化

随着全球监管趋严形势的发展和英国脱欧的巨大冲击,英国首相特蕾莎·梅建议英国应该通过立法,赋予英国政府更大的权力;基于公共利益考虑,对相关并购项目采取阻止或设置条件等措施,而非仅仅以影响公平竞争为由加以限制。目前英国政府计划改革其对关键基础设施所有权和控制权的监管途径,以确保关乎国家安全的外国所有权变动均能受到审查。这包括 2002 年《企业法案》(Enterprise Act 2002)中公共利益审查框架的升级和国家安全要求的引入,从而强化政府对关键基础设施所有权和控制权的审批。

本书认为,关键基础设施领域的监管强化是英国本届政府应对英国脱欧所提出的举措,解决脱欧对英国造成的不利影响也是特蕾莎·梅政府工作的重点。短期而言,主权财富基金的投资会受到一定影响,上届政府确定的合作项目或许会受脱欧公投结果影响而延后开展。但长期来看,本届英国政府所采取的政策整体稳健,但不代表保守,英国开放导向的监管理念不会发生根本改变。

特别是对中国而言,中英关系"黄金时代"的特质大概率会延续,脱离了欧盟的英国在贸易、投资、金融、科技、基础设施等许多领域将更倚重中英双边关系的发展。中国"一带一路"倡议("Belt and Road" initiative)和英国基础设施升级投资计划(National Infrastructure Plan)及"英格兰北方经济中心"(the Northern Powerhouse)战略相契合,将给双方带来更广泛的合作机会。中投公司未来在英国的投资有望获得更多机遇。当然,对包括中投公司在内的全球各主权财富基金而言,英国对关键基础设施投资强化监管仍是非常重要的政策信号,必须引起关注。

英国政府上述声明是在 2016 年 9 月 15 日确认批准欣克利角 C 核电项目(Hinkley Point C)的决定中提出的。该项目属中法合资,由中国广核集团(China General Nuclear,CGN)和法国电力集团(Electricite De France,EDF)共同投资兴建。英国政府批准该项目的条件是在项目完工之前,如果没有事先通报并得到英国政府同意,英国政府有权阻止法国电力集团控制权的转移。

随着欣克利角 C 核电项目的启动,英国政府针对关键基础设施,开始着手实施新的外国投资监管框架。例如,未来在新核电站建设上,新的股份安排和要求将被引入,并要求开发商或营运商在所有权发生变动时及时通知英国核能监管办公室(Office for Nuclear Regulation)。根据报道,基于 2002 年《企业法案》设置的公共利益审查框架未来将进一步强化,正式的征求意见稿于 2017 年年初出台。[①] 这一审查框架将授权英国国务大臣(Secretary of State)对涉及公共利益的特定行业并购进行干预,这些领域涵盖所有与国家安全相关的关键基础设施领域。

英国在基础设施领域监管的强化已是大势所趋,但目前这一监管框架的搭建仍有诸多细节值得探讨。其中有三大问题是必须面对的,即公共利益界定、基础设施领域涵盖行业、新规则与欧盟规则协调。

首先,公共利益的界定。2002 年《企业法案》的公共利益条款授权国务大臣,面对发生在英国或欧盟的并购项目可能影响公共利益时,可对相关项目进行干预。这些干预主要包括国家安全利益、媒体多元化和金融系统稳定性三方面的审查。无疑,在新的审查框架下,上述利益考量将得以存续,但"公共利益"的外延将进一步延伸。如果必要,与基础设施控制权相关的新公共利益条款可能得到迅速补充,而无需通过新的基础立法来完成。

---

① HULSMANN JENINE. UK to introduce foreign investment rules for critical infrastructure [EB/OL]. (2016-09-21) [2017-03-22]. https://www.cliffordchance.com/briefings/2016/09/uk_to_introduce_foreigninvestmentrulesfo.htm.

其次,涉及行业的范围。"关键基础设施"有待英国政府加以明确界定和分类。目前英国政府仅在国防工业上对并购案件行使过干预权,采取的措施也仅是在这些行业的几家公司中持有黄金股。未来在能源领域,除了核能行业,其他形式的能源生产和运输基础设施也极有可能被纳入审查范围。其他领域,包括水资源、通讯(固定和移动通讯网络、无线电波谱、有线电视网络等)、交通运输网络(铁路、公路、航空)在内的诸多基础设施行业也很可能面临审查。当然,政府审查的范围有可能不被完全定义,以保持一定的灵活性,但具有较为明确指向的相关指南有望先行出台。[①]

最后,规则不确定性与冲突问题。以国家安全考虑为由扩张外国投资规则,这与英国当前的并购政策相背离,会给商业实践带来很大的不确定性,也造成英国国内法与欧盟法的潜在冲突。在欧盟层面,欧盟委员会只基于竞争考虑来评估并购行为,并且一贯坚持不考虑产业政策或其他非竞争因素。尽管包括欣克利角 C 核电项目在内的中国投资都受到了欧盟的仔细审查,但这些审查无一不是基于竞争的考量。欧盟法限制成员国采取约束资本自由流动和外国(不管是欧盟其他成员国还是欧盟以外国家)直接投资的活动。当然,随着英国脱欧,倘若英国不再愿意受自由流动原则的约束,其政府将有更大的自由度基于产业政策或公共利益来干预外资的并购活动。

四、现有制度的隐性障碍

事实上,英国政府早已具有出于特定公共利益考量来干预有关并购项目的权力,而且政府也持有了不少企业的黄金股。这些制度如果在新形势下进一步得到强化,势必会阻碍主权财富基金在英国的投资。

首先,2002 年《企业法案》赋予国务大臣发布介入公告(Intervention notices)的权力。这一权力的行使条件是有关项目触发了某种特定公共利益的考量,包括:(1) 国家安全;(2) 报刊公共利益(如多元化);(3) 广播和交叉媒体公共利益;(4) 英国金融系统稳定性。国务大臣 2016 年发

---

① NEIL CUNINGHAME. Foreign investment in UK critical infrastructure faces government scrutiny [EB/OL]. (2016-09-30) [2017-03-22]. https://www. ashurst. com/publication-item. aspx? id_Content=13514.

布的公告中提及,6 起涉及国家安全,3 起关乎媒体多元化,1 起出于对英国金融系统稳定性的维护。① 可以发现,多数介入公告是出于国家安全考虑发布的,其中绝大多数是由国防部动议国务大臣启动,并要求收购方保证在特定领域维护英国的战略能力、保护机密信息和国防部的知识产权。媒体公共利益方面,尽管该授权为后来颁布的 2003 年《通讯法案》所吸收,但权力主体仍属于国务大臣。

英国政府未来将针对关键基础设施的外国所有权颁布新的规则,以扩大公共利益的考量范围,但如前所述,目前尚不清楚公共利益如何被界定。此外,哪个政府部门将被授权在关键基础设施领域建议国务大臣以国家安全为由发布介入公告,亦有待观察。实际上,英国政府以往并不愿意发布指南来解释其评估国家安全的方式。因为这一行为非常敏感,而英国政府希望能与欧盟外国家达成更多的外贸协定。

其次,1975 年《工业法案》(Industry Act)也授权国务大臣,当重要制造业企业的控制权变更与英国的国家利益相悖时,可以对其发出禁令。禁令一经发布马上生效,但如果其后 28 天内未获议会两院表决通过,禁令将自动失效。这一授权产生的背景是其时威尔森政府正制定积极的国家工业战略,不过这一权力从未被用于阻止英国的收购案。

再次,近期的收购法典改革中,投标人被要求必须提供具有约束力的承诺或作出声明,以消除潜在的公共利益疑虑。19.7 规则要求投标人在报价后作出承诺,承诺其在并购完成后特定时间内采取或不采取一定行为;19.8 规则规定投标人可选择发布陈述,仔细说明其将为或不为的行为。日本软银(Softbank)收购 ARM 公司(ARM Holdings)案中,这些条款在英国脱欧公投后被首次适用,以消除公共利益隐忧。2016 年 7 月软银在其计划书中公布了收购 ARM 公司的意向,其后软银作出如下承诺:(1)五年内将原英国雇员扩充一倍;(2)五年内增加非英国雇员的人数;(3)ARM 公司总部始终位于剑桥;(4)维持技术类和非技术类员工的数目。除此之外,软银还就其计划做了多份陈述。在此基础上,软银的收购计划才被英国政府所接受。

---

　①　HULSMANN JENINE. UK to introduce foreign investment rules for critical infrastructure [EB/OL]. (2016-09-21) [2017-03-22]. https://www.cliffordchance.com/briefings/2016/09/uk_to_introduce_foreigninvestmentrulesfo.htm.

最后,由英国最早创设的黄金股制度(Golden Share)也是针对外资最重要的制衡措施。黄金股是指一国政府在其重要企业中所持有的含有特定权力的股份。一国政府通常不会干预企业的日常经营活动,但当其认为外资对重要企业的影响涉及国家安全和国家利益时,其持有的黄金股可以对企业的重大决策起到一票否决的作用。根据英国的实践,黄金股可以行使否决权的范围包括:防止危害国家利益和安全的控股和接管、限制发行新的有表决权的股票、限制公司资产的处置和控制公司的合并或解散,但否决权不针对企业管理层人员的任免、企业生产经营管理与分配等一般权限范围。① 由此可以看出,在这些特定情形下,政府才是企业决策的最后决定者。

例如,2012 年 11 月,中投公司斥资 4.5 亿英镑,收购了英国希斯罗机场控股公司(Heathrow Airport Holdings Limited)10％的股权。该公司的前身为英国机场管理局(British Airports Authority),而英国机场管理局是英国最早采用黄金股制度的公司。因此,中投公司除了要经受市场投资风险之外,还要面临黄金股制度带来的政策风险。黄金股制度虽然不是专门针对主权财富基金的监管措施,但如前所述,在当前主权财富基金日益活跃的背景下,许多欧盟国家为消除恐惧和担忧正在试图重新激活该制度,这无疑是在为主权财富基金的海外投资设置新的障碍。

第二节　意大利:披露透明与组合投资

一、中投公司对意大利投资情况

据《经济观察报》报道,2010 年 2 月,中投公司时任总经理高西庆先生在罗马与意大利国家电力公司(ENEL)总经理 Fulvio Conti 等会面,商洽 ENEL 股权及其下属绿色能源项目等一系列投资事宜。不同以往,中投公司这次筹划的是组合投资。ENEL 的大股东——银行存款和贷款机构(CDP)也是方案中的重要角色。意大利政府拥有 CDP 70％的股份,其余 30％则由银行基金持有。一个多世纪以来,CDP 的任务是投资意大利

---

① GRAHAM COSMO. Privatization: the United Kingdom Experience [J]. Brooklyn Journal of International Law, 1995, 21(1): 197.

的公共事业与基础设施等项目,由此构建起一个经济体系的"投资者俱乐部"。据悉,中投公司或将参与 CDP 即将推出的中小企业基金,其投资方向主要为意大利的中小企业,规模在 2000 万至 1 亿欧元之间。[①]

二、意大利《金融统合法》修正案对信息披露的要求

一般认为,不同于私人投资机构,主权财富基金作为国家管理的基金没有披露其规模、投资策略、资产持有情况等信息的强制性要求。[②] 但在意大利,情况却并非如此。2005 年,意大利修正了其《金融统合法》(Financial Consolidated Act)[③],目的是为了协调意大利上市公司与注册地在意大利以外、就设立、运营、资产和责任承担等方面不能保证透明度的外国公司之间的关系,该修正案也同时适用于其金融工具被公众广泛持有、且与外国公司存在关联关系或被外国公司控制的意大利公司。[④]

根据该《金融统合法》修正案的第 165 条,与外国不透明的公司(foreign non-transparent companies,例如某些主权财富基金)存在关联(link)的,被后者控制或受到后者显著影响的意大利上市公司,应当在其首席执行官和首席财务官签字的定期报告中附注其与不透明外国公司的关系。意大利证监会(Italian Securities Commission)被赋予充分的监管职权,包括现场检查的权力。以上要求,可能对中投公司产生影响。意大利关于前述不透明国家的标准,由司法部长以及经济和财政部长发表的联合法令加以确定。实际上,在渣打银行根据透明度和投资方式的积极或战略性质对主权财富基金进行的分类中,中投公司被界定为不透明且具战略性质的公司。[⑤] 因此,来自中国的中投公司很可能将面临审查。

中投公司之所以不愿意选择非常透明的方式进行投资,或许源于主权财富基金与普通投资基金的一个重要区别是"树大招风",其一举一动

---

① 欧阳晓红. 中投看上意大利? 高西庆赴罗马"密洽"组合投资[EB/OL]. (2010-02-05)[2017-03-22]. http://www.eeo.com.cn/eeo/jjgcb/2010/02/08/162587.shtml.

② 向静,王苏生. 主权财富基金的国际比较和变化趋势研究[J]. 学术研究,2009 (05): 80.

③ See Italian Legislative Decree, No. 58, Feb. 24, 1998.

④ MEZZACAPO SIMONE. The So-Called "Sovereign Wealth Funds": Regulatory story Issues, Financial Stability and Prudential Supervision [R]. Brussels: European Commission, 2008.

⑤ 王霞,王曙光. 谈主权财富基金与西方投资保护措施[J]. 经济问题,2008 (06): 110.

都格外引人注目。市场一旦得知某主权财富基金有意投资哪些资产或证券，该资产价格就会迅速上涨，从而增加主权财富基金的投资成本。[①] 上述解释可以得到不同透明程度主权财富基金收益情况的佐证。挪威政府养老基金（全球）因其透明度高，经常被拿来作为标杆。挪威财政部为其制定了严格的监管章程，要求基金的直接管理者挪威央行投资管理部每个季度提交翔实的投资报告，从时间到金额，从投资对象到海外资产管理人，季报中均有详细描述。并且在财政部审核后对外公布绝大部分内容，任何人都可以在挪威央行投资管理部的官方网站上查阅 1998 年以来的基金季报。此外，不仅对于投资战略，挪威财政部毫不避讳，诸如投资对象来源、全球市场资产配置比重，以及作为比较基准的资产组合也都定期公开。

相比之下，新加坡主权财富基金之一的淡马锡在信息披露方面则偏向保守。淡马锡直到 2004 年才开始公开披露部分信息，其对外公布的更多的是财务报表内容，对投资情况只在部分地区说明中少量提及，大部分几乎没有具体的时间、方式和金额。[②] 根据国际主权财富基金研究中心（Sovereign Wealth Fund Institute）发布的透明度指标体系，挪威达到了满分 10 分的标准，而淡马锡只有 6 分，勉强达标。不过，从上述两者的投资回报数据来看，挪威政府养老基金 10 年的年均收益率（4.3%）远不及淡马锡 34 年间的年均收益率（18%）。[③]

不难看出，中投公司对意大利采取组合投资的方式，特别是准备参与中小企业基金，意在消除对方因对中国不了解而怀有的"恐惧"，表达诚意以换取参与投资 ENEL 的机会。同时，宣示自己投资的商业利益目的，逐步获取一个意大利金融俱乐部专属的会员身份，接近欧洲金融市场。关于透明度问题，中投公司不无踌躇。一方面，高西庆先生在接受美国哥

---

① 胡祖六. 管理主权财富基金［EB/OL］.（2007-08-06）［2017-03-22］. http://www. caijing. com. cn/2007-08-06/100026054. html.

② 不过，这种情况最近几年出现了转变的迹象。特别是 2008 年投资业绩大幅下滑，淡马锡面对着来自国内外要求其提高透明度的压力。研究机构 Action Economics 亚洲经济预测部门主管柯翰认为，未来淡马锡需要进行更多的信息披露与公司治理改革，增加透明度将是全球主权财富基金的大势所趋。参见赵刚. 淡马锡"去政府化"［EB/OL］.（2009-08-27）［2017-03-22］. http://finance. sina. com. cn/roll/20090827/02376669435. shtml.

③ 孙轲，旷野. 中投三问［EB/OL］.（2008-05-10）［2017-03-22］. http://finance. sina. com. cn/roll/20080510/02354852816. shtml.

伦比亚广播公司(CBS)采访时曾经表示"会公布年报,逐步实现像挪威主权财富基金一样的开放透明"。[①] 另一方面,楼继伟先生访问英国伦敦金融城时则评论道,资产管理公司的信息披露应该审慎有度,过多披露操作信息反而可能不利于国际金融市场的稳定。[②] 无论如何,中投公司应该意识到,当对于意大利上市或公众公司进行投资时,其信息可能会由后者依据《金融合并法》修正案履行法定义务,而被间接地披露出去。

三、意大利的立场解读

实际上对于主权财富基金,意大利的态度亦不无矛盾。一方面,该国政府支持资本的自由市场准入,对潜在投资者没有国别限制。其时任国际贸易部长波尼诺在谈到一直亏损的意大利航空公司时就表示:"我不在意谁买下它,可以是中国人,也可以是爱斯基摩人……只要能让该公司扭亏为盈就行。"另一方面,意大利政府和民众对于外来主权财富基金投资仍不免疑虑,最明显的即体现在对主权财富基金不透明问题的关注上。他们认为,缺乏透明性可能会带来诸如内幕交易、操纵市场等影响市场稳定的一系列问题。[③]

第三节　德国:强监管审查与搭伙投资

一、中投公司对德国投资情况

公开材料显示,中投公司早期与德国公司间的接触有:德国《金融时报》2008 年 2 月报道,疑似中投公司接触德国房地产公司。[④] 2008 年 9月,据称楼继伟先生与德国财长施泰因布吕克(Steinbrueck)会面,就德国

---

① CBS News. China Investment An Open Book? [EB/OL]. (2008-04-06) [2017-03-22]. http://www.cbsnews.com/stories/2008/04/04/60minutes/main3993933.shtml.

② 马建国. 楼继伟:中投公司不宜太透明 强调长期投资收益[EB/OL]. (2007-12-12) [2017-03-22]. http://news.xinhuanet.com/fortune/2007-12/12/content_7232132.htm.

③ 吕明, 叶眉. 主权财富基金信息透明度问题研究[J]. 广东金融学院学报,2008 (05): 108.

④ 环球时报. 中投集团可能 200 亿欧元投资德国商业地产市场[EB/OL]. (2008-02-04) [2017-03-22]. http://finance.ifeng.com/news/hqcj/200802/0203_2203_391617.shtml.

铁路(Deutsche Bahn)首次公开招股一事进行讨论。① 2009 年 4 月,戴姆勒公司执行长称已与中投公司进行会谈,讨论可能进行的一项投资。② 2009 年 7 月,身陷困境的保时捷公司称一家中国主权财富基金正参与对保时捷股权的竞购,市场普遍认为这家主权财富基金就是中投公司。③

　　然而,特别值得注意的是 2008 年 2 月,中投公司与美国私募股权集团 J. C. Flowers 达成协议,由中投公司出资 40 亿美元,成立一家新的基金(以下简称新基金),用于投资财政状况不佳的金融机构。新基金采取有限合伙的组织形式,J. C. Flowers 担任普通合伙人,负责投资决定,中投公司则作为有限合伙人。2008 年 6 月,新基金与另外两家投资者(Grove International Partners LLP 以及日本新生银行)正式入股德国住房抵押贷款银行(Hypo Real Estate Holding AG, HRE)。当时的公告称,上述新基金等组成的投资团收购 HRE24.9％的股权。④ 之后 HRE 的三季报又称,三家投资人的持股都小于 10％。

二、中投公司间接投资德国 HRE 法律逻辑分析

　　中投公司选择与 J. C. Flowers 成立新基金,由 J. C. Flowers 充当独立的专业资产管理人负责投资管理,与中投公司以往的安排不同,属于间接投资,反映出中投公司对直接投资德国知名公司可能引起的政治反弹相当重视。事实上,中投公司的上述担忧并非空穴来风。德国非常疑虑主权财富基金的投资行为并非出于商业营利而是基于政治目的,即试图去控制一些关系到国家安全的企业。⑤ 德国总理默克尔曾表示,主权财富基金使欧洲面临完全陌生的新环境,应采取一种"共同方式",审查由

　　① 上市公司调研网. 中投海外投资连续下单[EB/OL]. [2017-03-22]. http://www.55168.cn/html/31/t-160731.html.
　　② 路透社. 德国汽车厂商戴姆勒与中投洽谈投资[EB/OL]. (2009-04-22)[2017-03-22]. http://www.jinmajia.com/article/hqsm/200904/20090400004365.shtml.
　　③ 李若愚. 中投再曝竞购德国保时捷[EB/OL]. (2009-07-07)[2017-03-22]. http://finance.sina.com.cn/chanjing/gsnews/20090707/13266450315.shtml.
　　④ 李箐,曹祯. 海外投资"另类"隐痛[J]. 财经,2009(01):64.
　　⑤ 但根据德意志银行的报告显示,作为美国和欧盟政治辩论中一个最为关键的问题——外国主权财富基金在国防公司中的投资,其实所起到的作用无足轻重。记录只显示了一笔交易,即迪拜投资局在 2007 年收购欧洲航空防务航天公司(EADS)3.12％的股份。

外国国家控股的投资者对欧洲公司的收购活动。① 特别是对来自俄罗斯和中国等的主权财富基金,德国戒心更重。默克尔曾两次介入德国公司反俄罗斯公司并购的活动。② 一次是反对俄罗斯公司针对德国电信集团 Deutsche Telekom AG 的收购,另一次是阻止一家俄罗斯国有控制的银行对空中客车的关联公司——欧洲航空防务与航天公司(European Aeronautic Defense and Space Co. NV,EADS)的增持行动。③ 面对默克尔的反对,俄罗斯方面也都选择了退让,这在一定程度上也加剧了两国在经济问题上的分歧。④ 与之产生鲜明对比的是,迪拜投资局成功地获得了 EADS 的股份,科威特投资局也顺利购得戴姆勒公司 7.6% 的股权。

　　至少从理论上讲,选择独立的资产管理人有利于宣示单项的投资不被主权财富基金母国控制或者影响。⑤ 事实上,正如美国 SEC 前任主席考克斯所言,“主权财富基金采用专业资产管理人的方式进行运营,将在感官上和实际上有助于这些基金的去政治化(de-politicize)”。⑥ 并且,企业年金基金(pension funds)的投资经验也表明,采用专业资产管理人的方式“更可能获得最优的风险调整回报”。⑦ 也正因如此,主权财富基金使用外部资产管理人已成为一种趋势。例如,阿布扎比投资局声称将其资产的 70%—80% 外包,科威特投资局也声称将其资产的至少 50% 外

① OECD. OECD Declaration on Sovereign Wealth Funds and Recipient Country Policies [R]. Paris: OECD, 2008.

② EVANS-PRITCHARD AMBROSE. EC to Rule on Sovereign Wealth Funds [EB/OL]. (2007-11-29) [2017-03-22]. http://www. telegraph. co. uk/finance/markets/2820342/EC-to-rule-on-sovereign-wealth-funds. html.

③ CLARK NICOLA, KRAMER ANDREW E. Russian State Bank Buys Share of EADS [EB/OL]. (2006-09-11) [2017-03-22]. http://www. euronews. com/2006/09/11/russian-state-bank-confirms-buying-eads-shares.

④ BRAUDE JONATHAN. Russian State Bank Buys Share of EADS [N]. The Deal, 2008-09-08.

⑤ KELLER AMY. Sovereign Wealth Funds: Trustworthy Investors or Vehicles of Strategic Ambition? An Assessment of the Benefits, Risks and Possible Regulation of Sovereign Wealth Fund [J]. Georgetown Journal of Law & Public Policy, 2008, 333 (07): 352.

⑥ COX CHRISTOPHER. The Rise of Sovereign Business: Gauer Distinguished Lecture in Law and Policy at the American Enterprise Institute Legal Center for the Public Interest [EB/OL]. (2007-12-05) [2017-03-22]. https://www. sec. gov/news/speech/2007/spch120507cc. htm.

⑦ CHOI STEPHEN J, FISCH JILL E. On Beyond CalPERS: Survey Evidence on the Developing Role of Public Pension Funds in Corporate Governance[J]. Vanderbilt Law Review, 2008, 61(02): 315.

包。根据主权财富基金国际论坛报告,迄今为止只有两只主权财富基金完全不采用外部的管理人,其中之一也正在积极考虑这种可能性。①

通过对上述新基金投资策略背后的法律逻辑进行整理,不难发现其投资 HRE 的行为是针对东道国审批监管措施的精心设计。首先,之所以持股不超过 10%,是由于德国《联邦银行法》(KWG)第 32 条规定,收购(或 10%以上的投资参股)银行或金融服务公司,需要发出通告,并报联邦金融监管局(BaFin)审批。于是三家投资者都使持股低于 10%,避开BaFin 的审查。其次,德国《反限制竞争法》第 37 条规定,收购另一家公司全部或绝大部分资产,或取得对另一家或多家公司直接或间接控制权的单独或联合并购,或获得另一家公司 50%以上股份或 25%以上有表决权的股份的并购,以及对其他公司产生重大竞争影响的并购行为,均须向德国联邦卡特尔局申报。三方组成的投资团收购 HRE 总计 24.9%的股权,显然是刻意将投资比例限制在 25%以下,以此规避德国关于并购的竞争法规的审查。

三、德国《对外经济法》及《条例》第十三修正案对中投公司投资的影响

从一般意义上考察德国对于主权财富基金的监管环境,还必须关注德国 2009 年 5 月正式生效的《对外经济法》及《对外经济条例》第十三修正案(以下简称《修正案》)。《修正案》适用于来自欧盟及欧洲自由贸易联盟(European Free Trade Association,EFTA)②以外的投资者收购德国公司的情形③,外来投资者在欧盟或 EFTA 内的分公司和工厂视同于外来投资者。④ 根据该《修正案》,德国联邦经济与技术部(BMWi)将成立一个专门的委员会,该委员会有权对外来投资者收购德国企业 25%以上(含 25%)股权的收购项目进行审查。对有可能危害公共政策和国家安

---

① IIAMMER CORNELIA, KUNZEL PETER, PETROVA IVA. Sovereign Wealth Funds: Current Institutional and Operational Practices [R]. Washington, DC: IMF, 2008.

② EFTA 包括冰岛、列支敦士登、挪威和瑞士等四国。

③ KOCH MAXIMILIAN. The German Foreign Trade Act was Amended in 2009: How does this legislation affect cross-border Transactions in Germany? [EB/OL]. (2010-02-24) [2017-03-22]. http://www.martindale.com/business-law/article__922560.htm.

④ STORK FLORIAN. A Practical Approach to the New German Foreign Investment Regime—Lessons to be Learned from Merger Control [J]. German Law Journal, 2010, 11(02): 268.

全的外国投资有权阻止。这里的外来投资者指所有来自欧盟和欧洲自由贸易联盟（EFTA）以外的投资者。《修正案》将原先仅局限于军工装备行业的政府投资审查延伸扩大到包括电信和邮政、能源、港口、机场和铁路等其他可能的德国战略性产业。① 股权比例包括收购者直接收购和间接控制的股权。

　　审查权有效期为收购合同缔结之日起的 3 个月或参与收购者公开宣布其收购要约起的 3 个月。虽然向经济与技术部报告的行为完全属于自愿，但是未申请并获得所谓的"无异议函"（certificate of non-objection）者，如果经济与技术部在该交易签署 3 个月内决定进行调查，则收购者将承受交易可能被阻止的风险。当经济与技术部认为该收购项目危害德国公共安全和秩序，有必要进行干预时，可在得到联邦政府同意后实施。国家公共安全和秩序的定义参照欧盟法律及欧洲法院的判决，具体指欧盟关于资本自由流动的法律及欧洲法院针对黄金股机制所形成的一系列判例。

　　根据该《修正案》，外国投资者必须向德国经济部申报相关收购计划，德国经济部有权在 3 个月内决定是否冻结该收购活动，或对该收购活动附加强制性条件，如将投票权转移给一名受托管理人来推翻该项交易。通过进行并购审查和投票权限制上的"双重过滤"，消除外资并购活动的非经济因素。

　　根据欧盟现行法律，任何针对主权财富基金的保护性措施都有可能触犯《欧共体条约》第 56 条关于禁止"限制欧盟成员国之间以及成员国与第三国之间资本流动"的规定。② 但一般认为，以公共安全和秩序为由对资本自由流动施加限制的行为，如符合以下原则即属合法③：非歧视性原则，即不因国籍而具有歧视性，无任何专门针对外国投资者的歧视性规定或者限制；公共利益原则，即必须符合公共利益和国家安全（general

---

　　① 国家发展改革委外事司. 当前全球主权财富基金的发展态势分析[J]. 中国经贸导刊，2009（02）：22.

　　② MEZZACAPO SIMONE. The So-Called "Sovereign Wealth Funds"：Regulatory story Issues，Financial Stability and Prudential Supervision ［R］. Brussels：European Commission，2009.

　　③ BACKER LARRY CATÁ. The Private Law of Public Law：Public Authorities as Shareholders，Golden Shares，Sovereign Wealth Funds，and the Public Law Element in Private Choice of Law [J]. Tulane Law Review，2008，82(01)：7.

interest);相称性原则,"公共安全"作为对于资本自由流动基本原则的减损,应当严格加以解释,以防止其适用范围被成员国在不受共同体控制的情况下作出单方面的决定,"公共安全"只有在对于成员国基本利益构成真正的和足够严重的威胁时才能适用,并且为实现目标而采取的手段应是适当的、相称的,和事后采用的;确定性原则,作为标准其必须是客观的,适用条件公开而明确,即政府干预的内容、适用范围、到期期限、执行程序、争议解决方法等,必须明确细致地规定并向所有投资者公开,政府在相关条款的解释上不应享有自由裁量权,相关方应事先知道法律的救济手段。

根据《修正案》,如果不符合关于并购的审批要求,德国经济与技术部对已完成收购项目可实施的干预措施包括:阻止、限制外来投资者行使表决权,或者将投票权转移给一名受托管理人(trustee)或任命受托管理人来推翻该项交易。关于表决权暂停机制,有美国知名学者表达了赞成的立场。他们认为这既可以利用主权财富基金的投资优势,又可以减少潜在冲突,从而能够使得具有战略或政治意图的主权财富基金敬而远之,同时使具有单纯财务投资意图的主权财富基金保留下来。[1]

但是实际上,表决权暂停机制也存在问题和不足。[2] 首先,这可能会减损受影响的股票的价值,从而使得投资动机降低。表决权是否具有独立价值是一个有争议的问题,但对于表决权是否成为股权上独立的有价值的财产权利,实践中美国商人均予承认,即对公司的控制权是与公司股东收益权不同的具有金钱价值的权利。[3] 其次,这可能会降低资本市场的吸引力。[4] 正如美国前助理财政部长克莱・娄瑞(Clay Lowery)所言:"(表决权)是美国公司法中最基本的权利……对我们的资本市场来说不

① GILSON RONALD J, MILHAUPT CURTIS J. Sovereign Wealth Funds and Corporate Governance: A Minimalist Response to the New Mercantilism [J]. Stanford Law Review, 2008, 60(05): 1358.

② MEZZACAPO SIMONE. The So-Called "Sovereign Wealth Funds": Regulatory story Issues, Financial Stability and Prudential Supervision [R]. Brussels: European Commission, 2009.

③ HARRIMAN EDWARD AVERY. Voting Trusts and Holding Companies [J]. Yale Law Journal, 1904, 13(03): 116.

④ KELLER AMY. Sovereign Wealth Funds: Trustworthy Investors or Vehicles of Strategic Ambition? An Assessment of the Benefits, Risks and Possible Regulation of Sovereign Wealth Fund [J]. Georgetown Journal of Law & Public Policy, 2008, 333 (07): 352.

可或缺。"①最后,表决权暂停机制并非政府所能采取的唯一措施,其他手段包括发放许可证、要求保证等。因此,作为对资本自由流动一般性的限制,表决权暂停应当被作为解决问题的"最终手段"(last resort solution),并不应优先考虑适用。② 与之相比,对表决权及投票记录的强制性信息披露将可能产生更少的负面影响。也正因如此,国际货币基金组织针对主权财富基金所倡导的《圣地亚哥原则》将要求主权财富基金披露持股情况、表决政策及表决记录等强制或自愿手段,优先于表决权暂停机制加以适用。③

---

① LOWERY CLAY. Remarks by Treasury Assistant Secretary for International Affairs Clay Lowery at Barclays Capital's 12th Annual Global Inflation-Linked Conference [EB/OL]. (2008-02-25) [2017-03-22]. https://www.treasury.gov/press-center/press-releases/Pages/hp836.aspx.

② OECD. OECD Declaration on Sovereign Wealth Funds and Recipient Country Policies [R]. Paris：OECD, 2008.

③ JOHNSON SIMON. The Rise of Sovereign Wealth Funds [EB/OL]. (2007-09) [2017-03-22]. http://www.imf.org/external/pubs/ft/fandd/2007/09/straight.htm.

第五章　主权财富基金回应东道国监管的策略总结

第一节　监管的本质及深层原因

一、监管方式的实质：对主权财富基金控制权的剥离或限制

主权财富基金的监管问题，实质上是如何划定一个主权财富基金对东道国投资实体的控制权边界的问题。控制权是直接或间接，单独或者与一个或多个他人达成安排或共识，对一个商业组织的管理或政策施加控制性影响的权力。[①] 各国对主权财富基金现有的监管规则框架，从形式上分析，无外乎是通过以下三个方面对主权财富基金的控制权加以剥离或限制：

第一，出于反垄断、限制控制力或其他目的（例如金融市场的审慎管理等），事先采取限制控制程度的措施。美国为保证银行的安全与稳定而将航母级的中投公司视为银行控股公司，英国出于保护金融机构"审慎和稳健管理"目的而设定的 FSA 审查机制，英、意、德三国以及欧盟基于反垄断目的设立的并购审查机制，德国针对主权财富基金设立的外资审查机制等，均构成对主权财富基金控制权剥离或限制的第一道防线。通过事先设定一定的控制比例（目标公司股权比例，市场份额比例等），在客观上对主权财富基金在东道国投资企业所能达到的控制程度或者施加更强的控制力进行干预。

第二，基于特定目的（如保护国防安全或公共秩序），要求进行信息披

---

① 美国法律研究院. 公司治理原则：分析与建议[M]. 楼建波等，译. 北京：法律出版社，2006：13.

露。前述美、澳、法、加等国的国家安全审查制度要求相关交易进行申报，对其审查的项目施加严格的信息披露，是为了防止包括主权财富基金在内的外国投资者对关乎本国核心利益、国家安全的产业、企业、信息进行控制。意大利针对国外不透明公司，要求与其具有关联或控制关系的本国公司披露双方关系的强制信息披露规则，目的是为了达到对主权财富基金获取控制权的进度和力度进行及时的监控。英、意、德三国以及欧盟层面的证券法中关于信息披露的相关规则，也是在客观上达到类似的效果。这是贯穿于主权财富基金控制权获得或行使的事前、事中持续性控制。信息披露的对象、内容和质量、时间和期间，综合而言即为主权财富基金研究中被广为关注的透明度，这也构成了各投资东道国、国际协定及多边金融监管机构所规定的监管制度的核心内容。

第三，对个别交易进行直接干预。最为典型的是英国 1987 年强制要求科威特投资局出卖已经获得的英国石油 10% 股权，以及德国总理默克尔对两起来自俄罗斯针对德国企业的并购所进行的干预措施。欧盟的黄金股制度，则是通过保留政府对于公司活动的否决权来达到干预的效果。德国出台的外资审查机制中关于违法责任承担的表决权暂停、失效和强制托管机制，将附着于金融工具上财产性权利和控制权人为地进行分割，提供了通过政府干预及剥离主权财富基金控制权的新途径。美国外国投资委员会在初审或调查阶段，对交易方提出附加条件或要求交易方进行风险缓释，也是个案干预的典型手段。

二、监管的深层原因：政治或战略目标疑虑的根源

尽管学界普遍批评投资东道国相关监管规定过度关注主权财富基金为国家所有或最终控制这一特征，尽管各主权财富基金纷纷通过提高透明度、完善公司治理等手段试图实现自身的"去政治化"，尽管主权财富基金在财务指标和投资取向上与私人投资者没有显著差异，毫无疑问的是，主权财富基金有着独特的政策目标（虽然可能不同于国家或政府的政治或战略目标），这种非财务投资取向无法被投资东道国所忽视。对主权财富基金背后潜在政策或战略目标的疑虑，是各投资东道国采取各种方式对主权财富基金进行监管的深层原因，使得主权财富基金面临比较严重的政治风险。

投资东道国对于主权财富基金政治或战略目标的疑虑，催生了 2008

年前后一系列机构的诞生和规则机制的出台。第一，国际货币基金组织在 2007 年第一季度的《金融稳定报告》中将对冲基金等机构投资者和主权财富基金的日益活跃并列为国际金融业新出现的重大变化，呼吁各国对金融监管的重点和模式予以调整；第二，美国等国家着手制定更严格的外资并购政策，或强化对外资的国家安全审查机制；第三，2008 年初，美国、新加坡、阿拉伯联合酋长国就主权财富基金投资问题达成《华盛顿约定》；第四，主权财富基金国际论坛 2008 年 10 月制定并发布了《圣地亚哥原则》。

主权财富基金之所以在投资东道国为政治或战略目标疑虑的阴霾所笼罩，进而遭遇不确定的政治风险，其根源由浅及深有三个层次。

（一）潜在的政治、经济威胁

最浅层的疑虑根源在于，主权财富基金可能对投资东道国的政治、经济带来三方面的威胁：第一，欧美等西方国家担心主权财富基金的投资行为是出于政治目的而去控制一些关系到国家安全、经济命脉的企业。第二，通过主权财富基金操纵商品价格。随着金融创新工具市场的繁荣、电子交易系统的日益普及，价格操纵变得更加便利，也更加难以追踪。这为主权财富基金操纵商品市场提供了可能。第三，主权财富基金可能利用其影响或商业便利获取保密技术、自然资源，以提高本国企业竞争力。

（二）价值观、规范和期待的分歧

投资东道国与母国对主权财富基金所持价值观、规范和期待是否一致，是政治或战略目标能否为投资东道所接受的决定性因素。这是疑虑存在的第二层根源。

主权财富基金在某些西方政策制定者中引起恐惧，是因为主权财富基金奉行的原则和实践不符合他们的期待。这些东道国为主权财富基金的经营和行为确立规范和方法，是出于对主权财富基金合法性的质疑，即怀疑基金的程序、结构和原则，与东道国的价值观、规范和期待不完全一致。

一些评论者甚至依照西方标准，断定主权财富基金母国的民主程度一般都较低，主权财富基金运作的透明度与母国民主程度负相关，所以这种主权性投资可能树立一种不良的典范，对欧美等国自由民主资本主义发展模式构成威胁。从而，主权财富基金的出现本身不仅对现有市场格局,而且对主流经济学理论即华盛顿共识带来了强烈冲击。[①]

（三）现有金融体系既得利益的维持

这一层次关注投资东道国（多数为发达国家,其中美国为典型）对于现有金融体系中既得利益的维持。对于既得利益者而言,其真正担心的不是主权财富基金,而是其他国家借助主权财富基金所展现的力量。

世界经济的政治三元困境模型中,三个节点分别是国际经济一体化、国家和大众政治。根据标准的三元困境,最多可以拥有三者中的两者。而投射到国际金融体系中,面对由金融全球化、国家和民主政治所组成的三元困境,不同时期的国际金融体系作出了不同的选择。当前的国际金融体系是牙买加体系。该体系选择了国家和金融全球化,以逐步实行资本市场自由化和浮动汇率为主要特征。该体系使国家直面庞大的国际资本流动,但国际金融体系仍旧基本上以国家为基础,由密切联系又彼此独立的各国金融体系组成。牙买加体系对发展中国家的不利影响体现在两方面,一是资本自由流动影响到各国宏观经济政策的独立性,削弱了国家的政策自主性;由于涉及不同国家以及国内不同利益集团的偏好,现在的经济全球化出现了严重的"民主赤字"。牙买加体系是一种相互竞争的体系。在该体系下,发展中国家的经济增长不如布雷顿森林体系下的表现。[②] 事实上,牙买加体系本身也可被视为一种"无体系",即没有一条普遍认可的规则来指导浮动汇率或者国际货币实务方面的其他决策。[③] 在国际金融各个领域的决策都由主要国家随心所欲地制定,而其他国家为

---

① 李虹. 主权财富基金监管研究[M]. 北京:经济管理出版社,2014:4.

② 究其原因,根源在于布雷顿森林体系下发展中国家有发展的自主性。具体而言,第一,布雷顿森林体系本身就是一个相对封闭的运行体系,而牙买加体系中,发展中国家都被要求实行金融自由化的政策,从而在国内条件尚不成熟的情况下被卷入了国际金融市场。国际资本流动的同周期性使这些国家无力稳定宏观经济,使得金融危机在发展中国家频繁出现,导致发展中国家的增长下滑。相反,发达国家处于更加有利地位。第二,在布雷顿森林体系运行期间,发展中国家的经济实力非常弱小,发达国家的注意力不会集中于南北关系上,而是更加注意发达国家之间的关系。第三,布雷顿森林体系本身的性质给予各个国家更大的自主性。各个国家只要遵守汇率评价的基本要求,就可以不受干扰地自主追求国内目标,而且有严格的资本管制措施将国内经济与国外冲击相对隔离。第四,从布雷顿森林体系到牙买加体系,美国的金融民族主义从善意转向恶意,强行推行金融自由化,不仅不考虑其他国家和国家社会的利益,反而通过牺牲其他国家和国家社会的利益来实现国内目标。参见严荣. 自主的悖论:主权财富基金的国际政治经济分析[M]. 北京:人民出版社,2010:115—117.

③ 罗伯特·吉尔平. 全球政治经济学[M]. 杨宇光、杨炯,译. 上海:上海人民出版社,2013:215.

了减少波动及风险,只能寻求自助。主权财富基金的创立本质上是国家对经济竞争作出的一种反应,是"现行国际金融体系的必然产物"①,为的是通过外汇资产的积累增强经济自主性。② 另一个不利影响是,牙买加体系导致全球失衡与外汇储备猛增。而主权财富基金正是解决储备盈余的一个有效渠道。

牙买加体系的性质决定母国借助主权财富基金追求和争取经济自主的过程中,会引发美国等发达国家更大的约束。首先,对于主权财富基金东道国而言,其必然会引发市场开放与经济安全之间矛盾的升级。一方面,金融全球化的趋势要求各国开放市场,为资本自由流动提供便利;另一方面,各个国家为了保障本国利益和防范随时可能出现的危机,又会增加对经济安全的考量。经济安全是一个模糊又难以操作的标准,主权财富基金的投资中哪些产业应该得到保护、应该如何保护、应该限制哪些风险等,都是颇受争议的问题。因而,主权财富基金的运行面临极大的政治风险。其次,发达国家的约束迫使发展中国家维护既有体系的运行,甚至通过非对称相互依赖关系使之成为世界经济调整成本的主要承担者。主权财富基金不能应对这一成本的转移,反而因此受到限制。此外,如前所述,牙买加体系下的上述风险无法通过有效的国际规则得到很好解决。在这种情况下,主权财富基金的国际治理多以双边协议为主,多边治理框架为辅。③ 这又增加了投资东道国谈判的筹码。

综上所述,投资东道国的疑虑产生于潜在的政治、经济威胁,源于价值观、规范和期待的分歧,植根于国际金融体系的固有矛盾之中。主权财富基金可以一定程度上促进国际金融体系变革的实现,但疑虑的消解本质上需要国际金融体系的重构,而在目前形势下,这是难以实现的。

---

① 楼继伟. 主权财富基金:现行国际金融体系的必然产物[C]// 吴敬琏,主编. 比较(第三十七辑). 北京:中信出版社,2008:147.

② HATTON KYLE, PISTOR KATHARINA. Maximizing Autonomy in the Shadow of Great Powers: The Political Economy of Sovereign Wealth Funds [J]. Columbia Journal of Transnational Law. 2012,(1):3.

③ 严荣. 自主的悖论:主权财富基金的国际政治经济分析[M]. 北京:人民出版社,2010:121.

第二节　投资东道国监管措施反思
及中投公司的应对策略

政治或战略疑虑引发了东道国对主权财富基金不同程度的监管。东道国需要对这种监管理念进行反思。而就主权财富基金而言，有必要在投资者与东道国监管者双方视角之间来回切换，研判形势，分析对策，朝着双方都能接受的均衡边界靠近。

一、既有监管体制的反思与应对：双向去政治化

（一）东道国监管去政治化

投资东道国对主权财富基金的监管措施，或者说控制权的剥离或限制措施的合法性和适当性，值得检讨。更进一步讲，既有监管体制是否合理和完备，也需要重新审视。

首先，观察投资东道国对主权财富基金的相关疑虑，主要集中于两个方面，即主权财富基金缺乏透明性，和存有潜在的战略或政治意图。就前者而言，国际金融体系的透明度不仅仅是主权财富基金的事，各种私募类型的基金都存在同样的问题。[①] 后者则成为诸多国家施加政治影响和进行监管的核心借口，意图通过监管对主权财富基金"去政治化"。

事实上，一方面，根据 OECD 的指引，商业企业的国家所有权在不同国家和行业有不同的表现，但都融社会、经济和战略利益于其目标之中，过去十年，国有企业的政策关联度显著提升。[②] 包括主权财富基金在内的国有企业可以且几乎必然会追求政策目标。但是主权财富基金的政策目标有别于政府的政治或战略目标，其有明确的功能指向和限定范围。政治或战略目标追求也并不一定会对东道国产生威胁。目前有关主权财富基金可能对他国的经济安全构成威胁的说法并无根据，尚未有证据显示主权财富基金的投资行为实际引发了任何国家的安全问题。

---

① 钟伟，王天龙. 围绕主权财富基金的争议：是否需要一个国际监管框架？[J]. 中国外汇，2008（07）：15.

② OECD. OECD Guidelines on Corporate Governance of State-Owned Enterprises（2015 Edition）[EB/OL].（2015-11-19）[2017-03-22]. http://www.oecd-ilibrary.org/governance/oecd-guidelines-on-corporate-governance-of-state-owned-enterprises-2015_9789264244160-en.

另一方面,具有战略或政治目标的主权财富基金不一定会对其所投企业进行控制或积极的干预,从而影响东道国稳定和产业长期发展。主权财富基金对所投企业的治理参与程度是由七个因素共同决定的,包括财务目标(purpose)、兑付期限结构(liability structure)、投资策略(investment strategy)、投资组合(portfolio structure)、费用结构(fee structure)、政策或社会目标(presence of political and social objectives)、监管要求(regulatory framework)。[①] 主权财富基金的投资行为并不由单一的政策或社会目标因素决定,而是上述因素综合的产物。主权财富基金具有长期投资者的特性,不需要面对短期兑付的压力,在投资策略上通常采用被动投资的方式,且大量引进外部资产管理人,总体上采取回应式的投资模式(Reactive engagement)。这种模式的特点是,主权财富基金通常会依托外部资产管理人的投资或投票建议从事投资活动。例如,在对所投资企业行使股东投票权时,主要依据股东会前预先设置好的标准对不同议案进行表决。同时,主权财富基金还可能会对积极投资者提出的特殊分红政策、改组董事会等动议作出回应。相较于被动投资,主权财富基金对被投资企业会施加更多影响;但这种影响仍是有限的,通常不会以直接动议的方式行使股东权,亦不会要求董事会席位。既然影响有限,借故实现母国政治、战略目标,从而危害东道国国家安全的论调确有夸大之嫌。

其次,某些国家如美国、德国的监管措施"英雄偏问出处",类似中投公司的"出身"问题成了政策不确定的最根本动因。这种不确定性一方面促使中投公司不得不借道私募基金间接进入东道国市场,另一方面也对东道国本身造成了不利的国际影响。[②] 东道国即便最后采用了名义上针对所有外来投资者的外资审查、国家安全审查机制,也难以掩饰其背后的政治偏见。

恰如楼继伟先生所指出的,在要求资产管理公司增加透明度的同时,投资东道国的进入门槛和标准也应公开透明,不宜采取因人而异的操作方式。在国际社会充分尊重公司的完全所有权和自由经营权的前提下,

---

① ÇELIK SERDAR, ISAKSSON MATS. Institutional Investors and Ownership Engagement [J]. OECD Journal: Financial Market Trends. 2013,(2):105.

② STELZENMÜLLER CONSTANZE. Germany's Russia Question: A New Ostpolitik for Europe [J]. Foreign Affairs, 2009(March/April):95.

做到真正意义上的公平。① 从这个角度上讲,主权财富基金监管本身在遵循非歧视性原则方面,也面临着"去政治化"的难题。

再次,投资东道国政府针对主权财富基金采取的措施本身也有力度轻重之分。这与各国客观的产业结构(如产业的集中程度)、财富结构(如公司股权的分散程度)和监管结构(如各国对主权财富基金既有的监管能力)有关,也与各国政治家对于主权财富基金性质和作用的主观认识不同存在直接关联。本书认为,对于主权财富基金的监管,应当摒弃"冷战"思维和"投资保护主义"做法,采用一种"疏胜于堵"的合作态度。

最后,投资东道国所要做的不应是单纯的设置障碍,因为除非完全将投资堵在门外,任何既有的监管框架都面临着被巧妙设计所规避的可能性。相反,应当积极地采取建设性方案,例如像前述意大利的投资标的组合池那样,结合利用对国内公司监管上的先天优势,以国内公司作为信息披露义务人,服务并疏导主权财富基金的投资行为,这种做法值得肯定和借鉴。

从监管的具体措施而言,东道国应尽量保持措施的相称性和顺序上的递进性,在保证同样监管效果的前提下,优先考虑适用对于主权财富基金而言更为中立、温和的信息披露规则,优先考虑适用既有的反垄断或其他审查规则,将表决权限制等在内的国家干预作为最后的解决手段,并施以明确的适用条件和程序进行控制。

(二)主权财富基金的"去政治化":商业化发展与准确定位

对于主权财富基金而言,在被各国认可的、真正统一或相近的监管规则成为"硬法"之前,其投资行为某种程度上可以看作是一场"探底的冒险"(gamble to the bottom)。回顾各主权财富基金的发展历程可以发现,其发展潮流在于投资路径和策略越来越多地呈现商业化的特征。各主权财富基金通过持续观察、揣测来自不同监管者的监管立场,评估个中风险,愈加倾向于采取技术而非原则性的手段,选择适当的法律形式和投资程序以规避不利的政策和法律限制。这是主权财富基金面对东道国监管时有效"去政治化"的方式。

同时,就政策或战略目标而言,主权财富基金应通过立法予以确立和披露,此举一方面可以在一定程度上消除外界疑虑,使东道国和公众了解

---

① 李利明. 中投选定 40 亿美元私募股权基金合伙人[N]. 经济观察报,2008-04-06.

主权财富基金旨在实现的目标,审视其行为是否与既定目标相一致;另一方面,明确的政策目标将促进主权财富基金制定适当的、基于经济和财务目的考虑的投资战略,清楚界定、明确授权、清晰定义的政策目标将保障主权财富基金的专业化运作。正如 OECD 所持观点,国有企业可以追求政策性目标,但国有企业的上述目标必须有法律或行政机关的明确授权并予以披露,企业在将商业活动与公共政策目标结合时,政府必须给予企业足够的自治权。

政策目标应有准确的设定,否则将反过来限制主权财富基金的发展。主权财富基金是国家运用私人的方法服务于公共目标的新尝试,是国家资产管理目标的公共性和管理手段的私人性的结合。与公共服务的私有化不同,主权财富基金是国家资产管理方法的私有化而非经营主体的私有化,其投资需有助于国家实现宏观经济政策目标。[①] 政策目标的实现均要建立在投资目标实现的基础之上。此外,如前所述,在资金来源与投资目标间存在关联性,前者对后者往往有决定性影响,即资金来源决定了主权财富基金的使用意图与风险偏好[②],这也制约着主权财富基金政策目标的定位。

当前国际金融体系的内在矛盾是上述困境的根源之一。若牙买加体系不能得到突破和发展,对于主权财富基金治理、透明度、东道国监管、国际协调合作等讨论均只能治标而不能治本。要根本突破上述困境,主权财富基金就不应仅被视为是国家自主性最大化追求的体现[③],而应被赋予更多的"国际法治"使命。主权财富基金应通过积极、负责任的投资行为来促进全球金融体系的发展,推动主权财富基金的全球监管与国际协调,创造新的"国际法治"新模式。

---

① 周晓红. 关于主权财富基金治理的三重追问[J]. 当代法学,2012(6):128.

② ANDREW ROZANOV. Definitional Challenges of Dealing with Sovereign Wealth Funds [J]. Asian Journal of International Law. 2011,(1):252.

③ 有学者认为重商主义理论、国家资本主义理论和国家经济人理论均不足以解释主权财富基金的行为。并通过分析主权财富基金海外被动投资、逆周期投资、美元回流、满足国内政治需求、政治化的国内投资五方面阐释了自主性最大化理论。参见 HATTON KYLE, PISTOR KATHARINA. Maximizing Autonomy in the Shadow of Great Powers: The Political Economy of Sovereign Wealth Funds [J]. Columbia Journal of Transnational Law. 2012,(1):4—13.

二、信息披露的实践与应对

虽然《圣地亚哥原则》原则性强且缺乏拘束力,但从实践上看,各主要主权财富基金及其母国都开始以实际行动来践行其对《圣地亚哥原则》信息披露问题上的承诺。例如,新加坡淡马锡从 2009 年度开始在其年度报告中更加详细地披露其投资领域和收益等财务数据。阿联酋阿布扎比投资局在其年度报告中也表现出了更大的透明度;为了同《圣地亚哥原则》的信息披露要求保持一致,还新设立跨部门监管委员会,对投资局的行为进行监管。从东道国的角度来看,各东道国也纷纷对透明度较高的主权财富基金敞开了大门。例如,英国前首相布朗明确了资本自由流动的重要性,并表示应当对透明度较高的主权财富基金采取更加开放的政策。美国花旗银行也开始积极寻求主权财富基金的投资。由此不难看出,主权财富基金及其母国的确作出了实质性的努力,以提高主权财富基金的透明度,充分进行信息披露;而东道国对主权财富基金在《圣地亚哥原则》下作出的努力也表达了认可。

中投公司从 2009 年 8 月开始首次发布年度报告,进行自我信息披露。无论是像在美国那样主动地进行披露信息,还是如在意大利那样由交易对手方依照监管规则而"被披露",为了获取稳定和长期可持续的投资回报,中投公司在通过各种形式按照自己曾经的承诺,在保持自身底线(如楼继伟先生所强调的有限披露立场)的前提下,一方面分散地"基于商业目的进行财务投资",另一方面朝着挪威主权财富基金的透明度靠近。从这个意义上讲,中投公司本身或许也在进行着一场"去政治化"的自我救赎。正如中投公司前总经理高西庆先生曾在专访中反复强调的,中投公司坚持透明、开放的定位,在美投资将不谋求控制权、回避敏感领域,坚持长期投资、保持高度透明的原则,力图通过美国主流媒体取信于对方。①

在这场"去政治化"的救赎过程中,关于信息披露有以下两方面问题需要加以注意和提升。

---

① CBS News. China Investment: An Open Book? —Sovereign-Wealth Fund's President Promises Transparency [EB/OL]. (2008-04-06) [2017-03-22]. http://www.cbsnews.com/stories/2008/04/04/60minutes/main3993933.shtml.

（一）坚持适度透明与有限披露

对于主权财富基金而言,透明度往往是一个两难的选择问题。

无论是投资东道国,还是主权财富基金母国,很大程度上对主权财富基金高透明度均有诉求。从投资东道国的角度上看,一些东道国在金融危机后对外资的需求旺盛,但主权财富基金投资可能会对本国市场造成影响甚至冲击,加之其可能存在的政治性、战略性目标,使得东道国在接纳主权财富基金时举棋不定。因此,透明度的提升有助于投资东道国矛盾态度的平衡,进而吸收更多主权财富基金的投资,避免东道国监管态度摇摆之时以透明度缺失为由拒绝主权财富基金投资。而对母国而言,主权财富基金透明度最主要的价值体现在公司治理层面,母国可以获得合法性的肯定和支持。换言之,透明度对有效处理主权财富基金资金所有权和主权财富基金经营管理权的关系起着重要作用。

综合利弊,考察国际主流主权财富基金近年来的发展趋势,本书认为,基于主权财富基金面临上述的两难情形,提高其透明度具有必要性。

首先,提高主权财富基金透明度是消弭东道国政治担忧、解决现有监管困境的突破口,也是母国与东道国建立互信合作的基础。虽然通过提高透明度不能解决所有关于主权财富基金的监管问题,但这无疑是消除不必要的投资障碍、克服金融保护主义的最有效方式。在公开和透明的市场环境下,主权财富基金可以更好地发挥其为金融市场提供流动性、稳定金融市场的积极作用。

其次,提高主权财富基金透明度可以一定程度上减轻市场中的信息不对称,减少市场中的负外部性,稳定金融市场。[①] 信息不对称不仅造成了东道国的政治担忧,同时也造成了其他市场参与者的信息缺乏。一方面,信息不对称扭曲了市场结构和价格,造成大量的逆向选择和道德风险问题,产生巨大的负外部性;另一方面,为了克服这些问题,东道国政府采取保护手段,母国事后亡羊补牢,其他市场参与者则很难寻找有效的市场信息,各方都支付了巨大的制度成本。此外,信息的缺乏还会导致市场的波动,增加风险和不确定性。在这个意义上,提高主权财富基金透明度是

---

① WONG ANTHONY. Sovereign Wealth Funds and the Problem of Asymmetric Information：The Santiago Principles and International Regulations ［J］. Brooklyn Journal of International Law. 2009，（3）：1083.

东道国和母国的双赢选择。

然而,在提高透明度的同时,也应恪守有限披露原则。

各国对国家安全的担忧古已有之,对外资进入也均有不同程度的限制。实际上,主权财富基金只是国际投资中的一个特殊主体。以国家安全为由专门对主权财富基金进行管制,无限制地要求高透明度,并不恰当。全球性金融危机的爆发以及欧债危机的持续,使得许多东道国陷入流动性紧缩,经济衰退,失业率不断上升。部分投资东道国对主权财富基金的态度也开始发生从限制到欢迎的转变。主权财富基金对金融市场的冲击,对国家安全的影响,甚至是低透明度带来的腐败风险,看来更像是一种实施金融保护主义行为的借口。

如前所述,透明度水平的高低与主权财富基金的投资目标、投资策略以及经济收益并无直接、明确的联系。在现实中,仅从自身角度出发,无论是从政治还是经济动因加以考量,主权财富基金自愿提升透明度的动力有限。一方面,如果主权财富基金存在非经济或财务上的投资目标,其不可能提高透明度而作茧自缚;另一方面,信息披露会造成投资成本、制度成本的上升。换言之,如果披露信息的成本过大,要求披露的信息过多,主权财富基金则可能通过隐形持股或委托私募资本对东道国进行投资;或者干脆退出相关市场,进入披露信息成本较低的市场。

实际上,在国际金融市场中,存在着大量的私募基金、对冲基金和机构投资者,其透明度甚至远远低于主权财富基金。这些神秘的投资主体是否单纯追求经济目标,需要打一个很大的问号。然而投资东道国却很少约束他们的行为。无论是主权财富基金还是如私募基金等金融市场中的其他机构投资者,只要存在大量不透明的杠杆交易和暗箱操作,不仅会对投资东道国的竞争秩序甚至国家安全带来影响,也会对母国的公众资产带来隐患。因此,东道国和母国对这些投资者同样有理由提高透明度的要求。但现实表明,对主权财富基金施加远高于其他机构投资者的透明度要求,很可能是带有政治意味的、歧视性的做法。这使得主权财富基金在根据东道国要求提升透明度的同时,有必要坚持有限度的信息披露原则,平衡透明度与自身利益,在实践中针对东道国监管据理力争。

(二)信息披露机制构建的双向互动

首先,如《圣地亚哥原则》所要求的,主权财富基金母国应当采用国内立法的方式将信息披露纳入法制化轨道。

　　实践中,只有少数国家相关法律对于主权财富基金信息披露作了强制性规定,各国针对主权财富基金的专门立法也屈指可数。母国国内法强制性规定的典范当属挪威政府养老基金的相关实践,挪威政府通过法律、规章对挪威政府养老基金全面、系统地规范了强制性信息披露制度。例如,2010 年 3 月挪威财政部根据 123 号法案出台了《有关政府养老基金管理者和经营者责任的工作指南》,明确了挪威政府养老基金报告制度,要求年度报告最少应当包含下列信息:(1) 良好的公司治理和环境、社会责任问题;(2) 挪威银行在行使所有权和经营权方面的情况。年度报告应当阐述挪威银行作为所有权人代表在保证实现 123 号法案设定的目标方面的作为情况;挪威银行在年度总会议上的表决记录以及有关该银行的表决规程也应当向公众公布;(3) 挪威银行根据 123 号法案实施有关投资和经营者责任中对推动良好国际准则方面作出贡献的账目予以公开。该指南对于季报内容也作出了规定,即季报至少应当报告挪威银行作为经营者在上一个季度中的主要财务情况。

　　作为法制最为健全、透明度最高的主权财富基金,挪威政府养老基金有着丰富的制度规定,严格的立法授权与规则制定使其目标、治理结构、资金来源等披露信息更具确定性,并可得到有效、可靠和持续的维护与尊重。关于挪威政府养老基金所有的立法文件、指南、建议和决定也都公布在网站上,对全世界公开。通过母国国内法的强制性规定,形成有效的信息披露机制,确保了基金的透明度和可预见性,使得挪威政府养老基金的投资高效,且获得了全球范围内各投资东道国的普遍信赖,成为保障基金稳健运营的法宝,值得中投公司借鉴。

　　其次,应全面建构国际货币基金组织框架下主权财富基金的信息披露机制。

　　就信息披露机制而言,由于拥有大多数主权财富基金的发展中国家与持有少量主权财富基金的发达国家之间,对于通过多边国际条约平衡彼此利益存在极大矛盾,国际上出台双边或多边国际条约等国际"硬法"很难实现。近年来,随着主权财富基金的兴起,国际社会对其重视程度不断提高,主权财富基金论坛的成立以及《圣地亚哥原则》的出台使得统一信息披露机制立法取得初步进展,并开始得以践行。但无论采用何种国际"软法"规制模式,"软法"的自律性是其本质品性,倘若原来自愿受这些国际"软法"约束的主权财富基金违背了信息披露义务,"软法"规范并无法强制执行。全面建构国际货币基金组织框架下主权财富基金的信息披露机制可以一定程度上提供确定性和稳定性,确保主权财富基金免遭东道国的政治报复。[①] 就当前的情况来看,在国际货币基金组织框架下建构主权财富基金的信息披露机制已经具备一定的条件。

其一,国际货币基金组织就主权财富基金发布的报告及其试探性的立法虽然都不具备强制约束力,但在其框架下加强对主权财富基金的监管,提高透明度已经达成了较为广泛的共识。因此,在国际货币基金组织框架下建构主权财富基金信息披露制度顺应了潮流。

其二,《圣地亚哥原则》已经为主权财富基金的信息披露制度提供了基本框架。国际货币基金组织会员国包括了主权财富基金论坛的成员国,即《圣地亚哥原则》的全部签字国,因此可以《圣地亚哥原则》为基础,在国际货币基金组织框架下推进建构主权财富基金信息披露制度。

三、国家安全审查问题

(一)中投公司应对手段捉襟见肘

事实上,国家安全审查并不特别针对某一国家或某一机构,但是主权财富基金更容易在此问题上遇到困难。因为主权财富基金多由政府控制,投资行为更容易被怀疑带有政治性的目的,可能威胁到投资东道国的国家安全,审查多数情况下是基于对特定国家政治性而非经济性的考虑。当发达国家面对来自发展中国家的主权财富基金时,政治目的的偏见更是甚嚣尘上。2008 年时任美国国家情报主管的约翰·麦康纳(John McConnell)很直白地指出"对俄罗斯、中国和 OPEC 的财政能力以及它们可能利用市场准入施加财务杠杆来达到政治目的的担忧成为主要的国家安全问题"。[②]

例如,中投公司曾和一家发达国家的养老基金共同投资于一美国项目,CFIUS 在相同的交易条件下批准了该养老基金的申请。尽管中投公司在未得到批准之后将投资比例降低至 10% 以下,并放弃了相应的公司治理上的权利,最后依然被认定为是控制性交易。中投公司最终只能撤

---

① 　Paul Rose, "Sovereigns as Shareholders", North Carolina Law Review, 2008 (Fall): 132.

② 　本杰明·科恩. 主权财富基金与国家安全:"大权衡"[J]. 刘坤,译. 国际事务,2009 (4).

回该交易的申请。

从上述不公平待遇可以看出,国家安全审查本身是由对他国资本的疑虑与防范驱动的,带有国别政治的考量,不能够简单通过交易结构的设计和对条款的解读来规避和解决。例如在美国,一旦投资项目进入安全审查程序,往往意味着已经出现了政治上的反应,相关的利益集团会提出激烈的反对意见,甚至国会、媒体、公众都会介入相关争论。这时,本属商业行为的投资很容易被政治化,且遭到否决。[①]

在国家安全审查的问题上,中投公司自身能够采取的行动比较有限。目前看来,基本上有两点可为:一是在美国对投资是否涉及敏感行业的裁定愈加宽泛的环境下,尽量规避可能涉及敏感行业的企业或资产,或是对资产中的敏感部分事先剥离,以求避免监管当局的限制,增加投资成功的把握;二是在交易前事先进行沟通申报,避免出现三一集团未经申报就自行交易从而使公司受到商业和声誉双重损失的情况。[②]

在其他方面,则更多需要依靠我国政府与美国政府积极进行沟通,督促其落实非歧视投资政策的承诺,对外国投资者采取统一明确的审批标准。

(二)民营企业的法律应对与来自发达国家的反思

由于各国国家安全审查制度的不透明,主权财富基金应对国家安全审查时的手段往往难见端倪。但涉及民营企业的几个案例可以用以分析相关的应对措施,其中典型例子是三一集团诉奥巴马案和华为收购3Leaf特定资产失败案。两个案例一成一败,正好为主权财富基金提供较为全面的经验教训。面对国家安全审查的政治风险和不确定性,主权财富基金在对外投资中需要充分利用投资东道国的法律制度,拿起法律武器,维护自身权益。

1. 三一集团诉奥巴马案

2012年中国三一重工在美关联公司罗尔斯公司(Ralls Corp.)从希腊电网公司 Terna US 处,收购了位于美国俄勒冈州海军军事基地附近的 Butter Creek 风电项目,并取得了该项目建设的所有审批和许可。同年7月25日,罗尔斯公司收到了 CFIUS 第一次临时性禁令,以"涉嫌威

---

① 何帆. 中国对外投资的特征与风险[J]. 国际经济评论,2013,(1):48.
② 该案始末详见下文分析。

胁国家安全"为由，要求相关风电项目立即停工。8 月 2 日，三一重工收到 CFIUS 发出的第二条临时性禁令，禁止该项目的任何转让，而且 CFIUS 称对被禁项目无赔偿机制。9 月 12 日，罗尔斯公司在美国哥伦比亚特区法院对 CFIUS 提起诉讼。针锋相对的是 9 月 28 日，美国前总统奥巴马签发总统令，支持 CFIUS 的裁决，以涉嫌威胁美国安全为由，中止该风场的风电项目。10 月 1 日，罗尔斯公司向哥伦比亚特区法院递交更新修正诉讼书，追加美国总统奥巴马为被告，将美国总统与 CFIUS 一起推向了被告席。

2013 年 10 月 9 日，美国哥伦比亚特区法院作出初审判决，驳回了三一重工针对奥巴马总统令违反程序正义的诉讼请求。2014 年 7 月 15 日，美国哥伦比亚特区联邦上诉法院的合议庭再次作出裁定。法院认为，奥巴马下达的总统令未经法律正当程序，剥夺罗尔斯公司受宪法所保护的财产利益，违反程序正义。2015 年 11 月 4 日，罗尔斯公司与美国政府正式达成全面和解。罗尔斯公司据此撤销了对奥巴马和 CFIUS 的诉讼，美国政府也相应撤销了要求强制执行总统令的诉讼。根据和解协议条款，罗尔斯公司可以将风电项目转让给罗尔斯公司选定的第三方买家。和解协议还明确指出，CFIUS 已认定罗尔斯公司在美进行的其他风电项目收购交易不涉及国家安全问题，欢迎罗尔斯公司和三一重工就未来更多的在美交易和投资项目向其提出申报。

联邦上诉法院的判决要求 CFIUS 在程序上提供更多的透明度，为交易当事人提供更有意义的参与机会。依据上述判决，美国政府向罗尔斯公司提供了 CFIUS 或美国总统作出相关决定所依赖的非保密信息，罗尔斯公司也对该信息提出了反对意见。美国政府随后与罗尔斯公司及其律师团队展开协商，并最终达成和解。①

联邦上诉法院的该判决有着重要意义。由于 CFIUS 以往的审查太过于遮遮掩掩，因此联邦上诉法院要求 CFIUS 审查时应增加程序公正和透明度，对当事人和未来在美国使用并购方式进行投资的外国投资者，尤其是主权财富基金来说，这无疑是很有好处的。此外，联邦上诉法院的判

---

① 央视新闻. 三一集团诉奥巴马案达成全面和解[EB/OL]. (2015-11-05)[2017-03-22]. http://www.chinacourt.org/article/detail/2015/11/id/1741166.shtml.

决也有利于鼓励外国在美国的投资活动。[①]

2. 华为收购 3Leaf 特定资产失败案

华为在竞争极其激烈的市场上取得成功,引起美国等国的担心。因为所谓的"安全问题",华为在美国收购 3Com、竞购摩托罗拉无线网络部门、竞购 2Wire 中皆告失利。2010 年 5 月,华为以 200 万美元收购美国服务器技术研发公司 3Leaf 的部分资产,包括购买服务器和专利以及聘请 3Leaf 的 15 名员工。华为副董事长胡厚崑先生针对 CFIUS 的调查,在公司网站上发表了公开信,对 3Leaf 事件以及华为公司的基本情况进行说明。[②] CFIUS 担心华为进入美国电信市场后会对美国国家安全带来隐患,华为就此从"与中国人民解放军有密切联系""知识产权纠纷""中国政府的财务支持""威胁美国国家安全"等方面详细作出了反驳和回应。但最终在 CFIUS 的建议下,华为不得不撤回收购 3Leaf 特定资产交易的申请。

某种意义上讲,国家对电信行业的安全有所担忧是合理的。但其所施加的安全审查应该面向所有人,而不仅仅是华为。政府应该对电信企业要符合什么样的条件作出清晰的说明,这是美国的秘密安全审查没有做到的。正如英国《经济学人》所分析的,禁止华为参与商业合同的竞标是错误的。原因在于:首先,来自中国的总体竞争,特别是来自华为的竞争所带来的经济效益是巨大的。这些竞争促进产业增长,从而改善民众整体生活。例如,华为便宜而高效的设备,使得非洲的移动电信革命成为可能。其次,现在基本上所有人都在使用中国制造的电信设备。中国的设备制造和设计已经成为全球电信供应链的一个有机组成部分。阻止华为(或者它的竞争对手,另一中国电信巨头中兴)而允许阿尔卡特—朗讯(Alcatel-Lucent)或者爱立信(Ericsson)等电信企业的零件安装在网络上,也许会让政客们感觉好些。但这并不保证安全,华为的竞争者们出于自身的利益会把对安全的担忧夸大,但同时掩盖他们自己对中国供应商

---

① 黄晋. 三一重工在美诉讼赢了什么[EB/OL]. (2014-08-05)[2017-03-22]. http://intl. ce. cn/sjjj/qy/201408/05/t20140805_3290039. shtml.

② 胡厚崑. 华为就 3Leaf 事件的公开信[EB/OL]. (2011-02-25)[2017-03-22]. http://news. xinhuanet. com/2011-02/25/c_121123794. htm.

和补贴的依赖。[①]

事实上,华为自成立以来,已经深深嵌入了全球商业和电信网络。华为为多家西方电信运营商提供设备,例如英国电信(British Telecom),同时也大量购买西方生产的设备,用于在世界各国修建电信系统。IBM 是华为最重要的美国合作伙伴之一,自 1997 年以来一直和华为密切合作,购买华为的设备。波士顿咨询集团(Boston Consulting Group)、普华永道(Price Waterhouse)、美世咨询公司(Mercer Group)和合益集团(Hay Group)等其他西方大公司,也在华为成为全球性企业的过程中助了一臂之力。[②]

值得注意的是,上述反思均来自西方专家,其背景在于全球化的必然性和共同发展趋势,而其中所提及的与受投资东道国信任企业进行合作的模式则极有可能成为获取东道国信任,从而解决国家安全审查问题的重要方式。

四、银行控股公司的问题

(一) 世界主要财富基金在银行控股公司问题上的策略

鉴于美国在世界经济中的重要地位,各主权财富基金在美投资均占有较大比重。其在美国金融行业的大额投资,自然引起了美国金融监管机构的关注。但正如美联储首席律师史考特·阿尔瓦雷斯(Scott G. Alvarez)在 2008 年所述,主权财富基金在短短几个月内对美国的金融机构投资规模达到了 240 亿美元。[③]不过它们在单独一家金融机构的持股比例较低,并没有超过 10%,通常不超过 5%,因此并没有触碰《银行控股公司法》《银行控制变更法案》的监管红线。当时,仅有中投公司一家主权财富基金因持有中央汇金的股权而被美联储视作银行控股公司。

表 5.1 所列示的是世界几大主权财富基金近年来在美国的投资占比

---

① The Economist. Who's afraid of Huawei? [EB/OL]. (2012-08-04) [2017-03-22]. http://www.economist.com/node/21559922.

② 约翰·加普. 美国应向华为敞开大门[EB/OL]. (2012-10-12)[2017-03-22]. http://www.ftchinese.com/story/001046927/unreg.

③ ALVAREZ SCOTT G. Testimony on Sovereign Wealth Funds Before the Subcommittee on Domestic and International Monetary Policy, Trade, and Technology, and the Subcommittee on Capital Markets, Insurance, and Government Sponsored Enterprises, Committee on Financial Services, U. S. House of Representatives [EB/OL]. (2008-03-05) [2017-03-22]. https://www.federalreserve.gov/newsevents/testimony/alvarez20080305a.htm.

情况以及持有银行(包括在美分支机构、子公司或代理机构)或银行控股公司的情况。大部分机构持股情况与 2008 年相比,并没有发生重大变化。新加坡政府投资公司于 2009 年通过股份转换(优先股转换为普通股)增持花旗集团股份,持股比例达 11.1%。其同时向美联储提交了申请,请求不视其控制花旗集团,并取得了美联储的批准。[①]

表 5.1　世界典型主权财富基金近年来在美投资占比
及持有银行或银行控股公司情况

主权财富基金名称	在美投资占比 (2014 年)	是否在银行(包括在美分支 机构或子公司)或银行 控股公司拥有控制权
阿布扎比投资局 (ADIA)	在北美投资占比约 为 35%—50%	否
阿布扎比投资委员会 (ADIC)	不确定	持有在美国设有分行和子行的 National Bank of Abu Dhabi PJSC 70%的股份[②]
新加坡政府投资公司 (GIC)	34%	否,但持有花旗集团 11.1%的股份
淡马锡控股公司 (Temasek Holdings)	在北美及欧洲合计 投资占比约为 17%	否,但持有渣打银行 18.8%的股份。 此外,持有星展集团(星展银行的控 股股东)29%的股份
挪威央行投资管理部 (NBIM)	在美国的投资占比 为 32.3%	否
科威特投资局(KIA)		否
俄罗斯国家福利基金 (NWF)		否
澳大利亚未来基金 (AGFF)	在美国的投资占比 为 33%	否

(数据来源:主权财富基金年报及美联储网站)

淡马锡是一个特例。其持有星展集团超过 25%的股份,星展集团(DBS Holdings)是星展银行(DBS Bank Ltd.)的控股股东。直至 2015

---

① Federal Reserve Release,H.2,Board actions,No.14.

② National Bank of Abu Dhabi PJSC Resolution Plan for US Operation.

年 3 月,星展银行还是一家在美国设有代理存款机构的新加坡银行。因此,单纯从《银行控股公司法》的规定来看,星展集团和淡马锡应当符合银行控股公司的标准。但此前,美联储似乎未将其视作银行控股公司。2015 年 3 月,星展银行将其位于加州的唯一一家在美分支机构——存款代理机构(Depository Agency)转变为不具有营运职能的代表处(Representative Office),旧金山联储据此确认星展银行及其控股股东星展集团均不再是外国银行机构(Foreign Banking Organization,FBO),从而不再受到《银行控股公司法》的管辖。然而这一行为目的何在,是否为解决淡马锡在此问题上的监管约束,不得而知。

此外,阿布扎比投资委员会(ADIC)控股在美国设有分行和子行的阿布扎比国家银行(National Bank of Abu Dhabi PJSC),同时在美国开展了部分涉及房地产业和信息技术行业的投资,但未见美联储将其视为银行控股公司,亦未对其使用过非银行业务投资豁免。

史考特·阿尔瓦雷斯先生还指出,美联储一直以来并不将联邦政府、州政府以及其他国家的政府视作“公司”,因此政府并不是《银行控股公司法》监管的对象。但是,与美国联邦政府和州政府控制的公司(例如阿拉斯加永久基金、新泽西州养老基金等)不同,其他国家政府控制的公司,例如主权财富基金,它们均是公司,因此如果其对银行或银行控股公司的持股比例达到《银行控股公司法》及其政策解释中界定的标准,均应当被视作银行控股公司,受到相应的监管。至今,美联储对上述问题的态度并无任何更改。一家外国主权财富基金如果与中投公司同样直接或间接控制了一家在美国设有分支机构、子公司或代理机构的银行的股权,就应当被视作银行控股公司,从而受到监管。从这一点上看,美国本土的投资机构可享受豁免,具有一定的优势。

不过美联储也表示,如果该公司仅仅是持有政府权益而不具有营运职能,且该公司所控制的外国银行仅仅通过分支机构或代理机构而非子公司在美国开展业务,美联储愿意给予外国政府控制的公司从事非银行业务投资方面的豁免。[①] 在这一方面,有两个问题尚无法确定,一是外国不具有营运职能的国有企业,例如我国的一些仅承担控股公司职能的国有控股公司是否能够取得豁免;二是在工商银行收购美国东亚银行 80%

---

① 中投公司在 2008 年即取得上述豁免。

的股权后,中投公司间接控制的工商银行在美国拥有了子公司,这是否意味着美联储在给予豁免的考量标准上有所放松。不管怎样,仅从这个角度分析,主权财富基金相比其他非由政府控制的投资主体,具有相对的优势。当然,前提是该主权财富基金对外国银行不具有实质意义上的控制,这应当是美联储给予此项豁免的核心因素。

(二)中投公司的发展策略

中投公司在取得美联储 2008 年豁免后,解决了其在美投资所面临的重大问题。应该说,美联储批复中的定性和豁免比较有利于中投公司和中央汇金此后的运作。特别是对非银行业务限制的豁免,对于要"在全球范围内对股权、固定收益以及多种形式的另类资产进行投资"的中投公司至关重要,否则根据地域、行业、阶段等进行的分散投资都将难以操作。① 同时,豁免定期报告、备案和维持规定资本充足率等义务,也非常有利于两家公司自如地把握投资时机、效率和保密性,客观上助益"独立经营,自主决策"。

但是由于中央汇金业务发展加快,其控股的各家中资银行在美国业务的不断拓展,美国监管政策不断更新与变化,中投公司面临着新的问题。作为美国法下的银行控股公司,中投公司、中央汇金及旗下国有控股银行需要注意以下几点。

第一,遵守美联储"分类监管"下的要求。从 1999 年起,根据经营规模和复杂程度、大额结算交易量、托管及信托业务量、监管结构的复杂性等,美联储将外国银行组织分为三类:大型复杂、多营业机构以及单一营业机构。② 2008 年 10 月,美联储又依据此分类,对外国银行组织及银行控股公司整体基础上的监管提出了进一步要求。③ 美联储不对外公布某金融机构的归类划分,鉴于其主要考虑在美营业的规模和复杂性,虽然中

---

① 中投公司董事长楼继伟 2008 年 12 月 3 日表示,中投公司投资要地理范围分散化,将更多的目光将放在发展中国家和地区。参见陈思武、陈济朋. 楼继伟:欧美国家政策未明朗 中投不会大规模投资[EB/OL]. (2008-12-03) [2017-03-22]. http://news. xinhuanet. com/fortune/2008-12/03/content_10451850. htm.

② Federal Reserve System. Federal Reserve Supervision and Regulation Letter (SR) 99-15: Risk-Focused Supervision of Large Complex Banking Organizations [EB/OL]. [2017-03-22]. https://www. federalreserve. gov/boarddocs/SRLetters/1999/sr9915. htm.

③ Federal Reserve System. Federal Reserve Supervision and Regulation Letter (SR) 08—9: Consolidated Supervision of Bank Holding Companies and the Combined U. S. Operations of Foreign Banking Organizations [EB/OL]. (2008-10-16) [2017-03-22]. https://www. federalreserve. gov/boarddocs/srletters/2008/SR0809. htm.

国工商银行等在全球资产庞大,目前归入大型复杂类的可能性仍较低,所受监管强度不至过大,但应尽早对可能面临的监管环境有所准备。

第二,各主体之间充分沟通协调。中央汇金所属的几大国有控股银行同时在美国拓展,中投公司未来在美还会有更多的投资,合并计算、关联交易、利益冲突,各类问题的复杂性将日益突出。从信息披露到所受限制,各主体承担的义务既有替代又有重合,这就要求中投公司等从一开始就具有系统性的思维,设立起沟通和预警机制。另外,美国倾向于将中投公司投资和中国外汇储备持有美国债券作为整体对待,因此中投公司与中国人民银行、外管局、财政部等之间的协调也非常重要。

第三,重视"实力源泉"原则(Source of Strength Doctrine)可能带来的影响。美联储一贯倾向于将银行控股公司作为其控股银行的"实力源泉",认为银行控股公司不仅应具备管理和财务上的充分资源以防银行不时之需,更有义务在银行实际遇险时切实投入上述资源,而这种义务甚至可以超出普通股东的有限责任。"实力源泉"原则曾获得美国最高法院判例的部分支持[1],但随后的国会立法和判例又对其适用进行了限制和调和。[2] 尽管并非即刻之忧,中投公司等亦应充分认识到自己在"实力源泉"原则下的潜在责任。

第四,提示美国监管机构中投公司的特殊性,并求助国家层面的谈判。美联储认为,为保证美国银行的安全与稳健运营,监管体系的核心在于有效限制一家银行对其关联方的授信,也即上文提到的《联邦储备法》23A 和 23B 条。这也是美联储在给予中投公司投资非银行业务豁免时设定的第一项条件。这项条件最初由于中投公司以及中央汇金控股的中资银行在美开展业务有限,能够得到满足。但随着各方业务的不断发展,中资商业银行的美国分支机构发现它们几乎不可能完全获取中投公司、中央汇金控股公司的全部信息。这源于中投公司对中央汇金控参股的机构不存在真正意义上的控制关系,而中央汇金对其控参股机构的控制亦不是一种集团型的紧密关系,各机构之间甚至是竞争关系。对于股权关系极其复杂的集团来讲,满足这一条件需要统一的交易平台和完全的信息

---

[1]　Board of Governors v. First Lincolnwood Corp. ,439 U. S. 234(1978).

[2]　See Financial Institutions Reform, Recovery, and Enforcement Act(1989), Federal Deposit Insurance Corporation Improvement Act(1991), and MCorp Financial Inc. v. Board of Governors, 900 F. 2d 852 (5th Cir. 1990).

沟通机制,但这对于中投公司、中央汇金以及中央汇金控参股机构来讲,是不可能达成的。例如,工商银行在美国的分行可能无法识别自己的交易对手是否为建设银行间接控制的一家机构。

此外,如前所述,随着"沃尔克规则"等更加严苛针对银行控股公司、银行关联机构的金融监管规定出台,中投公司的业务不可避免地受到了影响。当然,通过就如何适用上述监管新规与美国监管机构不断沟通,中投公司也取得了一些收获,使得美联储等监管机构越来越清晰地认识到了中投公司的特殊性。例如,在适用《多德—弗兰克法案》第 165 条(d)款有关银行控股公司清算计划草案要求(《QQ 条例》)时,依据实施细则的条文,中投公司本应作为最上层的银行控股公司提交在美业务的清算计划,但经询问美联储和联邦存款保险公司,它们均表示并不期望看到中投公司提交上述计划,而是期望由各家中资银行自行提交自己的清算计划。监管机构自然明白,从理论上来讲,清算计划不可能由中投公司这样间接控制诸多有竞争关系的商业银行的主权财富基金提供,即使能够提供,也毫无意义。

同理,美联储在适用《多德—弗兰克法案》第 165 条和 166 条外国银行组织和非银行金融企业审慎监管标准和早期救助要求(《YY 条例》)时,也仅针对各中资商业银行,而不可能针对中投公司。越来越多的监管法规不被适用于中投公司,似乎也证实中投公司确实并非美国银行业法规真正想要监管的对象。但是,美国监管机构目前较为节制的态度并非没有条件。一方面,美国似乎有将对中投公司的监管要求作为一项经济谈判筹码的潜在意图。另一方面,假如中投公司和中央汇金之间的防火墙不严格,中投公司有可能利用中资商业银行获利,并给美国金融体系稳健运行带来风险,且中资金融机构也有可能利用中投公司获取竞争优势。这样一来,美国出现监管升级将并不意外。

因此,在现有的架构安排下,中投公司需要与美国的监管机构持续进行沟通,帮助他们了解其股权架构的特殊性以及法规适用的困难性。与此同时,针对一些现有法律框架内无法有效解决的问题,尝试在国家层面上寻求解决方案。

第六章　世界主要主权财富基金的治理借鉴

　　主权财富基金除了对投资东道国监管加以应对外，自身治理制度的改革也是其发展的重要基石，而两者往往相辅相成，彼此作用。本书选取了全球范围内最具特色和借鉴意义的若干家主权财富基金重点加以研究，其中挪威政府养老基金久负盛名，其在基金治理的各个方面已经成为全球典范；新加坡淡马锡公司和政府投资有限公司则代表了以贸易盈余为资金来源的主权财富基金，淡马锡公司是战略投资机构的典型，政府投资有限公司则是纯粹基金管理人的代表；阿联酋阿布扎比投资局号称最像挪威政府养老基金的主权财富基金，其在中东地区规模最大，公司治理也最为先进；科威特投资局作为最早成立的主权财富基金，在中东政治环境中保持了自己的运行特色。

第一节　挪威政府养老基金

　　挪威在大多数人印象中是一个偏居北欧安静恬淡风光秀丽的世外桃源，但在全球主权财富基金的舞台上，该国却一直是当之无愧的焦点。挪威政府养老基金不仅历史悠久，而且在投资表现、风险控制、透明度等多个方面都是主权财富基金的风向引领者。

一、概况

　　挪威政府养老基金兼具储蓄基金（Savings Fund）和养老储备基金（Pension Reserve Fund）目标。该基金由全球基金和挪威基金两部分构成：广为人知的是政府养老基金（全球）（Government Pension Fund Global，GPFG），其前身为政府石油基金（Government Petroleum Fund）；另一部分是政府养老基金（挪威）（Government Pension Fund Norway，GPFN），其前身是国家保险计划基金(National Insurance Scheme Fund)。由于后者投资标的主要在挪威境内,所以在典型主权财富基金的意义上,只有前者具有研究意义,因此本书主要对挪威政府养老基金(全球)进行介绍,下文中如无特殊说明,挪威政府养老基金特指"挪威政府养老基金(全球)"。

　　和许多主权财富基金一样,挪威政府养老基金的缘起与当地丰富的石油资源分不开。石油开采带来的国民财富被以主权财富基金的形式固定下来,由管理机构加以经营并世代传承。本书着重分析挪威政府养老基金在制度构建和目标理念上的过人之处,以期从法律角度对其运作作出解读和借鉴。

二、健全的制度保障:严格的立法授权与规则制定

　　自成立以来,挪威政府养老基金屹立不倒并保持稳健增长,与其优秀的基金管理能力分不开,而保障其优异表现的是完善的制度构建。作为法制最为健全、透明度最高的主权财富基金,挪威政府养老基金拥有丰富的制度规定,一系列制度成为确保基金稳健运营的法宝,也对世界其他主权财富基金的治理产生深远影响。

　　挪威议会于 2005 年颁布了《政府养老基金法》(Government Pension Fund Act),规定了挪威全球政府养老基金的目标、管理架构、资金来源、基金独立性等基础性问题,也确立了基金的法律豁免原则。财政部全权负责基金的管理,在实践中财政部将基金的经营管理授权给挪威银行,颁行了《关于政府养老基金(全球)的管理授权》(Management Mandate for the Government Pension Fund Global)加以指引。挪威银行具体管理过程中,执行委员会又委托挪威银行投资管理部具体负责日常投资管理活动,但投资管理部的行动受执行委员会制定的《挪威银行负责任投资管理活动准则》(Principles For Responsible Investment Management in Norges Bank)、《投资管理部 CEO 的投资授权》(Investment Mandate For CEO of Norges Bank Investment Management)和《挪威银行投资管理部 CEO 工作职责》(Norges Bank Investment Management CEO Job Description)的约束。

　　同时,为确保基金投资方向符合伦理价值,财政部专门设立伦理委员会(Council on Ethics)对投资组合进行监督。伦理委员会作为财政部的下属机构,在组织上与基金的管理机构相互独立,伦理委员会以《政府养老基金(全球)伦理指南》(Ethical Guidelines for the Government Pension

Fund-Global,《伦理指南》)和《关于政府养老基金(全球)观察和排除目标公司名单的指南》(Guidelines for Observation and Exclusion from the Government Pension Fund Global)为标准,向财政部提供建议,最终由财政部作出排除对部分企业进行投资或将其列入观察名单的决定。2015年这一机制有所变化,伦理委员会直接将其建议发送给挪威银行,而不再发给财政部。挪威银行执行委员会决定目标公司观察和排除名单。其治理结构如图 6.1 所示。

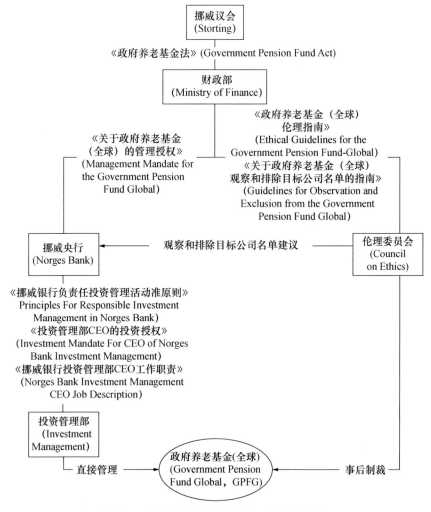

图 6.1　挪威政府养老基金(全球)治理框架

不难看出，挪威政府养老基金的管理建立在清晰的法律授权和有效的控制和监督系统之上。所有的立法文件、指南、建议和决定也都公布在其网站上，对全世界公开。这些举措确保了基金的透明度和可预见性，使得挪威政府养老基金的投资高效，并获得了全球范围内各投资东道国的普遍信赖。

三、明晰的目标设定：长期投资者

挪威政府养老基金的资金来源于石油收入，基金的财富属于全体挪威公民，因此基金的投资管理最终应有益于挪威的每一代公民。[①] 基于这一基本出发点，挪威政府养老基金明确将自身定位为具有长期投资视野的大型全球投资者，强调其致力于开发主权财富基金独有的特征，通过长期管理来提升投资业绩，寻求长期投资回报，从而为后代实现资产的保值增值，为市场实践作出贡献，促进资本市场的长期发展。

长期投资者的目标设定决定了挪威政府养老基金拥有更长远的投资视野和更强的抗风险能力；而为了辅助这一目标的实现，挪威政府养老基金一方面不断强化"负责任的投资"，另一方面则不断提高其透明度。"负责任的投资"是挪威政府养老基金的投资管理理念创新，也是基金一以贯之的目标，其所依托的三大管理模式成为长期财务投资得以维系的三大支柱，下文将详细阐述。而透明度的强调则贯穿了基金信息披露制度的始终，透明的机制和可预测的投资方向在很大程度上赢得了国内民众的信任，打消了东道国的担忧，为基金的长期稳定发展营造了良好的环境。

挪威政府养老基金将其管理及投资结果的披露置于极为重要的地位。基金的全部投资项目都罗列在投资管理机构挪威银行的网站上，任何人都可以查询到基金的相关资料和年报。基金的投资组合以季报和年报的方式公布，挪威银行每季度向财政部递交关于基金收益和费用的报告，每年发布的基金运营报告都极为详细。报告提供了基金的总收益率、基准指数收益率、超额回报的来源、基金管理费用等一系列数据。不限于提供简略的投资数据，报告真实全面地总结报告期间内基金的各方面情况，从各行业、各地区的投资比例、加仓的时间和原因、专家对基金投资理

---

① Norges Bank Investment Management. Government Pension Fund Global Annual Report 2015 [R]. Oslo：Norges Bank Investment Management，2016：2.

念的阐述和选择,到管理费用的支出、聘用外部经理的程序,再到基金作为股东在被投资公司行使"积极所有权"(active ownership)的情况,甚至是基于股权投资而参与的所有股东会的投票情况都对外详细公布。近年来,在公众关注或值得引起公众注意的领域,基金增设拓展报告以对传统年报进行补充。例如,基金会对负责任投资、伦理委员会等单独做年度报告,并对气候变化战略等单独作出补充说明。

翔实的投资情况披露与负责任的投资犹如外界了解基金运作的两扇窗户,使每项交易有章可循。一方面,投资情况的披露可以让外界了解基金投资的范围、领域和比例。此外,事前披露的基准指数①的设定更是为基金的投资作出指引。另一方面,"负责任投资"的执行为基金在投资之后出售或继续持有某项资产提供理由,也为基金提供了基于非商业理由减持资产的准则。这样的制度安排,无论是对作为基金最终所有人的公众,还是对基金管理人,或是对投资东道国都能产生良性的影响。首先,对于基金最终所有人而言,事先设定的标准和事后翔实的信息披露,使监督基金的运营变得容易。当基金投资超出基准涵盖的证券标的时,管理人显然必须拿出充分的理由为投资辩护,间接减少了投资不透明资产或高风险资产的可能。其次,对于基金管理人而言,这两项规范使投资标的有一个大致的范围,直接排除了某些类别的投资标的,降低了管理人借不透明投资标的寻租的可能,反过来也提供了在投资出现亏损时有力的辩护理由。最后,对于投资东道国而言,两项标尺非常透明并且事先公布,能够有力地击碎所有基于政治目的的揣测和担忧。不论进入还是退出一国市场,投资的标的是否涉及敏感行业,事先制定的标准和范围可以证明

---

①   为了明确评估基金表现,挪威财政部专门设立了"基准指数"(Benchmark Index)。"基准指数"是由权威的指数发布机构发布的一系列投资组合指标。基准指数一方面提供投资标的池,对挪威全球养老金基金的投资进行指引(基金投资的大部分股票、债券都与基准指数涵盖的证券品种、比重相一致);另一方面,如上证综指常被用来比较股票型基金的表现一样,基准指数也成为衡量基金表现的坐标系,用来评价基金的同期表现。作为给基金设定的管理指令,挪威财政部给基金设定的基准指数由两种指数组成,股票指数和债券指数。由于没有优秀的房地产市场指数,所以基准指数并不考虑房地产投资的情况。为了保持透明,基准指数广泛参考了世界领先的指数,目前基金的股票基准为富时全球股票指数,而债券投资基准由巴克莱资本提供的指数构成。

除了基准指数,挪威政府养老金基金也提出了经营基准组合(Operational Benchmark Portfolio)的概念。经营基准组合是为了适应财政部给出的基准指数而设立的以实现长期投资收益为目的的投资组合。该组合与基准指数相比更加灵活,能够随着市场的变化而调整。组合的投资标的由基金投资委员会决定。

该项投资并非针对特定国家的特定资产,也没有政治企图。

四、创新的投资责任:负责任的投资

不论是主权财富基金还是私募基金、共同基金或是信托,受托管理人基于风险控制的考量往往会对基金设定一系列投资原则或是限制。挪威政府养老基金也不例外,基金设立了一系列风险控制类的投资原则,如规定投资分散性、不同品种投资比例等。但除了上述原则,挪威政府养老基金还基于社会价值原因提出了以"负责任的投资"(Responsible Investment)为核心的一系列投资准则,并专门设立了伦理委员会监督基金的投资是否符合社会价值。

"负责任的投资"目的是为了减少与环境、社会、所投企业的公司治理等相关的金融风险,从而在可接受风险限度内最大化长期回报的收益,支持基金为后代保护并积累财富的投资目标。基金认为对投资组合的管理应当以长期最高回报为目标,而长期良好回报的前提应当是投资环境的经济发展可持续、自然和社会环境良好以及法治市场高效、运行良好。"负责任的投资"是挪威银行投资管理权限中一个重要而不可分割的一部分。

具体而言,"负责任的投资"有三大支柱,分别是:帮助提升公司治理的标准,负责任地行使所有权,以及在基金投资活动中掌控和管理相关风险。

在标准设定方面,相关标准涉及包括公司治理、可持续的商业实践和资本市场的运行。基金一方面积极参与国际标准的制定,另一方面在公认的国际标准上制定自身的原则和期望。同时开展研究,增加影响未来收益因素的可理解性,促进相关标准的形成。挪威财政部规定挪威银行作为基金的管理者应当设立内部指南,以使基金的运营符合国际公认的负责任的投资准则。后者参考《联合国全球契约》(United Nations Global Compact)、《联合国商业和人权指导原则》(United Nations Guiding Principles on Business and Human Rights)、《二十国集团/经合组织公司治理准则》(G20/OECD Principles of Corporate Governance)和《OECD跨国企业指南》(OECD Guidelines for Multinational Enterprises)的要求制定出内部准则,即《伦理指南》。《伦理指南》对投资活动中的环境问题、社会问题以及公司治理问题作出了回应。比如在投资房地产时,基金应当特别重视建筑

能源消耗、水资源消耗以及垃圾处理之类的环境问题。

在所有权方面,基金将自身定位为积极的所有者,积极行使投票权来保护基金的投资成果,包括投票促进可持续发展和良好的公司治理等。作为一个大型的长期投资者,基金还直接参与到公司的董事会和管理活动中,并与所投公司保持良好的互动。

在风险管理方面,基金全面掌控和分析关乎环境、社会和公司治理的风险,以风险评估引导投资组合的调整。基金有选择地跟踪投资组合中公司的有关实践,并强调高质量数据的更新。对于风险的控制体现在两个方面,一方面是积极行使股东权利,推动企业符合上述要求,另一方面是对严重违背《伦理指南》宗旨的被投资企业进行制裁——将其排除出基金投资领域或置于观察名单中。《伦理指南》体现了人权、环保等基本价值取向,基金非常注重投资收益与服务当地社会的结合,特别关注儿童权益、水资源管理和气候变化。在上述几个方面,基金会公开对所投企业的预期,分析并参与到企业治理中,并期望企业将潜在风险的应对措施融入战略规划、风险管理和报告之中。例如,为了应对气候变化,基金已全面调整自身投资战略,加大环境负责任企业的投资,斥巨资于以发展中国家为目标的"环保股"和232家支持环境可持续性和清洁能源的印度公司。与此同时,根据《伦理指南》规定,基金的资产不能投资于具有如下行为的生产企业,包括:(1)生产反人道的武器;(2)生产烟草;(3)引发严重或系统性的人权侵犯事件,例如谋杀、酷刑、剥夺自由、强制劳动、非法使用童工或其他儿童劳力;(4)在战争或冲突中严重侵犯个人权利;(5)严重破坏环境;(6)严重腐败;(7)其他严重侵犯基本道德伦理的行为。而如果被投资企业或其控制的实体参与上述不可接受的风险活动或者直接对上述严重不道德活动负责,则被视为违反《伦理指南》,相关企业会被排除在基金的投资范围之外。

为了监督基金投资是否符合《伦理指南》,挪威在2004年专门设立了伦理委员会(Council on Ethics)。伦理委员会作为财政部下属的机构,在组织上与基金的管理机构相互独立。除了独立、透明以外,伦理委员会还遵循公平公正的评价程序,当某一公司受到排除措施审查时,该公司有权在调查初期向委员会提供信息和意见。同时伦理委员会也应向该公司明确其被排除的具体原因。当委员会决定提出排除建议时,排除建议的草案应当提供给被排除公司以便其提出意见。在提供排除建议时伦理委员会必须提供事实依据、排除原因等信息,并且原则上这些相关信息的来源应当随排除建议一并披露。从上述工作程序不难看出,伦理委员会在作出制裁措施时,其程序公正性已经远远超出了普通投资人商业交易的程度,不仅给被制裁企业充分的参与申辩的机会,也要求充分的"定罪"证据和"量刑"情节、程序的公开性和救济性。整个过程体现出准司法程序的特征,高度严谨的程序设计与非商业性的行为动机在商业领域实属罕见。

第二节　新加坡淡马锡控股(私人)有限公司

一、概况

新加坡作为东南亚的一个城市国家,人口大约 500 万,但却拥有世界领先的两家主权财富基金,淡马锡控股(私人)有限公司[Temasek Holdings (Private) Limited,淡马锡]和新加坡政府投资有限公司(Government of Singapore Investment Corp. ,GIC)。

其中,淡马锡成立于 1974 年,在亚洲和拉丁美洲拥有 10 家子公司和办事处。目前淡马锡拥有总值 2660 亿新元的投资组合,主要集中在新加坡和亚洲地区。淡马锡的投资着眼于四大主题:转型中的经济体、增长中的中产阶级、强化中的比较优势和新兴的龙头企业。它的投资组合涵盖面广泛,行业包括金融服务、电信、媒体与科技、交通与工业、生命科学、消费与房地产,以及能源与资源。截至 2016 年 3 月 31 日,按新元计算的 1 年期股东总回报率为 −9.02%,3 年期为 3.25%,10 年期为 6%。淡马锡的 20 年期股东总回报率为 6%,而新加坡 20 年期的年化核心通货膨胀率低于 2%;40 年期股东总回报率则高达 15%。[①]

二、宪法法律先行:独特的制度设计与去政府化举措

(一)宪法和法律上的设计

淡马锡是遵循《新加坡公司法》规定而成立的商业性投资公司。根据《新加坡公司法》,淡马锡是一家享有豁免权的私人公司[②],由董事会负责

---

① 淡马锡. 淡马锡年度报告 2016 [R]. 新加坡:淡马锡控股(私人)有限公司,2016:27.
② 根据《新加坡公司法》(第 50 章),享有豁免权的私人公司不得拥有超过 20 名股东且其股权不得由任何公司持有,并且无需向公共注册部门申报其经审计的财务报表。

领导。而《新加坡宪法》则将淡马锡列为第五附表机构①之一,用宪法权利保护公司过去所累积的储备金。值得注意的是,尽管根据本书的定义以及所有研究机构的界定,淡马锡位于主权财富基金之列,其亦积极参与主权财富基金国际标准的制定,但是实际上它一直否认主权财富基金的身份,或者至少是一个不同于其他主权财富基金的特殊存在。其董事长林文兴曾强调,淡马锡作为一个商业投资公司,对其投资的财产拥有所有权,而不像其他公司一样仅仅是政府的基金管理公司;淡马锡所有的投资都是股权投资,而且其投资有很大一部分集中在国内。②

《淡马锡宪章》(Temasek Charter)清晰地定义了自身的定位与使命。③《淡马锡宪章》是该公司的指导思想,明确了公司的三个角色。首先最重要的,淡马锡是积极活跃的投资者与股东,致力于长期提供可持续的价值。其次,淡马锡是着眼未来的机构,以良好治理和可持续性原则为指引。最后,淡马锡还是备受信赖的资产管护者,力求为世代民众谋福利,促进健全的治理。

此外,公司高层设有高级管理委员会,负责审查与制定整体管理和组织政策,包括内控、衍生品框架的执行以及审计委员会批准的估值政策。高级管理委员会制定了《淡马锡道德与行为守则》(T-Code),并设立道德委员会协助该行为守则的执行。《淡马锡道德与行为守则》及其相关政策为董事会和员工的日常工作及行为提供指引。该守则以讲求诚信为关键原则,涵盖了反贿赂、举报政策、机密资料管理以及严禁内幕交易等政策。

无论是法律法规,还是公司内部规定,淡马锡始终以规则为先导从事经营管理。其恪守新加坡以及投资或运营所在地法律与法规所约束的所有义务,包括国际条约中的责任。公司的法律与监管部一方面确保政策、流程及系统均符合相关法律要求,并与董事会的指示一致。例如,淡马锡衍生品交易政策只允许由董事会决议授权的人士,在严格规定的范围与

---

① 《新加坡宪法》第五附表所列的法定机构及政府公司包括:新加坡政府投资公司(负责管理新加坡政府的储备金)、中央公积金局、新加坡金融管理局、建屋发展局和裕廊镇管理局。

② AVELLANA N J. Temasek is different from other sovereign wealth funds and pays tax [EB/OL]. (2013-12-05) [2017-03-22]. http://www.vcpost.com/articles/19295/20131205/chairman-lim-boon-heng-temasek-unique-sovereign-wealth-fund.htm.

③ Charter 指经君主或立法机关特许成立(未作为公司登记注册)的公司的章程。《淡马锡宪章》参见淡马锡. 淡马锡宪章[EB/OL]. [2017-03-22]. http://www.temasekreview.com.sg/zh/overview/the-temasek-charter.html.

权限内,代表指定实体进行交易。另一方面,法律与监管部通过稳健的证券追踪系统监督合规工作。淡马锡不断评估和更新相关监管要求和追踪体系,以确保紧随法律与监管条例的修订。

（二）淡马锡与政府关系的界分

由于新加坡的国家特殊性以及淡马锡和 GIC 在国内的重要地位,《新加坡宪法》中用了相当的篇幅,来界定政府和总统在这两家公司(以及其他《新加坡宪法》第五附表列举的法定公司和政府公司)中的权力。当然,宪法条款的首要目的是将总统和内阁之间的分权架构延伸到国家的支柱性经济部门当中,但不可否认的是宪法规范对于淡马锡、GIC 与其股东新加坡政府之间关系的阐述,有助于体现这两家主权财富基金在投资决策上的独立性,从而有助于降低其所面临的政治压力。

为了防止淡马锡以及 GIC 等公司当中积累的国家储备被政府滥用,《新加坡宪法》在 22C、22D 以及 22F 当中规定了总统在政府公司(淡马锡和 GIC 在《新加坡宪法》中均被列为政府公司)当中的权力。首先,依据22D 的规定,新加坡总统有权拒绝通过淡马锡和 GIC 的年度预算,只要其认为淡马锡和 GIC 的预算可能会动用本届政府任期之前积累的储备;如果政府出于特别原因需要动用储备,须经总统特别同意,同时必须由总统在政府公告上说明理由;其次,依据《宪法》22C 的规定,任何对于淡马锡和 GIC 董事会成员以及 CEO 的任命都需要经过总统的批准,且每次任期不得超过三年;最后,依据 22F 的规定,为了使总统有效行使权力,总统应该定期接受淡马锡和 GIC 的财务报告,并有权要求它们提供额外的信息。任何有可能涉及提取过去储备的交易都应当由财政部长、总会计师、总审计师向总统报告。

《新加坡宪法》独特的分权结构限制了新加坡政府在两家主权财富基金中的权力:首先,在重大的公司决策比如年度预算、董事和 CEO 的任命上,新加坡政府并没有最终的决定权而只有建议权,因为总统对于这些事项有着否决权(如果总统的否决与总统顾问委员会的意见不一,那么议会可以以 2/3 多数推翻总统的决定),而依据《新加坡宪法》第 19 条的规定,总统必须与政党和内阁保持独立,也就是说总统的存在以及其守护国家储备的职责是对政府作为股东在淡马锡和 GIC 影响力的限制。其次,在非重大公司决策方面,因为受到传统和国际准则的影响,淡马锡和 GIC 的公司治理结构都非常完善,两权分离比较明显,在拥有独立性相对很强的董事会的情况下,特别是对于淡马锡而言,新加坡政府作为股东的权力是有限的。可以说,新加坡独特的宪政体制和董事会中心的公司治理,在一定程度上削弱了政府作为股东对于主权财富基金商业决策的潜在影响。虽然《圣地亚哥原则》等国际准则并没有强制力,但是主权财富基金母国的国内法却对其行为具有当然的约束力。在无法完全消除国家对于主权财富基金的影响的情况下,将政府和主权财富基金的关系、政府如何在主权财富基金当中正当地行使权力写入专门的国内法当中,将有助于消除投资东道国对于主权财富基金的戒备和疑虑,同时在基金与政府关系方面这也是一种最有力的"信息披露"。

三、综合创新的投资理念:跨世代投资

在全球投资活动中,淡马锡标榜自己是跨世代投资者。这与前述《淡马锡宪章》的三大角色定位紧密联系:第一是积极活跃的投资者和股东,第二是着眼于未来的决策者,第三则是备受信赖的资产管护者。

跨世代投资要求淡马锡的投资注重可持续性,这不仅体现在淡马锡为股东实现长期可持续回报的使命中,也是淡马锡以主人翁意识塑造企业价值观和精神、建立体系与规程的根本。另一方面,可持续性是当今这个时代所面临的决定性挑战。保护地球是人类共同的责任。人口与社会趋势、全球化与科技进步、气候变化以及不断改变的监管规定,这些都影响着淡马锡的决策,但也创造了新的机遇。因此,淡马锡的决策着眼未来,不仅基于商业考量,也会考虑环境、社会与治理因素,从而鼓励所有的利益相关群体在各自业务和运营中践行负责任的可持续发展理念,包括减少浪费、主动防治污染等。可持续性的重视最终都是为了实现长期的回报,从而为世世代代创造福祉。

投资策略方面,淡马锡的投资着眼于四大主题:转型中的经济体、增长中的中产阶级、强化中的比较优势和新兴的龙头企业。作为积极的投资者,淡马锡通过增持、维持或减持投资来打造投资组合。这些投资以商业原则为驱动,致力于创造和最大化经风险调整后的长期回报。采用经风险调整后的资本回报率作为衡量整体投资回报的标准,体现了一般商业投资者的特点,唯一的区别在于淡马锡不强调短期的回报率。淡马锡定期审核投资组合,保持充分灵活性,在机会允许时对其进行调整和重塑。淡马锡在追求长期回报时,时刻贯彻跨时代投资的理念,无论是初创

企业还是成熟企业,淡马锡在其成长的各个阶段都扮演着推动者的角色,发掘有可能改变游戏规则的颠覆性商业模式。例如,淡马锡将新加坡万礼重新打造成新加坡野生动物与自然遗产综合景区,就是一个体现淡马锡致力于培育有望实现可持续回报的新兴企业的范例。

此外,淡马锡的直接投资活动得到私募股权基金投资团队的配合,拓展并延伸了自身的关系网络。2015 年 7 月,淡马锡与大华银行(UOB)合资建立了 InnoVen Capital,成为首个印度、中国以及东南亚高增长初创企业的债务融资平台。在被淡马锡收购前,InnoVen 的前身是印度规模最大的创投债务融资公司 SVB India。自淡马锡和大华银行在 2015 年合作以来,InnoVen 在印度的贷款量是原来的两倍多。2016 年 3 月,InnoVen 在东南亚签署了首批融资协议,为总部设在马来西亚的保健和健身电子商务公司 KFit Holdings,以及总部设在泰国的时装电子商务公司 Pomelo Fashion 提供总额达 500 万美元的贷款。①

作为积极的股东,淡马锡在投资组合公司中倡导健全的公司治理,支持建立由具备丰富商业经验的高水准、多元化人才所组成的董事会。②同时,淡马锡与投资组合公司的董事会和管理层分享观点、倡导稳健的公司治理;并帮助现有企业转型,与管理层共同制定经营策略,为发掘企业增长潜能投入资本,提供人力支持以填补能力缺口。但淡马锡保证不参与投资组合公司的商业决策和运营,而由所投企业自主执行自身战略和日常管理,淡马锡仅是通过影响董事会的方式参与公司治理。淡马锡还根据不同时期、不同市场的发展情况,不断调整对所属关联企业的管理模式。近年来,淡马锡根据市场发展要求而作出调整的典型例子便是通过公司化、挂牌上市以及出售三种形式将关联企业私营化。③ 这也和现代的机构投资者积极参与公司治理的趋势和方向不谋而合。

作为着眼未来的机构,需以良好治理和可持续性原则为指引,淡马锡因此将自身定位为有责任感、严格自律的投资者。有责任感的投资者方面,淡马锡注重投资的长期可持续价值。在以投资者、资产所有者和股东的身份作出决策时,淡马锡会考虑社会、环保和治理因素,着力了解所投

---

① 淡马锡. 淡马锡年度报告 2016 [R]. 新加坡:淡马锡控股(私人)有限公司,2016:32.
② Ibid., 67.
③ 杨丽. 中国对外金融发展战略的调整与优化[M]. 北京:经济发展出版社,2010:163.

资公司对各方面所带来的影响。同时,淡马锡鼓励旗下公司以负责任和可持续的方式经营其业务和供应链。最终,促进稳定、运作良好且治理完善的社会、环境和经济体系形成,从而服务于长期可持续目标的实现。严谨自律的投资者方面,淡马锡通过公共和私营部门的主要利益相关群体之间全面信息、最佳实践和观点的分享,寻求可持续解决方案,并定期与利益相关群体讨论可持续议题,确保了解行业最新动态。例如,淡马锡通过生态繁荣会议(Ecosperity)平台,倡导在经济增长和发展的同时,尊重并长期致力于打造清洁且可持续的环境。与此同时,淡马锡致力维护《圣地亚哥原则》,以进一步推行良好的治理实践。①

作为资产管护者,淡马锡的投资要求具有更高的稳健性,这是与一般机构投资者之间的最大差异,当然这种稳健性相比于 GIC 来说显得不那么突出。但整体而言,淡马锡积极投资者的身份决定其喜欢投向大公司、股权分散、较少董事会席位被控制的公司,喜欢投向给董事会以股权激励的公司(积极的股东形象),喜欢投向系统性风险小的公司(稳健性)。②

同时,淡马锡主要是一家进行股权直投的投资者,第三方管理的基金占整个投资组合不到 10%。很少使用外部资产管理人,主要是出于新加坡培养其独立的投资能力的考虑,国家储备管理能力的缺失对于新加坡这类小型开放经济体无疑是致命的。

跨世代资产管护者的另一面是淡马锡始终心系世代民众。淡马锡通过各类捐助基金培养人才,重点关注教育医疗、社群建设、科学和医学研究、机构发展以及可持续性议题。自 1974 年成立以来,淡马锡在新加坡和亚洲设立了 16 个社会捐助基金,旨在培育人才、建设社群、增强能力和重建生活。其捐助已经惠及了 24 万人。③ 例如,淡马锡关怀基金会帮助改善新加坡弱势群体的生活。而淡马锡教育基金会则支持体育、数学与科学、艺术与音乐领域的年轻人才培养计划。

可以说,跨世代投资的理念决定淡马锡是一个典型的战略投资者,其

---

① 淡马锡. 淡马锡年度报告 2016 [R]. 新加坡:淡马锡控股(私人)有限公司,2016:47.

② HEANEY RICHARD, LI LARRY, VALENCIA VICAR. Sovereign Wealth Fund Investment Decisions:Temasek Holdings [J]. Australian Journal of Management, 2011, 36(1):109—120.

③ 淡马锡年度报告 2015 媒体发布会记录文稿[EB/OL]. (2015-07-07)[2017-03-22]. http://www.temasek.com.sg/mediacentre/speeches? detailid=23491.

投资寻求策略性的行业、追求控制权并且积极地参与公司治理,高调的投资策略也使淡马锡承受了更多的政治风险。因此,作为积极的跨世代投资者,淡马锡也已经开始转变,刻意采取更低调的投资策略,表示其在海外的投资将避开标志性的企业,并且只作为少数股东投资。[①] 相应地,淡马锡在 2009 年处理了其所持有的全部美国银行股份(在美国银行对美林证券的并购中,由其原持有的 14％美林证券股票转换而来)[②]以及巴克莱集团的股份[③],即使在两笔交易当中淡马锡都承受了一定亏损。当然即便如此,淡马锡所面临的压力和风险仍要远大于 GIC,因此淡马锡也采用了更多积极的举动来逐渐降低此种风险,包括提高透明度、强调独立的公司治理和商业决策等。

四、政治与法律风险规避:董事会独立与外部投资者引入

(一) 独立的董事会

淡马锡拥有一个独立性较强的董事会。其独立性体现在两个方面:一是相对于新加坡政府的独立性。淡马锡在其年度报告中宣称"淡马锡是一家投资公司,按商业原则持有和管理我们的资产","淡马锡的投资、销售及其他商业决策同样由自身董事会和管理层执行,新加坡总统或我们的股东新加坡财政部长均不参与淡马锡的商业决策";二是相对于管理层的独立性。淡马锡的董事会原有 12 位成员,由于提倡董事会独立于管理层以实现有效的监督,因此这是一个以非执行独立董事为主的董事会,其中仅有一名执行董事,其余均为非执行董事。而且近年来,其董事会注意引入外籍独立董事,现任的两位包括前世界银行行长、美国国务卿佐利克(Robert B. Zoellick),以及前国际商会主席、瑞银集团总裁马库斯·瓦伦堡(Marcus Wallenberg)。2015 年 1 月 1 日荷兰皇家壳牌集团前执行总裁博赛(Peter Robert Voser)也加入董事会并使得其规模扩充为 13 人。

---

① WU FRIEDRICH. Singapore's Sovereign Wealth Funds: The Political Risk of Overseas Investments [R]. Singapore: The S. Rajaratnam School of International Studies, 2008: 17.

② 腾讯财经. 淡马锡已将所持美国银行股份全部出售 [EB/OL]. (2009-05-15)[2017-03-22]. http://finance.qq.com/a/20090515/003467.htm.

③ 邓美玲. 淡马锡清空巴克莱股份 亏损至少 5 亿英镑 [EB/OL]. (2009-06-05)[2017-03-22]. http://www.eeo.com.cn/finance/banking/2009/06/05/139231.shtml.

董事会的职权包括:(1) 整体长远战略目标;(2) 年度预算;(3) 年度经审计法定财务报表;(4) 重大投资与脱售建议;(5) 重大融资建议;(6) 首席执行长的委任及继任计划;(7) 董事会变动。董事会下设执行委员会、审计委员会、领袖培育与薪酬委员会,每个委员会的主席均由一名独立于管理层的非执行董事担任。其中审计委员会委员全部由外部独立董事担任。董事会和委员会会议上的决议采用简单多数票的方式,成员可通过电话或视频会议的方式参加表决。若赞成与反对票数相等,主席有二次投票权或决定票的投票权。通过传阅文件而获得通过的董事会决议,则须至少三分之二的董事批准方可生效。若董事会成员的利益与淡马锡的特定利益有所冲突,他们会回避相关信息、审议与决策制定。董事会的季度会议还包括只限非执行董事参与而管理层不参与的"执行会议"。每年首席执行长继任审核工作也在"执行会议"的议程之中。同时,淡马锡还组建了具有丰富专业知识和实践的国际委员会为公司的投资决策提供参考。

独立的董事会保证淡马锡秉承"以市场原则运营"的经营理念,实现投资主体与决策主体的分离。政府 100% 控股淡马锡,但一般不会干涉企业的正常经营,而是通过及时完整的财务报告行使其股东权利,从而避免了国有企业的官本位制、效率低下等弊端。

(二) 引入外部投资者

淡马锡和 GIC 仍然保持着 100% 的新加坡政府持股,而且由于其在新加坡经济当中的特殊地位,在可预见的将来这种全资控制依然会继续。但这并不意味着不能引入外部投资者,实际上淡马锡已经在 2005 年通过发行债券的方式完成了这一步骤。截至 2016 年 3 月 31 日,在总值 150 亿美元的全球担保中期票据项目下,淡马锡债券发行的总值达 116 亿新元(86 亿美元),其加权平均到期年限为 13 年;全部淡马锡债券均分别获得标准普尔(S&P)和穆迪(Moody's)的 AAA/Aaa 评级。这些债券由淡马锡金融有限公司发行,而淡马锡提供全额的、无条件的担保;中期票据在新加坡证券交易所上市发行,并且以存托凭证(American Depositary Receipts,ADR)的方式在美国市场进行交易。

2011 年,淡马锡还通过淡马锡金融有限公司发行了欧元商业票据,设立了一个 50 亿美元的欧元商业票据项目,淡马锡控股有限公司也为这个项目提供全面的无条件担保。在总值 50 亿美元的欧元商业票据项目下,淡马锡发行了总值为 13 亿新元(10 亿美元)的欧元商业票据,其加权平均到期时间超过 1 个月。淡马锡欧元商业票据项目分别获得标准普尔(S&P)和穆迪(Moody's)的 A−1＋/P−1 最高短期评级。[①] 淡马锡债券与欧元商业票据的利差犹如"在矿井内唱歌的金丝雀",是淡马锡信用质量的一种预警措施。与此同时,淡马锡债券和短期欧元商业票据提供了长期与短期融资间的平衡。

淡马锡引入外部投资者除了为其进一步成长提供资金支持之外,至少还有以下两个方面的意义:其一,淡马锡在公开交易市场上引入债券投资者,会使得其按照国内证券法和美国证券法(因为其债券以 ADR 的方式在美国上市交易)负有强制性的信息披露义务,而不同于《圣地亚哥原则》所要求的自愿性的披露,这种法定的披露能够增强东道国的信心,进一步减小投资的政治和法律风险;其二,淡马锡的自我定位是"总部位于新加坡的亚洲投资公司",而引入外部投资者会使得新加坡看起来和它声称的自我定位更加的一致,即一个私人的投资公司而非一家主权财富基金。引入外部投资者是降低淡马锡面临的政治风险的一个重要途径。

第三节　新加坡政府投资有限公司

一、概况

新加坡政府投资有限公司(GIC)的历史稍短,成立于 1981 年 5 月 22 日,由新加坡政府全资拥有。该公司的目标是为政府储备取得良好的长期投资回报,即在 20 年的投资期内,取得高于全球通货膨胀率的回报。GIC 为新加坡政府管理储备金,使命是为新加坡的外汇储备进行保值增值,以提供可用于未来消费和投资的资金,惠及现在和未来的多代人。GIC 旗下主要有三家子公司:GIC 资产管理有限公司(GIC Asset Management Private Limited),主要投资于公开市场,包括股票、债券以及货币市场等;GIC 不动产投资有限公司(GIC Real Estate Private Limited),主要投资于不动产,是全球最大的地产公司之一;GIC 特殊投资有限公司(GIC Special Investments Private Limited),主要投资于创业

---

① 淡马锡. 淡马锡年度报告 2016［R］. 新加坡:淡马锡控股(私人)有限公司,2016:19.

风险投资、企业重组、过渡性融资以及垃圾债券等。

二、相对保守的公司定位与投资策略

表 6.1　淡马锡与 GIC 对比[①]

项目	淡马锡	GIC
所有权和公司治理	均为新加坡政府所有,对财政部负责;均拥有经营自主权	
基金性质	投资控股公司;对所管理资产拥有所有权。	基金管理公司;对所管理资产不享有所有权。
基金规模	2,750 亿新元	超过 3,440 亿美元
投资目标	资产增值	财富增值:(1) 保持基金的国际购买力;(2) 提升基金的价值。
市场导向	新加坡国内市场和国外市场	仅投资国外市场
资产组合分布	100% 股权投资,或直接持有,或通过子公司持有	65% 全球股权投资,35% 全球债券投资。
当前地理分布	截至 2017 年 3 月 31 日,在新加坡和中国的资产分别占投资组合的 29% 和 25%。美国位居第三,占 11%。	截至 2017 年 3 月 31 日,在美国的资产占投资组合比重最大,达 34%;其次是 12% 欧元区、12% 日本,6% 英国,除日本外的其他亚洲地区占 19%。
主要投资领域	截至 2016 年 3 月 31 日,金融服务领域是集中投资的最大领域,占总投资组合的 25%;其次是电信、媒体与科技领域,占 23%。	截至 2017 年 3 月 31 日,组合分布在六大领域,分别为:27% 发达市场股权、17% 新兴市场股权、35% 常规债券和现金、5% 浮动债券、7% 不动产、9% 私募股权基金。
投资时限	不限,底线是获取投资收益	中期(至少 2 年)至长期(5 到 10 年)

---

① 参考 YEUNG HENRY WAI-CHUNG. From national development to economic diplomacy? Governing Singapore's sovereign wealth funds [J]. The Pacific Review, 2011, 24 (5): 637. 部分数据有更新。淡马锡资产规模、当前地理分布、主要投资领域参见淡马锡. 淡马锡年度报告 2017 [R]. 新加坡:淡马锡控股(私人)有限公司, 2017: 6,35. GIC 资产规模参见 Sovereign Wealth Fund Institute. Sovereign Wealth Fund Rankings [EB/OL]. (2013-06)[2017-03-22]. http://www.swfinstitute.org/sovereign-wealth-fund-rankings/. GIC 的资产组合分布、当前地理分布参见 GIC. GIC Report On The Management Of The Government's Portfolio For The Year 2016/17 [R]. Singapore:GIC, 2016: 13,.

比较新加坡两只主权财富基金可以发现,淡马锡的运作方式更加接近于一般的私募股权基金,而 GIC 的运营模式则更像资产管理公司。淡马锡和 GIC 之间的差别,是在历史的演变过程中逐渐形成的,但在根本上而言,则是因为 GIC 区别于淡马锡的定位。虽然两者都是新加坡国家储备的管理者,不过与作为控股公司或者投资公司的淡马锡不同,GIC 是作为新加坡外汇储备的管理者而存在的,这就意味着 GIC 在投资目标上不仅要在意资产的长期回报率,还必须关注其短期的流动性,在投资策略上更为稳健。

有学者认为 GIC 在新加坡扮演了“最后保险人”的角色。[①] 新加坡作为一个城市国家和小型开放经济体,在资源上高度依赖邻国,在经济上则高度依赖全球经济的有效运行,因此新加坡面临着永恒的威胁,即在国际竞争当中失去竞争力以及全球经济危机的剧烈震荡。更加严重的是,新加坡的地缘政治形态和经济形态使得当国家失败时可能面临跨国组织胁迫,甚至主权遭到侵蚀的风险。例如,1997 年国际货币基金组织在救助深陷金融危机的东南亚国家时大量使用附条件援助,要求接受援助的国家按照该组织的标准来改造其金融体系,这某种程度上构成了对国家主权的干预。

由于经济危机的周期性特点,新加坡很有必要持有一定数量的储备,以防范外部冲击对于其经济的影响,以及周边国家和国际组织对其主权的影响。GIC 实际上就是这样一种“囤积”外汇储备的工具。新加坡的主权财富基金特别是 GIC 有两个主要目的,其一是作为储备来保证主权自治,其二则是保证长期、稳定的国家福利。为了要保持外汇资产同时降低其成本,GIC 必须要追求高收益(这是其投资策略第一次转向的内在原因),但是追求高收益并不是其根本目的,GIC 的核心使命是追求稳健的回报率,以保证外汇资产作为小型开放经济体应对全球金融冲击的缓冲和保护,同时免受国际货币基金组织等国际组织和周边国家的政治胁迫。

GIC 在新加坡所扮演的角色决定了它的投资策略趋于保守,其对股

<hr/>

① CLARK GORDON L, MONK ASHBY. Government of Singapore Investment Corporation (GIC): insurer of last resort and bulwark of nation-state legitimacy [J]. The Pacific Review, 2010, 23 (4): 430.

权的投资一般不超过发行人在外权益的 0.5%（这一比例甚至低于挪威政府养老基金 1%的水平），并且避免直接干预公司管理。① 这种低调的投资方式对于化解投资东道国的顾虑发挥着很大的作用。由于 GIC 表现出的消极投资者的姿态，国际社会和东道国对于其信息披露上的相对不透明和公司治理中浓厚的政府色彩，也有更高的容忍度，这是因为即使在 GIC 层面上新加坡政府可以发挥重大的影响力，但是在其所投资的公司当中 0.5%的股份，显然不足以发挥战略性的作用。

当然，在 2008 年金融危机中，GIC 对于金融机构的投资不符合其一贯的投资策略。但 GIC 方面也已表示这些投资是非常规的，从事这些交易很大程度上是因为当时特殊的资金状况，即出于谨慎性的考虑，淡马锡和 GIC 在次贷危机之前脱售了一部分股权投资，从而使得在危机到来之时，其有良好的资金储备来为处于危难中的金融机构注入资金。② 另外，GIC 最引人关注的两笔大额投资中，对于瑞银证券的投资获得了瑞士当局的公开支持，并不存在政治风险问题，同时 GIC 还拒绝了瑞银证券方面向其提供董事会席位的机会③，以宣示自己保持消极投资、不干预公司经营的一贯姿态。而政治风险可能性稍高的、对美国花旗集团的投资，GIC 已经在 2009 年减持到 5%以下，并从中获得了不菲的利润。④

三、投资策略调整：从央行到主权财富基金

在 GIC 成立最初的 20 年里，其倾向于集中投资在风险比较低、流动性比较高的资产上，在外汇管理上的角色更加类似于谋求稳健和流动性的央行而不是主权财富基金。不过自 2000 年以来，新加坡财政部认为在外汇储备的管理上，政府可以接受更高的风险和更低的流动性，因此 GIC 的投资组合开始包含更多的上市公司股票以及各种另类资产类别，而非传统的固定收益工具。相比于前 20 年股权：债券：现金的 30：40：30

---

① YEUNG HENRY WAI-CHUNG. From national development to economic diplomacy? Governing Singapore's sovereign wealth funds [J]. The Pacific Review, 2011, 24 (5): 644.

② WU FRIEDRICH. Singapore's Sovereign Wealth Funds: The Political Risk of Overseas Investments [R]. Singapore: The S. Rajaratnam School of International Studies, 2008: 18.

③ 叶海蓉. GIC 不追求经营决策权 [EB/OL]. (2008-09-25) [2017-03-22]. http://futures.hexun.com/2008-09-25/109208596.html.

④ 布朗, 塔克. GIC 出售花旗股份获得利润 16 亿美元 [EB/OL]. (2009-09-23) [2017-03-22]. http://www.ftchinese.com/story/001028892.

比例,GIC 近十年的投资组合中大概有 60％—70％ 的权益性资产和 30％—40％ 的债券型资产,并且不再持有现金资产。

2013 年 4 月,GIC 投资策略又迎来一次新的大调整,赋予董事会和管理层更多分配资产类别、进行策略性投资的权利。此次调整中,GIC 将投资组合分为基准组合、政策组合和积极组合三种。基准组合是为了反映全球市场的表现,也是 GIC 可承担的长期风险底线,这个组合由 65％ 的全球性权益资产和 35％ 的全球性固定收益资产组成。政策组合由公司的董事会批准通过,决定 GIC 在六类核心资产当中分配资金的方式和比例,以期获得比基准组合更高的收益率。积极组合是 GIC 管理层在董事会设定的风险限制内采取的策略性投资,目标是获取比政策组合更高的收益,包括在每类资产当中选取具体的投资机会以及对非核心类资产的投资等。

新的投资策略同时也构成了 GIC 公司治理的重要内容。政策组合最终由 GIC 董事会来批准,而董事会下设的投资策略委员会负责对管理层提出的政策组合建议进行审查;管理层负责制定积极组合,同时也可以对政策组合的构成提出意见,为此,GIC 在董事会中新设投资委员会来监督管理层在积极组合层面的活动。

尽管 GIC 的投资策略不断调整,但整体依旧采取的是一种相对消极的投资策略,与淡马锡形成鲜明的对比。总体而言,GIC 在资产管理的策略上完成了从央行到主权财富基金的演变。

四、有目标的政治公关

无论是淡马锡还是 GIC,在公司运营的层面,两者均通过增加信息披露、强调公司运营的原则是追求商业上的资本回报、增强董事会相对于政府股东的独立性等方式,来淡化新加坡政府在其中的色彩。但是这并不意味着主权财富基金在新加坡与政治绝缘。相反,新加坡积极地运用政治公关来为淡马锡和 GIC 在国外的投资减少阻碍。

在新加坡的外交活动中,主权财富基金是一项非常重要的主题。其中典型的例子就是新加坡和美国财政部在 2008 年 3 月达成的《华盛顿约定》中约定"主权财富基金的投资决策应该仅在商业基础上作出,而不能直接或者间接追求政府股东的地缘政治目标。主权财富基金必须在其基本投资管理政策当中正式作出上述声明。主权财富基金在目的、投资目标、组织安排、财务信息以及投资组合、投资基准以及适当的历史时期的投资回报率等方面更多的信息披露,有助于减少金融市场的不确定性并在东道国建立信任。主权财富基金应该有强健的治理结构、内部控制以及运营和风险管理系统。主权财富基金应当和私人部门公平竞争。主权财富基金应当尊重东道国的规则,遵守所有投资东道国的有效监管和信息披露要求。"①作为新加坡主权财富基金特别是 GIC 的主要投资目标国,美国对于主权财富基金的政治态度显然是新加坡政府非常关注的,同时《华盛顿约定》的签订对于新加坡在其他西方国家的投资也起到了示范作用。可以看出,新加坡对这些原则的执行非常到位,甚至淡马锡还在2009 年修改其宪章,正式将商业利益原则写入其中。

除签署双边协议外,舆论公关也是新加坡非常重视的一个战场。自2007 年开始,淡马锡和 GIC 开始频繁出现在新闻媒体的报道当中,澄清有关这两家主权财富基金的怀疑和流言,并且就一些焦点投资进行阐释。新加坡着重强调淡马锡和 GIC 之间的差别,阐述两者是独立运营的实体,并反复传递两者"国有但非国营"的信息。

第四节　阿联酋阿布扎比投资局

一、概况

阿联酋阿布扎比投资局(Abu Dhabi Investment Authority,ADIA)成立于 1976 年。作为阿联酋的主权财富基金,ADIA 的使命是对国有资产进行谨慎投资,创造长期价值,维护和保持阿布扎比酋长国当前和未来的繁荣。ADIA 由财政部成立,董事会主席现为阿联酋总统哈里发·本·扎伊德·阿勒纳哈扬担任,这种由政府高官或皇室贵族直接管理主权财富基金的情况在中东、北非地区较为普遍,一定程度上也体现出这些国家对主权财富基金的重视。在资金来源上,ADIA 主要依赖石油出口收入,尤其是阿布扎比国家石油公司的分红,另一大资金来源是财政盈余,阿联酋的财政盈余被分配给 ADIA 及其姊妹基金阿布扎比投资委员

---

① EPSTEIN R A, ROSE AMANDA M. The Regulation of Sovereign Wealth Funds: The Virtues of Going Slow [J]. The University of Chicago Law Review, 2009, 76 (111): 119—122.

会（Abu Dhabi Investment Council, ADIC）。

二、模仿与保留：专业化的治理结构和与政府的交叉关系

ADIA 是最像挪威政府养老基金的主权财富基金，但与内控完善的挪威政府养老基金相比，ADIA 的组织结构相对简单。ADIA 设有董事会、执行董事及若干委员会。

董事会是 ADIA 的最高权力机构，由 1 名主席、1 名常务董事和 7 名董事会成员组成，所有这些成员都是高级政府官员，任期为 3 年，可连任。其主要职责在于定期会晤，制定和审查 ADIA 的全局投资战略，但其行为不涉及具体的投资或运作决定。

执行董事对 ADIA 的战略执行、行政事务全权负责，包括投资决定的作出。投资决定是基于经济目标作出的，目的在于获得可持续的长期回报。在对外事务方面，执行董事的角色是 ADIA 的法定代表人。

此外，ADIA 设立了若干委员会用以支持 ADIA 的治理结构，包括审计委员会、投资委员会、投资指引委员会、管理委员会。投资委员会是核心委员会，负责为常务董事提供有关投资提案的建议，监察基金的投资过程。执行董事也是投资委员会的主席，委员来自 ADIA 不同部门的高级执行官，旨在维护 ADIA 相对于政府和其他阿布扎比政府投资部门的独立性。此外，相对重要且独具特色的是审计委员会，用以监督不同部门的运营并报告给常务董事。内部审计部门负责 ADIA 的内部控制系统以确保资产的安全，并确保所有的交易都按照 ADIA 的政策和流程来执行。同时，董事会任命两家外部审计事务所共同对 ADIA 的账户实行年审。

在整个中东、北非的主权财富基金中，ADIA 的透明度是最高的。从 2009 年开始，ADIA 开始公布年报详细介绍其投资策略、分布以及治理结构。ADIA 年报特别强调基金的公共关系以及基金与政府的分界，即宣称其投资独立于阿布扎比酋长国政府以及其他代表政府利益进行投资的实体。ADIA 不参与也不了解有关政府支出的任何事项。[①]

虽然 ADIA 声称其相对于阿布扎比政府具有较高的独立性，但是由于其董事会中有超过一半的成员来自统治家族阿勒纳哈扬（Al Nahyan）家族，因此其相对于政府的独立性实质上并不强。董事会主席谢赫·哈

---

① ADIA. ADIA 2015 Review[R]. Abu Dhabi：ADIA，2016：7.

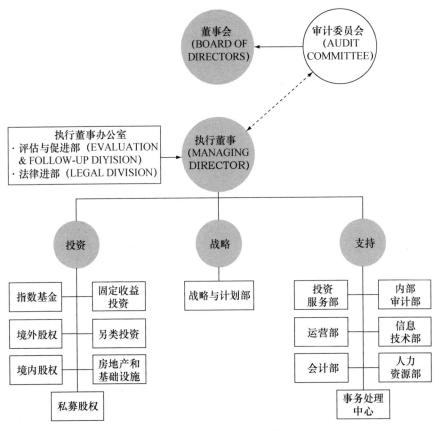

图 6.2　ADIA 治理结构

里发·本·扎伊德·阿勒纳哈扬(Sheikh Khalifa bin Zayed Al Nahyan)
是阿布扎比酋长,也是阿联酋的总统。董事会副主席谢赫·穆罕默德·
本·扎伊德·阿勒纳哈扬(Sheikh Mohammed bin Zayed Al Nahyan)是
阿布扎比酋长国酋长继承人、阿联酋武装部队最高副指挥官、阿布扎比执
行委员会主席以及最高石油委员会委员。此外,他还是担任兄长阿联酋
总统的特别顾问、阿布扎比经济发展委员会主席、穆巴达拉发展公司主席
等。常务董事谢赫·哈米德·本·扎伊德·阿勒纳哈扬(Sheikh Hamed
bin Zayed Al Nahyan)是酋长的同父异母兄弟。董事会的另一位成员谢
赫·曼苏尔·本·扎伊德·阿勒纳哈扬(Sheikh Mansour bin Zayed Al
Nahyan)则是酋长的另一位更年轻的同父异母的兄弟,他被任命为阿联
酋总统事务部首席部长,该部门是由总统办公室和总统法院合并而成的。

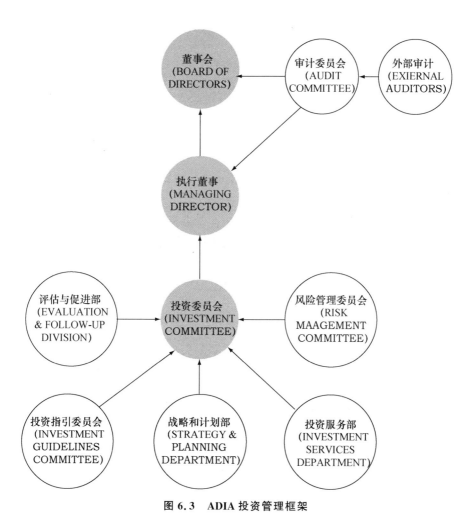

图 6.3　ADIA 投资管理框架

他还曾被任命为公共部门部长委员会主席,该委员会是隶属于内阁的政府实体。阿联酋建立者谢赫·扎伊德(Sheikh Zayed)的次子谢赫·苏丹·本·扎伊德·阿勒纳哈扬(Sheikh Sultan bin Zayed Al Nahyan)也在董事会中任职。他曾担任阿联酋副总理。董事会的另一名成员谢赫·穆罕默德·本·哈里发·本·扎伊德·阿勒纳哈扬(Sheikh Mohammed bin Khalifa bin Zayed Al Nahyan)同样来自统治家族,他担任政府要职,并且是财政部主席和阿布扎比执行委员会成员。

　　除了统治家族的成员外,董事会中的其他成员均从与阿勒纳哈扬家族有密切联系的重要人物中选出，并且他们也在其他阿布扎比政府部门担任要职。穆罕默德·哈布若什·苏万迪（Mohammed Habroush Al Suwaidi）是阿布扎比投资委员会、最高石油委员会和 A1-Ahlia 保险公司的董事会成员以及阿联酋总统的顾问。哈马德·穆罕默德·赫尔·苏万迪（Hamad Mohammed Al Hurr Al Suwaidi）是穆巴达拉发展公司董事会成员、阿布扎比国家能源公司主席、阿布扎比财政部副部长、酋长国能源公司董事会主席。哈利尔·穆罕默德·沙里夫·弗拉提（Khalil Mohammed Sharif Foulathi）是阿联酋中央银行董事会主席。[①]

从决策层来看，ADIA 颇像一个典型的家族企业，董事会或者说阿布扎比皇室，对基金有着绝对的控制力。在经受独立性和投资受政治影响的批评后，ADIA 开始提高其投资管理的专业程度，但基金与政府之间的关系仍然饱受争议。为缓解公众担忧，ADIA 甚至聘用了专业的公关公司，帮助其塑造良好的公共关系和正面的主权财富基金形象。

虽然决策高层有着浓厚的家族色彩，但是在基金内部的治理和决策上可以发现 ADIA 模仿挪威政府养老基金的痕迹。决策层面上，一个突出的表现是在投资时 ADIA 也采用与挪威类似的基准投资方法，ADIA 内部设立了中性基准（Neutral Benchmark），为投资组合拟定包含超过二十多种投资品种的基准比例。因此 ADIA 投资的具体品种或投资区域都有严格的投资上限和下限，同时战略委员会定期审查更新中性基准。

三、运营特色：大量的外部管理人

外部管理人在 ADIA 的投资管理中扮演着重要角色。根据 ADIA2015 年年报统计，ADIA 约有 60% 的资产由外部管理人管理，涉及领域包括股权、固定收益证券、货币市场、另类投资、不动产与基础设施和私募基金。[②] 从跟踪指数投资到积极管理委托，ADIA 根据不同的投资类型为外部管理人设定了风险范围，以让外部管理人能够根据不同基金的特殊需求和内部指引，量身定做不同的投资策略。

ADIA 有两套不同的投资体系，分别是阿尔法（alpha）和贝塔（beta）

---

① BAZOOBANDI SARA. Political economy of the Gulf sovereign wealth funds: a case study of Iran, Kuwait, Saudi Arabia and United Arab Emirates [M]. New York: Routledge, 2012: 82—83.

② ADIA. ADIA 2015 Review[R]. Abu Dhabi: ADIA, 2016: 35.

体系,前者是积极的投资管理,后者则是被动的指数跟踪投资。在阿尔法体系中,外部管理人在广泛的地域范围和资产类型中,用一系列综合策略进行运作,以满足 ADIA 的投资目标。而 ADIA 的工作目标则是确保所聘用的外部管理人能够得到 ADIA 最高级别的信任。要获得信任,外部管理人必须在有吸引力的地域和资产类型上,完美地结合 ADIA 进行结构性投资的积极管理要求。在贝塔体系中,ADIA 同样启用外部管理人来补充 ADIA 内部投资管理能力的不足。

　　ADIA 聘请外部管理人主要是出于几方面的考虑:外部管理人经验丰富,可以直接使用,而本国缺乏足够多的具备相应能力的投资管理人;聘用外部管理人可以避免保护主义和市场操控的指责[1],在相当大程度上可以减少主权财富基金面临的特殊市场风险与政治风险;此外,外部管理人也确保 ADIA 能够紧跟潮流,掌握最新的资讯,把握行业的发展动态。[2]

　　外部管理人的聘用能给 ADIA 带来巨大的好处与便利,而作为聘用者的 ADIA,其工作的关键在于能找到最合适的外部管理人来满足基金的投资管理需求,并能够对外部管理人加以监督。为此,ADIA 花费大量的时间和精力在雇佣和管理外部管理人的程序上。ADIA 的尽职调查团队首先会从 ADIA 内部庞大的数据库中,抓取出一份潜在外部管理人的名单,名单上的管理人来自各个既定投资的资产类别和领域。其后,ADIA 会对名单上的管理人进行分析。这一程序包括内部讨论、与候选人进行面对面的交谈等,从而更为全面地了解名单上管理人的背景以及他们受委托后长期优异表现的可能性。在此基础上 ADIA 形成一份候选人名单。最后,ADIA 的各个投资团队会聚集起来分析相关数据,定性定量地分析各个外部管理人候选者的情况。通过这种方式,ADIA 确定最终的外部管理人聘用名单,同时对每个外部管理人设定清晰的预期目标,并能够在不同市场情况下评估他们的投资表现。

　　ADIA 目前已经形成一套良好的系统和程序,来保障外部管理人符合他们预先设定的投资和操作指标。一旦聘用,ADIA 的各个投资团队会通过分析投资组合表现、投资情况、风险敞口和投资风格,在现场和外

---

①　杨力,主编. 中东地区主权财富基金研究报告[M]. 上海:上海人民出版社,2015:126.
②　ADIA. ADIA 2015 Review[R]. Abu Dhabi:ADIA,2016:35.

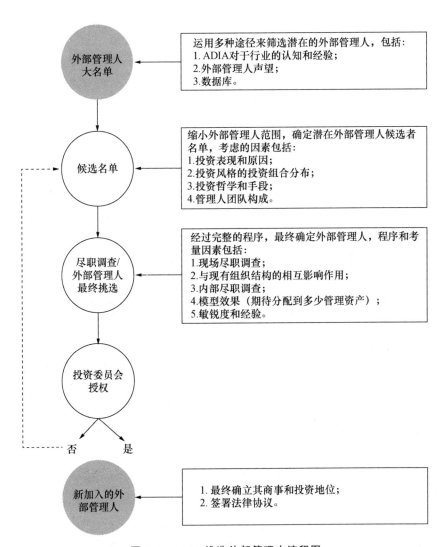

图 6.4   ADIA 挑选外部管理人流程图

部管理人处定期召开投资跟踪会等方式持续监督外部管理人。ADIA 各个团队的运作由内部审计部、评估与促进部、公司运营部、投资服务部和财务部提供支持,ADIA 的托管银行提供相应的配合。由于非常重视长期的投资表现,因此 ADIA 更倾向于与外部管理人建立稳固的合作关系。

第五节　科威特投资局

一、概况

科威特投资局(Kuwait Investment Authority,KIA),是科威特政府所有的独立的投资机构。与其他中东国家一样,KIA 建立之初目的是利用石油收入进行投资,以减少对不可再生资源的依赖。KIA 旗下管理着科威特储备基金(General Reserve Fund,GRF)、未来基金(Future Generations Fund,FGF)以及财政部委托其代表科威特政府管理的其他基金。GRF 是科威特政府的主要资金池,资金来源主要为石油收入在内的所有财政收入,同时所有财政预算支出也从 GRF 中提取。FGF 成立于 1976 年,GRF 转移了 50% 的资产作为 FGF 的初始资金。此外,政府每年从财政收入中提取 10% 转移给 FGF。FGF 根据战略资产配置方案将资金投资于科威特本土之外的不同等级资产,所有的投资收益用于再投资。与 GRF 不同,除非经过特别批准,FGF 的资金不能被撤出。

KIA 的投资范围不分国内外,其在本土、阿拉伯国家以及国际市场上都有投资,并在伦敦、香港、北京等地设有分支机构。根据 KIA 官方网站的描述,KIA 是世界上历史最悠久的主权财富基金。早在 1953 年,科威特便在伦敦成立了科威特投资委员会(KIA 的前身),将大量的石油收入进行投资。1982 年,KIA 成立,从财政部手中接管了科威特政府的资产。[①]

作为中东地区最早的主权财富基金,KIA 成为许多中东主权财富基金学习的楷模,而其本身建立的组织机构、治理模式成为最传统、最典型的中东基金样本。

二、立法保障的公司治理与"公私合营"的董事会

KIA 自称拥有全球领先的主权财富基金治理结构。这一套公司治理机制源于科威特为 KIA 构建的法律体系,KIA 根据《科威特 1982 年第

[①]　KIA. Overview [EB/OL]. [2017-03-22]. http://www.kia.gov.kw/en/ABOUTKIA/Pages/Overview.aspx.

47 号法案——关于建立公共投资局（科威特投资局）的法案》(Law No.
47 of 1982，Establishing The Public Investment Authority［Now
Known as the Kuwait Investment Authority］)建立，该法案比较详细地
规定了 KIA 的定位、职能、治理结构、信息披露、保密等事项。KIA 所管
理的 FGF 设立的法律依据则是《科威特 1976 年第 106 号行政法令——
关于建立后代储备基金（未来基金）的法令》(Law Decree No. 106 for the
Year 1976 Concerning the Reserves for Future Generations)，该行政法
令简短地规定了 FGF 的初始与后续资金来源，明确 FGF 资金独立，自负
盈亏。

　　这两部立法是普遍设立主权财富基金的中东地区国家中目前唯一可
以找到的立法材料。公司的治理机制由法律所确立，这对于寻求转型的
主权财富基金有很强的借鉴意义。当然，立法的具体内容取决于主权财
富基金母国立法机构对主权财富基金的认识和理解，亦扎根于母国的法
律文化。从科威特的上述两部立法中，可以发现 KIA 的治理机制还保留
着保守的一面。例如，透明度上，KIA 和其他中东主权财富基金一样保
持低调。根据《科威特 1982 年第 47 号法案》，KIA 禁止对公众披露关于
KIA 工作的信息，KIA 只能定期向其他利益相关方如财政部、国家审计
署、内阁和国民大会等提供报告。一方面，该法第 5 条要求 KIA 董事会
主席应当向内阁会议提交 KIA 的预算草案以及详细报告，报告应当涵盖
KIA 的主要活动、投资资产情况以及在综合考虑投资项目和公共政策的
情况下对 KIA 表现的评估。另一方面，该法第 8 条规定未经董事会主席
书面批准，任何董事会成员、员工或其他参与投资局活动的人士不得披露
任何有关工作或投资资产的信息。该项保密业务不因上述人士与 KIA
投资活动关系的终止而解除。同时，第 9 条规定了违规披露的惩罚措施，
即凡违反保密业务泄露 KIA 工作秘密等信息的，应被处以 3 年以下
监禁。

　　不过，在流行皇室成员垄断主权财富基金大权的中东地区，KIA 的
治理结构显得十分另类，KIA 拥有一个独立自治且颇具"公私合营"色彩
的董事会全面负责 KIA 各项事务。① KIA 董事会由 4 名政府官员和 5 名

----

　　①　KIA. Structure and Governance［EB/OL］.［2017-03-22］. http://www.kia.gov.kw/
en/Pages/orgStruct.aspx.

内阁委派的私营单位代表组成,4 名政府官员分别为财政部长(董事会主席)、能源部长、中央银行行长、财政部副部长。KIA 特别注重私营经济部门的决策观点,并将私营代表引入 KIA 的最高权力机构,甚至要求董事会必须从私营单位代表中指派一名担任常务董事(首席执行官),并且要求由董事会中的 5 名董事(至少有 3 名是私营单位代表)组成执行委员会协助董事会制定 KIA 的战略目标。

为了监督基金的运作,KIA 还专门设立了由两名私营单位董事会成员组成的审计委员会。董事会同时专门聘请外部审计机构(必须是国际会计师事务所),对 GRF 和 FGF 进行评估。除了审计委员会和外部审计机构,KIA 还有一个内部审计办公室,直接向董事会主席汇报工作。科威特国家审计局也会对 KIA 进行经常性审查,并形成年度报告提交给国会。KIA 向内阁和国会提交年度报告,对其管理的所有基金进行详细汇报。上述一系列监督措施体现出 KIA 相对完善的治理机制和内控体系,这也许是 KIA 常年保持稳健增长的秘诀。

三、典型而有特色的主权财富基金投资策略

科威特是唯一的为其主权财富基金设立明确注资政策的海湾合作委员会(Gulf Cooperation Council)成员国。根据《科威特 1976 年第 106 号行政法令》,无论石油价格处在何种水平,每一财政年度国家石油收入的 10% 及国家投资收益必须转入 FGF 账户。为确保市场的稳定性,KIA 不使用金融杠杆进行投资,因此 KIA 主要从事长期投资,并且能承受较大的短期风险和波动。

首先,像中东地区其他主权财富基金一样,KIA 是一个相对消极的投资机构,不追求对经营的控制,也不追求成为多数股东。这一举措是各主权财富基金用以缓解东道国担忧的普遍做法。同时,KIA 亦宣称坚持以商业目标作为投资的唯一考量因素,不考虑政治因素。

此外,KIA 建立市场信任和避免投资东道国政府的潜在政治反对的独特举措是始终担当长期投资者的角色,甚至在所持有的资产未产生商业盈利时也避免在行业间或公司间转移其资产。KIA 持有戴姆勒公司(一家德国主要汽车生产企业)股权即是上述特点的最佳例证。科威特政府自 1969 年起就成为戴姆勒公司的股东,戴姆勒公司在 1998 年收购了美国汽车制造企业克莱斯勒。两家企业跨太平洋的并购并不成功,于是

2007 年戴姆勒—克莱斯勒确认将其产生亏损的美国部门——克莱斯勒，出售给一家叫做 Cerberus 的私募基金。在戴姆勒低价出售克莱斯勒之后，KIA 有足够合理的理由撤出对克莱斯勒的投资。但如果 KIA 撤出，会对已经遭受重创的美国汽车制造业产生负面的信号效应。因此，KIA 决定耐心持有这部分股权以免给美国汽车市场带来更大的波动。① KIA 以长期甚至是可能承担亏损风险的策略，谋求对东道国市场稳定造成的威胁最小化，从而进一步换取东道国的信任，为 KIA 的后续投资创造良好的外部环境。

其次，在具体的投资策略上，KIA 的投资非常广泛，在股票市场、不动产、私募股权、公募基金、固定收益以及另类投资领域都有投资。GRF 主要投资对象为科威特国内、其他西亚北非地区以及 KIA 持有的硬通货，同时 GRF 也持有政府资产，包括科威特在公共企业（如科威特阿拉伯经济发展基金、科威特石油公司等）中的资产，以及在多边和国际组织（如世界银行、国际货币基金组织、阿拉伯基金等）中的资产。FGF 主要投资于西亚北非之外的世界其他地区，投资分散，并遵循董事会建立的资产分布策略，包括地区分布、资产类型等；也有一些核心投资在此策略之外，例如对戴姆勒的投资。当然，科威特法律对 KIA 也有一定的投资限制，受宗教的影响，KIA 不能投资于主营博彩业和酒精相关的产业。

目前，KIA 正在逐渐走向国际化，尤其是逐渐加大对中国资本市场的投资。KIA 已经在北京开设分支机构并取得合格投资者地位，在上交所获得全部交易权限。据 KIA 常务董事 2011 年在北京代表处开业时的演讲，截至当年 KIA 在中国内地的各项投资达 56 亿美元，成为工商银行、农业银行、中信证券等的基石投资者。KIA 已成为中国人民币公开市场最大的外国投资者，投资总额度为 25 亿美元。根据中国外汇管理局发布的数据，KIA 作为合格的证券市场国外机构投资者，投资总额度达 15 亿美元。此外，在 2012 年 KIA 获得中国央行管理的国内银行间债券市场 10 亿美元投资额度。②

最后，作为储蓄型主权财富基金，KIA 对支持其国内经济流动性起

---

① Kuwait's KIA Says to Keep Daimler Stake Unchanged [EB/OL].（2009-07-01）[2017-03-22]. http://wardsauto.com/kuwaits-kia-says-keep-daimler-stake-unchanged.

② 张伟. 科威特成为中国人民币市场最大的外国投资者 [EB/OL].（2014-01-23）[2017-03-22]. http://kw.mofcom.gov.cn/article/jmxw/201401/20140100470987.shtml.

着关键的作用。从 2008 年全球金融危机开始,如同许多其他受到危机影响的国家,科威特政府面临着国内经济高流动性需求。KIA 开始与本国经济相衔接,投资部分转向国内。2008 年 11 月,KIA 将 36.6 亿美元资金从国外撤回并投资于国内,特别是受到全球金融危机重创的本地交易所。这次为支持国内经济活动而进行的资产转移自危机爆发之始一直持续。2011 年 KIA 宣布提高其国内投资,当年 3 月,KIA 决定将 36 亿美元分配于国内房地产市场。这种资金调配方式并非史无前例,向国内经济转移资产,是科威特政府多项稳定国家经济预期的措施之一。

此外,KIA 的资金流入也在减少。在全球金融危机之后,科威特政府提高了其在社会转移支付和基础设施方面的投入,KIA 的资金流入相应减少。在中东国家中,科威特的财政政策长久以来最为保守。这种转变一方面体现了经济局势的变化,另一方面也是出于科威特政府对"阿拉伯之春"带来影响的隐忧,政府增加了对国内资产的持有,以降低由经济困境引起科威特政治和社会动荡的可能性。资金流入的减少和国内经济、社会、政治环境的变化,势必会在未来进一步对 KIA 的投资策略产生影响。

第七章　主权财富基金运作引发的理论冲击和构造反思

第一节　对传统公司治理理论的冲击

由于国际上多数主权财富基金采取公司形式，它们对传统组织理论的冲击也最为错综复杂，因此若无特别提出，下文论述主要围绕采用公司形式的主权财富基金展开。

一、传统私法下股东至上理论的撼动

长期以来，公司治理被视为一种股东之间的"私人秩序"（private order），或由股东主导形成的"私人安排"。公司治理作为一种"私人秩序"，集中表现在它是"私人产权逻辑"的自然延伸。公司内部权力结构的安排，均按照产权惯性展开，内部权利分配在很大程度上是一种"契约结局"——资本产权主体契约谈判的结果。[①] 由此股东至上理论便成为传统公司治理理论的基础学说，其强调股东是企业的所有者，股东投入的实物资本形成企业财产，股东承担了企业的剩余风险，理所当然就应该享有企业的剩余控制权和剩余索取权。企业的经营目标在于股东利益的最大化，管理者只有按照股东的利益行使控制权，才是公司治理有效的保证。

随着现代公司制度的发展，由于私人治理的局限性和其所产生的外部性等原因，公司治理受到来自多方面的公共干预，包括法律干预、公众干预、政治权力干预以及法院的干预。这些公共干预最终淡化了公司治理的纯粹私人性，使公司治理掺杂了更多复杂的动机和目的，公司治理逐

---

① 蒋大兴. 论公司治理的公共性——从私人契约向公共干预的进化[J]. 吉林大学社会科学学报，2013（1）：76.

渐进化成为一种特定的"利益平衡工具"或者结构。学界也日渐关注到这一干预的存在,涵盖股东、雇员、顾客、经理、供应商和地方政府等多方主体的利益相关者理论进一步被提出。①

　　姑且不论利益相关者理论对股东至上理论的冲击,以往的研究多局限在国内公司领域,尚未将公司治理置于经济全球化的背景下加以考虑。特别是当主权财富基金兴起之后,股东至上理论遭受前所未有的冲击。由于主权财富基金在股东、规模、投资策略等方面的特殊性,已经很难作为一个单独的个体存在,其行为很大程度上会影响被投资企业,甚至会对被投资企业所处法域的法律制度产生重大影响。这种影响反过来使主权财富基金的治理,不单纯只是一国的法律问题,不再只涉及一国内部的各方利益相关者,更容易受到投资东道国的干预,特别是来自东道国法律、政治方面的影响。通常学界所普遍认同的"外部的公司治理"或"外部控制体系"②在主权财富基金治理领域被"内部化",形成了一种新型的治理机制。这种"内部化"主要有以下两方面的表现。

　　(一) 国际规则引入——伦理指引

　　以挪威政府养老基金为代表的积极、负责任的主权财富基金运作方式,正日渐成为主权财富基金运作的典范。这种运作方式也形成了一种复杂而协同的规则秩序,即国家作为关联点,将国际准则转化为国内法律,又通过主权财富基金治理的市场力量将这些国内法再国际化。主权财富基金的治理是在法律—国家、社会—准则、国际法—惯例三大系统下共同形成和运行的③,它实现了国际公法与私法的双向互动,使得公共治理和私人或股东利益最大化有机结合。

　　以挪威政府养老基金为例,其基于社会价值原因提出了以"负责任的投资"为核心的一系列投资准则,并专门设立了伦理委员会监督基金的投资是否符合社会价值。该基金认为对投资组合的管理应当以长期最高回

---

　　①　MILTON FRIEDMAN. The social responsibility of business is to increase its profits [J]. The New York Times Magazine, 1970 (9): 3.
　　②　〔德〕克劳斯·霍普特. 比较公司治理——欧洲的理论与实践[M]. 焦津洪、丁丁等, 译. 北京: 中国友谊出版公司, 2004: 149. 转引自蒋大兴. 论公司治理的公共性——从私人契约向公共干预的进化[J]. 吉林大学社会科学学报, 2013 (1): 75.
　　③　BACKER LARRY CATÁ. Sovereign Investing and Markets-Based Transnational Rule of Law Building: The Norwegian Sovereign Wealth Fund in Global [R]. Pennsylvania: Coalition for Peace & Ethics Working Paper, 2013: 95.

报为目标,而长期良好回报的前提应当是投资环境的经济发展可持续、自然和社会环境良好以及法治市场高效、运行良好。故挪威规定其央行作为基金的管理者应当设立内部指南,以使基金的运营符合国际公认的负责任投资的准则。基金参考了《联合国全球契约》《OECD公司治理准则》《OECD跨国企业指南》的要求制定出内部准则,即《伦理指南》。《伦理指南》包括在投资活动中对环境问题、社会问题以及公司治理问题的回应。比如在投资房地产时,基金应当特别关注建筑能源消耗、水资源消耗以及垃圾处理之类的环境问题。考察《伦理指南》的具体内容,如前所述,可以发现其伦理准则的标准直接体现了人权、环保等价值取向。

由此可见,国际上的伦理规范已经渗入主权财富基金的治理之中,投资目标的选择不再是以股东至上理论来决定资金的投放,而必须首先考虑是否符合国际伦理标准。在此基础上,方能谋求投资收益的最大化,即股东权益的最大化。此举实际上弱化了股东至上理论中的一个关键要素,即公司治理的契约性,而是用公共规范等强制性规范引导公司治理,并凌驾于股东的选择之上。

(二)透明度

所有公共干预对公司治理的改革期望最终会汇集到一个焦点——如何提升公司治理的透明度。公司治理透明度的建设和规制,已经成为主权财富基金治理改革的核心问题。披露"已经成为一种普遍适用于商法和公司法各个领域的监管工具,尤其是公司治理领域"。[①] 对于主权财富基金,透明度更是一个为主权财富基金母国、投资东道国、各国学界普遍关注的争议问题。

2011年7月7日,主权财富基金国际论坛(IFSWF)发布了《关于成员国适用〈圣地亚哥原则〉的经验报告》(IFSWF Members' Experiences in the Application of the Santiago Principles),主要介绍了主权财富基金国际论坛各成员国对《圣地亚哥原则》的实践情况。这份报告的第三章第四节对主权财富基金透明度的价值做了专门性讨论,将透明度定义为获得和了解主权财富基金投资的目标、结构、行为和结果的程度。[②]

---

① 蒋大兴. 论公司治理的公共性——从私人契约向公共干预的进化[J]. 吉林大学社会科学学报, 2013 (1): 82.

② The International Forum of Sovereign Wealth Funds. IFSWF Members' Experiences in the Application of the Santiago Principles [R]. Washington, DC: IFSWF, 2011: 38.

如图 7.1 所示,报告就透明度对主权财富基金的价值,向成员国提出四个问题:(1)提高透明度是否有助于获得国内的合法性?(2)提高透明度是否对主权财富基金的声誉有积极影响?(3)提高透明度是否有助于与股东沟通?(4)提高透明度是否可以获得商业优势? 总体而言,几乎所有的成员国都对前三个问题持肯定态度,即认为透明度的提高有助于获得国内的合法性,有助于提高声誉,有助于与股东进行沟通。但是,只有少数成员国认为,提高主权财富基金的透明度有助于其在市场上获得更多的商业优势。

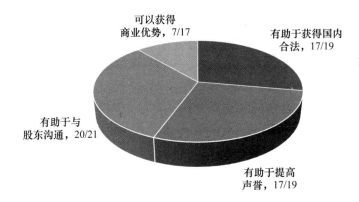

图 7.1　透明度对主权财富基金的价值

　　＊注:并非所有成员国均就每个问题作出回答,图中显示了 21 个回答提问的成员国就不同问题作答的情况。图中数字,前为同意观点的国家数量,后为回答该问题的成员国数量。

　　[数据来源:主权财富基金国际论坛(IFSWF)]

　　几乎所有成员国都认为主权财富基金的透明度对监管有积极意义。与此同时,透明度可以帮助主权财富基金在其母国获得合法性的支持。这种合法性来源于对主权财富基金基本信息的披露,一可检验主权财富基金的投资行为是否符合其股东和公众的判断和期待;二可明确主权财富基金内部公司治理的制度约束;三可促进主权财富基金母国与投资东道国的互信,并体现其对国内和国际金融市场的稳定作用。因此尽管对于透明度应否提高的争议贯穿了全球主权财富基金的发展史,各基金实际上均有意识地提高透明度,以扩宽其投资的空间。

　　不过单纯从学理角度分析,透明度的提升确实与股东至上原则存在一定冲突。通过下文分析可知,透明度水平的高低与主权财富基金的投资目标、投资策略以及经济收益并无直接、明确的联系。作为股东,主权财富基金母国无论是从政治还是经济动因上加以考量,都没有自愿提升透明度的太大动力。一方面,如果主权财富基金存在非经济或财务上的投资目标,从本能上来说很难通过提高透明度来约束其自身目标的实现。另一方面,信息披露会造成投资成本、制度成本的上升,也会使主权财富基金在市场上失去先机。透明度的提升显然不符合股东利益最大化的要求,而更像是一种对投资东道国制度和国际趋势的妥协。

二、公法主体参与市场面临的理论难题

(一)对传统公私法划分、国际法有效性的挑战

如前所述,投身积极、负责任投资的主权财富基金跨越了市场和国家、公共领域与私人领域、国家之间的界限。在谋求国家的公共财富在全球市场上增值的同时,主权财富基金构建了一套融合了国家公共政策因素和国内外治理准则的法治框架。这一框架下,主权财富基金影响了被投资企业的行为和治理,并将进一步推动全球市场和投资东道国的公共政策发展。[①]

尽管多数主权财富基金均标榜自身为纯粹的财务投资者,但主权财富基金的发展使得国家的公共义务和经济行动者的私人义务之间的严格区分日益模糊。国家虽采取私人主体的方式作为市场参与者而非监管者参与竞争,但并未完全脱离它们作为主权者的特征,其行为仍要服务于公共目标。同时,作为私人实体的主权财富基金也通过私人市场从事了一定的规制活动。[②]挪威政府养老基金为这样一种新的治理方式提供了良好的注脚。主权财富基金正通过积极、负责任的投资行为促进全球金融体系的发展,推动主权财富基金的全球监管与国际协调,创造出新的"国际法治"新模式。

主权财富基金孕育了一种全新而重要的协同治理模式,其治理框架

---

① BACKER LARRY CATÁ. Sovereign Investing and Markets-Based Transnational Rule of Law Building: The Norwegian Sovereign Wealth Fund in Global [R]. Pennsylvania: Coalition for Peace & Ethics Working Paper, 2013: 5.

② BACKER LARRY CATÁ. Sovereign Wealth Funds as Regulatory Chameleons: the Norwegian Sovereign Wealth Funds and Public Global Governance through Private Global Investment [J]. Georgetown Journal of International Law. 2009, (2): 109—111.

引发了法学理论的相关争论。

首先,在国内法层面上极大地挑战了传统公私法的划分。主权财富基金内含的协同治理模式是公私法的桥梁,融合了法律、惯例、合同和非国家治理机制,这是对公法与私法之间界限日益模糊的最新体现。主权财富基金不仅采用私法方式实现公法主体所承担的公共目标,而且更深地介入市场,成为追求投资回报最大化的市场参与者。其在调整对象、保护重心、运行逻辑、基本理念、功能场域等方面,对过去那种公法与私法明确界分的传统二元法律结构提出严峻挑战。[①]

其次,由于协同治理模式调和了国内外的经济、法律、组织系统[②],促进了国际公法、国际私法与国际经济法的融合,使得全球化与国家主权间呈现出错综复杂的互动关系,这为国际法合法性与有效性的基本理论争议,再次提供了新的论点。某种程度上讲,主权财富基金倡导的以功能为导向的全球性市场规则,将超越传统一国国内的国家和市场的分工体系,深远地影响跨国企业社会责任标准的发展、以人权保护为标准的企业行为准则的产生,突破和重构了"国际法治"或者国际法律秩序的形成和运作方式。主权财富基金投资行为的发展,改变了主权国家的传统定位。在各国对主权财富基金引导下的市场规则融合未作出正面回应之时,国际法上的争议料将持续发酵。

(二)投资东道国的监管风险

1. 公平竞争的挑战

单纯从所有者结构角度看,主权财富基金母国是主权财富基金的唯一股东和最终控制人。理论上,投资母国对于主权财富基金的影响,在投资东道国看来,应仅仅是一种出资人权的行使。出资人权蕴含了私法意义上的监管权,即母国对主权财富基金监督管理并非一种独立的权利,而只是出资人权行使的内容和结果。[③]但事实上,国家对一国的微观经济主体和国有资产要行使监管职能,是一种超越出资人职责的特殊监管权力。

---

①　李虹. 主权财富基金监管研究[M]. 北京:经济管理出版社,2014:12.

②　BACKER LARRY CATÁ. Sovereign Investing and Markets-Based Transnational Rule of Law Building:The Norwegian Sovereign Wealth Fund in Global [R]. Pennsylvania:Coalition for Peace & Ethics Working Paper,2013:7.

③　王新红. 论企业国有资产管理体制的完善——兼论国资委的定位调整[J]. 政治与法律,2015(10):132.

如果作为出资人权内容和结果的监管作用与监管权力不能有效区隔,主权财富基金参与投资东道国的市场竞争,其在母国国内兼具市场参与者、法规制定和监督实施者多重身份的优势地位可能进一步外溢,进而损害投资东道国市场的公平竞争。在当前各主权财富基金普遍存在治理受政府影响较大或是组织结构中存在大量政府官员背景的高层管理人员情况下,这一潜在的风险引发了各投资东道国深深的隐忧。

主权财富基金可能对市场公平竞争构成威胁体现在两方面。一方面,国家股东可能利用其作为母国市场监管者的优势,在主权财富基金投资过程中对相关主体施加影响,增加谈判筹码,导致主权财富基金与相关竞争者处于不平等的地位。同时,主权财富基金在所投项目中,例如股权投资中,上述优势地位可能进一步造成在被投资企业中不同股东之间的不平等。另一方面,模糊的权利与权力界限可能导致母国对主权财富基金进行补贴和扶持,推动主权财富基金不适当优势的形成,扭曲东道国市场机制。即使不存在补贴和扶持,主权财富基金自身庞大的资金量也可能给东道国的市场带来巨大冲击。

此外,这种威胁在更深层次上可能导致主权财富基金经营目标在实践中趋于模糊化。换言之,即国家或政府可能对主权财富基金进行不正当的干预,甚至将政治目的寓于主权财富基金的投资活动当中。

面对这种对本国公平秩序的挑战,各投资东道国忧心忡忡,采取了不同的手段来预防风险的发生。严格的审查成为重要的监管措施。同时,针对更大范围的以国有企业为代表的商业活动,相关反垄断立法也陆续出台。例如,为了保障竞争,欧盟层面制定了一系列反垄断法令,要求各成员国限制公共垄断,禁止国家向特定产业和企业提供补贴,以及加强国家与企业之间财政关系的透明度等。①

当然,从另一个角度讲,主权财富基金的不当优势地位也是一把双刃剑,反过来也可能导致主权财富基金的内部控制和风险管理的运行效率大打折扣,从而削弱其在市场上的竞争力。补贴和扶持,也可能导致主权财富基金缺乏自生能力,滋生预算软约束、内部人交易等弊病。但毫无疑问的是,投资东道国不会因为潜在的副作用,而放松对主权财富基金在公平竞争方面的监管。

---

① 姜影. 法国国有企业管理体制改革的历程及成效[J]. 证券市场导报,2014 (6):66.

2. 关联关系的盘根错节

依据关联关系理论,受同一主体控制的企业之间存在关联关系。依此原理,以国家或政府为唯一股东的主权财富基金,与国家所有或控股的其他企业相互之间均存在关联关系。这一问题在所有的国有企业中普遍存在,不仅是投资母国国内面临的问题,也是投资东道国在审查时的关注重点。

仅从投资东道国(地区)的角度看,面对这种情况,各国(地区)采取了不同的手段加以规定。我国香港地区对同属一国或政府出资并控股的多家上市公司豁免"同业竞争审查"。这表明,香港地区认为同属于一国或政府的上市公司之间存在的关联关系,只是可以豁免而已。从美国相关立法情况看,目前没有对特殊控股股东的豁免规定。如果同属一国或政府的公司在纽约上市,则应当谨慎处理关联交易事项,就特别事项向纽约证券交易所申请豁免是一种可行的选择。[1] 不过就个例来看,中投公司在美受到的关联审查和限制较为特殊。中投公司因持股中央汇金,中央汇金持股的中国银行、中国工商银行、中国农业银行等均在美国设有分行,因此中投公司和中央汇金在美国被界定为银行控股公司,只是在规定条件下豁免两公司在该法下的某些限制和义务。[2] 目前,阿布扎比投资委员会(ADIC)亦被界定为银行控股公司。除了上述两只主权财富基金,并没有其他主权财富基金在美国遭遇相似的界定。

整体而言,考虑到主权财富基金的特殊国有背景以及这一现象的普遍性,各投资东道国对主权财富基金背后盘根错节的关联关系采取较为温和的态度。但是这并不意味着投资东道国会持续对这一现象宽以待之,监管口径缩紧的潜在可能性如达摩克利斯之剑悬在主权财富基金头上。例如,2014年"沃尔克规则"在美国正式生效后,银行控股公司及其关联方就受到了更为严格的监管,被视作银行控股公司的中投公司在美投资,未来还可能受到更大影响。

---

① 《国资委行使股东权问题研究》课题组. 国资委行使股东权问题研究——以国资委直接持股为中心的研究[C]//国务院国有资产监督管理委员会研究局编. 探索与研究——国有资产监管与国有企业改革研究报告(2008).北京:中国经济出版社,2009:117.

② 详见第四章。

第二节　主权财富基金治理中的关键因素

一、透明度

（一）主权财富基金透明度的界定

在市场中，透明度是与信息披露息息相关的。在许多研究中，都将透明度视同于信息披露。其实，单纯的信息披露并不一定带来高透明度。透明度是对信息披露质量的一种外在的整体反映，是一个将信息披露的时间、内容、特征等要素集中于一体的概念。

主权财富基金的透明度至今在国际上没有一个被普遍接受的定义，因此对于其透明度的要求也是模糊不清、莫衷一是的。但是，国际上又普遍认为，主权财富基金的透明度是对其实施有效监管的基础。透明度主要是指主权财富基金在运作过程中公开披露信息的程度，它包括主权财富基金的基本信息透明度和投资运作透明度两个方面。[①] 从这个角度而言，主权财富基金的透明度似乎是一个纯粹的公司治理问题，与市场中其他经济主体具有相同的性质。

然而，由于主权财富基金所具有的特殊主权性质，以及不同主权财富基金存在不同的法律形式，主权财富基金的信息披露问题就不再是一个纯粹的公司治理问题。例如，以政府内部独立部门形式存在的主权财富基金作为一个政府部门而非企业，与采取国有企业法人形式或资产池形式的主权财富基金，在信息披露上应遵循不同的原则和标准。

总的来说，透明度需要明确下述三个问题：

1. 信息披露的对象

主权财富基金披露信息的对象主要有三个，即母国政府和相关部门（如财政部、中央银行等）、投资东道国政府、参与共同投资的实体或者被投资实体以及市场中的其他主体（如公众）。

2. 信息披露的内容和质量

信息披露的内容主要包括主权财富基金对资产配置、组合构成、投资策略、投资表现、财务状况、会计准则、风险收益、审计情况等信息的披露。

---

① 苗迎春. 论主权财富基金透明度问题[J]. 国际问题研究，2010（4）：57.

信息披露的质量主要是指对上述信息披露的程度。

3. 信息披露的时间和期间

主权财富基金信息披露的时间主要有事前披露，如在重要投资决策和组织结构改变之前；事后披露，如反映主权财富基金运行和财务状况的年度、季度和月度报告；事中披露，在主权财富基金运行过程中针对临时产生变化的情形作出披露。同时，信息披露也应该有一定的期间。

因此，主权财富基金透明度的原则和标准应该是围绕上述三个问题展开的，即针对不同的披露对象，在不同的时间和期间内，应当在不同的程度上披露有所区别的信息。[①]

（二）主权财富基金透明度的现有量化标准和透明度现状

目前，关于主权财富基金透明度的量化标准，主要有 L-M 透明度指数和杜鲁门计分板可以作为参考。

1. L-M 透明度指数

主权财富基金研究中心（SWFI）将 L-M 透明度指数作为衡量主权财富基金透明度的一项指标。L-M 透明度指数是由主权财富基金研究中心经济学家卡尔·林纳伯格（Carl Linaburg）、迈克尔·马杜尔（Michael Maduell）提出的，该指数以标志主权财富基金透明度的十项原则为基础进行评分（见表 7.1）。每一项赋值 1 分，满分为 10 分。主权财富基金研究中心每季度都会对各主权财富基金进行评分，各主权财富基金的得分会因其额外信息的披露而有所改变。当然，同一原则下各主权财富基金的满足程度可能存在不同，这由主权财富基金研究中心进行自由裁量。

表 7.1　L-M 主权财富基金透明度衡量指标

分数	主权财富基金透明度衡量指标的评价原则
+1	基金公布自身相关历史信息，包括创建原因、资金来源、政府所有权结构
+1	基金公布最新的独立审计年报
+1	基金公布对所投公司的持股比例和持股的地理分布信息
+1	基金公布总投资组合的市值、回报及管理费用信息

---

① 关于透明度的三个维度，参见谢平，陈超. 谁在管理国家财富？[M]. 北京：中信出版社，2010：99.

（续表）

分数	主权财富基金透明度衡量指标的评价原则
+1	基金公布指导伦理标准设定的指南、投资政策及上述指南的执行机构
+1	基金公布清晰的战略及目标
+1	基金清晰地指出子公司及联系方式（如有）
+1	基金指出外部管理人（如有）
+1	基金管理自身网站
+1	基金公布主要办公地址及如电话和传真等联系方式

（资料来源：主权财富基金研究中心（Sovereign Wealth Fund Institute,SWFI））

图 7.2 所示是主权财富基金研究中心公布的最新 L-M 透明度指数排名。[①] 上榜的主权财富基金最少将得到 1 分。但主权财富基金研究中心认为，主权财富基金透明度评分最低应达到 8 分才能符合透明度的要求。经筛选，图 7.2 中所列的 29 只主权财富基金的透明度平均得分是 6.62 分，低于主权财富基金研究中心设定的目标值。包括挪威政府养老基金、新加坡淡马锡控股（私人）有限公司在内的 8 只主权财富基金获得了 10 分的满分。经过数年的努力，中投公司的透明度评分逐步提高到 8 分，在上榜的全部 29 只主权财富基金中排名第 12 位，属于中等偏上水平。但是，榜上的另一只中国主权财富基金——国家社保基金（National Social Security Fund,NCSSF）仅得 5 分，处于排名的下游。

2. 杜鲁门主权财富基金计分板

关于主权财富基金的透明度研究，最早的量化实践来源于美国的杜鲁门计分板。[②] 2007 年，美国智库彼得森国际经济研究中心（Peterson Institute for International Economics）的埃德温·杜鲁门（Edwin Truman）为

---

① 值得注意的是，主权财富基金研究中心对主权财富基金的定义与本书的定义有所不同，本书选取了两种定义下重合的基金予以列示。为本书所定义，但未出现在 L-M 透明度指数排行榜上的基金可能因为定义不同而未被列入评分范围，也可能因为均不符合上述十项原则而未能上榜。这些基金包括：阿联酋阿布扎比投资委员会（Abu Dhabi Investment Council,ADIC）、阿联酋迪拜伊斯提斯马世界投资公司（Istithmar World Capital LLC）、阿联酋迪拜国际金融中心（Dubai International Financial Center）、阿联酋拉斯海马投资局（Ras Al Khaimah Investment Authority）、尼日利亚未来世代基金（Future Generations Fund）以及圣多美和普林西比民主共和国国家石油账户（National Oil Account）。

② TRUMAN EDWIN M. A Scoreboard for Sovereign Wealth Funds [C]// Conference on China's Exchange Rate Policy. Washington，DC,2009:1—15.

了对主权财富基金进行评价,提出了一套较为完整的计分标准并定期发布。随着主权财富基金的发展,结合《圣地亚哥原则》的内容,该计分板经2008年和2013年两次调整,由最初的25项指标扩充至33项,并将得分

图 7.2　2018 年第一季度 L-M 透明度指数排名
[数据来源:主权财富基金研究中心(Sovereign Wealth Fund Institute,SWFI)]

换算成百分制,以完善对主权财富基金的信息披露和公司治理的要求。①
计分板指标包括主权财富基金的结构、治理、透明度与可问责性、行为方
式四大分类。各指标的相关分布为基金结构 8 项、基金治理 7 项、透明度
与会计责任 14 项、行为方式 4 项。具体而言,各项指标如下:

A. 基金结构

1. 基金的目标是否有明晰的陈述?

2. 基金是否具有明晰的法律框架?(这一标准参考了《圣地亚哥原
则》)

3. 基金结构变动的程序是否清晰?

4. 整体的投资战略是否有明晰的陈述?

(以下四项关于财务处理)

5. 基金的资金来源是否明确?

6. 基金本金和收益的后续使用是否明确?

7. 基金的运作是否合理地结合了财政和货币政策?

8. 基金是否和母国的国际储备相区隔?

B. 基金治理

9. 设定基金投资战略时政府的角色是否明确界定?

10. 基金管理的主体是否明确设定?(这一标准参考了《圣地亚哥原
则》)

11. 负责投资战略执行的经理人是否明确设定?

12. 具体的投资决定是否由经理人作出?

13. 基金是否拥有针对其经营和员工的内部伦理标准?(这一标准
参考了《圣地亚哥原则》)

14. 基金是否具有并遵守适当且可为公众获取的企业责任指南?

15. 基金是否具有并遵守伦理指南?

C. 透明度与可问责性

(以下四项关于投资战略实施情况)

16. 基金发布的常规投资报告是否包括投资种类的信息?

---

① BAGNALL ALLIE E, TRUMAN EDWIN M. Progress on Sovereign Wealth Fund
Transparency and Accountability: An Updated SWF Scoreboard [R]. Washington, DC:
Peterson Institute for International Economics, 2013: 6.

17. 投资战略是否基于一定的衡量基准？（新）

18. 投资战略是否基于信用等级？（新）

19. 投资项目授权的受托人是否明确？

（以下五项关于投资活动情况）

20. 基金常规投资报告是否提及基金的规模？

21. 基金常规投资报告是否提及基金的收益信息？

22. 基金常规投资报告是否提及基金投资地理分布的信息？

23. 基金常规投资报告是否提及基金特定投资的信息？

24. 基金常规投资报告是否提及基金的资金流组成信息？

（以下两项关于报告情况）

25. 基金是否至少对其活动和成果发布年度报告？

26. 基金是否发布季报？

（以下三项关于审计情况）

27. 基金是否接受常规的年度审计？

28. 基金是否即时公布其运作和账户审计报告？

29. 审计是否独立？

D. 行为方式

30. 基金是否具有运营管理机制？（这一标准参考了《圣地亚哥原则》）

31. 基金是否具有杠杆运用的政策？

32. 基金是否具有衍生品使用的政策？

33. 基金是否具有指南指导对投资组合进行调整的性质和速度？

以上 33 项标准中，如果主权财富基金完全满足得 1 分，不满足为 0 分，部分满足则可能得到 0.25、0.5 或 0.75 分。在杜鲁门计分板中，"透明度与可问责性"单列，占据将近一半的比重，重要性得到了突显。应予明确的是，作为具体指标的"透明度"，关注的是主权财富基金投资运作的动态披露过程，相比广泛定义的"透明度"包含各类动态和静态的基本指标，其属于狭义的范畴。杜鲁门计分板在 2007 年至 2013 年间对各主权财富基金的透明度进行了持续评分。最新一次评分在 2013 年，测度的是 2012 年全球各主权财富基金的透明度表现。

尽管部分主权财富基金的透明度缺乏明显的进步，但整体而言，自杜鲁门计分板发布五年来，大量的主权财富基金已经在透明度上取得了巨大进步。包括阿布扎比投资局、新加坡政府投资有限公司在内的多家主权财富基金提升均超过 50%,中投公司、穆巴达拉发展公司等则增加了20%以上的得分。其中,多数主权财富基金的指标增长发生在 2007 年至2009 年间,其时主权财富基金发展火热,且要求主权财富基金更加透明、肩负起更多责任的呼声也不绝于耳。增长主要体现在披露基金结构变化历程、明确投资授权的受托人、公布审计报告以及公布基金的收益信息。其后,主要的增长指标则集中在投资的现金流构成、出台伦理指南等方面。在得分最高的主权财富基金中,共同特点是对主权财富基金的目标、资金来源等有明晰的陈述,投资遵循经理人的指引,且基金结构改变时有明确的程序规范。

(三) 主权财富基金的透明度标准比较及局限性

表 7.2 将使用杜鲁门计分板、L-M 指数及《圣地亚哥原则》所衡量的共 29 支*主权财富基金及其他政府投资基金的透明度做了比较,《圣地亚哥原则》涵盖了杜鲁门计分板 33 个指标中的 25 项,从另外一个角度看,则是杜鲁门计分板指标涉及 16 条《圣地亚哥原则》,占 75%。下文依照杜鲁门的计分标准对各主权财富基金予以赋分,从而量化衡量《圣地亚哥原则》下的主权财富基金透明度。从这所列 29 只基金的平均得分可以看出,透明度整体有了一定程度的提高,在杜鲁门计分板标准的衡量下,这种提高更为明显;而在 L-M 指数标准的衡量下,这种提高并不十分显著。

表 7.2　杜鲁门计分板、L-M 指数与《圣地亚哥原则》的比较

国家或地区	主权财富基金名称	杜鲁门计分板		L-M 指数		圣地亚哥原则	
		2007 年	2013 年	2011 年	2014 年	25 个交叉要素	16 个交叉要素
挪威	Government Pension Fund-Global	92	98	10	10	98	99
阿联酋—阿布扎比	Abu Dhabi Investment Authority	2	58	4	6	71	78

---

*　需说明的是,之所以第一章定义有 38 只基金,此处只有 29 只,是因为不同的评分体系下,基金的范围不一,因此此处只列举了 29 只各评分体系都有评分的基金。

（续表）

国家或地区	主权财富基金名称	杜鲁门计分板		L-M 指数		圣地亚哥原则	
		2007 年	2013 年	2011 年	2014 年	25 个交叉要素	16 个交叉要素
中国	China Investment Corporation	24	64	7	8	70	79
科威特	Kuwait Investment Authority	48	73	6	6	77	85
新加坡	Government of Singapore Investment Corporation	9	66	6	6	79	82
卡塔尔	Qatar Investment Authority	8	17	5	5	17	20
阿联酋—迪拜	Investment Corporation of Dubai		21	4	5	22	19
新加坡	Temasek Holdings	54	76	10	10	82	84
俄罗斯	National Wealth Fund and Reserve Fund	38	53	5	5	56	49
澳大利亚	Australian Government Future Fund	68	89	10	10	96	96
韩国	Korea Investment Corporation	36	69	9	9	76	77
哈萨克斯坦	Kazakhstan National Fund	58	71	6	2	75	78
阿联酋—迪拜	International Petroleum Investment Company		46	3	9	47	53
阿联酋—迪拜	Mubadala Development Company PJSC	14	65	10	10	70	72
利比亚	Libyan Investment Authority		6	2	4	7	25
文莱	Brunei Investment Agency	10	21	1	1	28	25
马来西亚	1 Malaysia Development Berhad	38	59	5	9	64	69
阿塞拜疆	State Oil Fund of Azerbaijan	66	88	10	10	90	87
新西兰	New Zealand Superannuation Fund	92	94	10	10	98	97
东帝汶	Timor-Leste Petroleum Fund	87	85	6	8	80	73
阿联酋—迪拜	Istithmar World	15	17			16	19
巴林	Mumtalakat Holding Company		39	9	9	43	39

（续表）

国家或 地区	主权财富 基金名称	杜鲁门计分板		L-M 指数		圣地亚哥原则	
		2007 年	2013 年	2011 年	2014 年	25 个交 叉要素	16 个交 叉要素
阿曼	State General Reserve Fund	20	27	1	4	32	32
爱尔兰	Ireland Strategic Investment Fund		90	10	10	94	85
安哥拉	Fundo Soberano de Angola		15			20	27
尼日利亚	Future Generations Fund		18	1	9	24	23
越南	State Capital Investment Corporation		38	4	4	42	45
基里巴斯	Revenue Equalization Reserve Fund	30	35	1	1	44	54
圣多美和普林西比民主共和国	National Oil Account	49	48			58	60
平均得分		41	53	6	7	58	60
规模最大的10 只		30	65	6	7	71	75
IFSWF 成员国		40	55	6	7	59	61
非 IFSWF 成员国		57	52	6	6	57	59
满分		100	100	10	10	100	100

［数据来源：主权财富基金研究中心（SWFI）、彼得森世界经济研究所（Peterson Institute for InternationalEconomics）、Investment Frontier，以及各国主权财富基金官方网站］

从全球规模最大的十只主权财富基金来看，透明度出现了从低于平均水平到高于平均水平的变化。加入主权财富基金国际论坛（IFSWF）的成员国，其主权财富基金的平均透明度高于非成员国主权财富基金平均透明度。不过，虽然大部分主权财富基金都对投资策略加以披露，但很少披露具体运行情况和投资绩效。无论依照上述哪一种标准进行衡量，主权财富基金的透明度依然整体偏低，且参差不齐。

这种现状说明，在目前的主权财富基金监管框架下，主权财富基金普遍缺乏提高透明度的动因。同时，其也在一定程度上反映了 L-M 指数、杜鲁门计分板的局限性。

首先，上述主权财富基金透明度的评价标准存在一定的主观评判因素。对于每一项要素，均缺乏统一的衡量标准。同时，上述标准更多地从投资东道国的角度而非母国的角度加以评价,可能有失偏颇。

其次,现有的衡量标准主要是对主权财富基金信息披露的内容作出要求和评价,而忽视了对不同披露对象、时间、标准的考虑。在信息披露的对象上,没有对母国政府、东道国政府、社会公众等加以区分;在信息披露的时间上,没有对事前、事中、事后披露加以区分;在信息披露的标准上,主权财富基金不同的法律形态必定会带来不同的信息披露标准(如主权财富基金的审计程序)。

最后,目前很难搜集到有助于判断的所有公开信息,不同的评价体系之间缺乏良好的沟通和协调,因此增加了对主权财富基金透明度作出准确判断的难度。

(四)反思:透明度与投资目标、投资策略、经济收益的关系

在世界范围内,主权财富基金的透明度水平参差不齐、差异巨大。主要原因在于主权财富基金在透明度的提升上缺乏足够的动力,因此各主权财富基金的透明度披露存在不同程度的缺失。正如《关于成员国适用〈圣地亚哥原则〉的经验报告》中提到的,只有少数主权财富基金国际论坛的成员国认为提高主权财富基金的透明度有助于其在市场上获得更多的商业优势。事实上,主权财富基金透明度与其投资目标、投资策略和经济收益都没有直接的逻辑联系。

1. 透明度与投资目标

学界和实务界普遍认为,区别于一国用于干预流动性的外汇资产,主权财富基金是出于宏观经济目的而建立的,以中长期投资为主。但许多投资东道国基于对主权财富基金存在非经济目标的怀疑,对主权财富基金采取限制和歧视性态度。它们认为,透明度的提高可以有效缓解这种怀疑。然而透明度并不是一个能衡量主权财富基金目标的有效标准,由于主权财富基金的投资目标和透明度并无逻辑上的因果关系,因此透明度提高并不一定能有效消除东道国的疑虑。例如,挪威政府养老基金的投资目标也并不完全基于经济或财务上的考虑,而是掺杂了社会公平、环境正义等非经济目标。[①]该基金已是现有透明度评价体系下透明度最高的主权财富基金之一,但其投资目标及其可能引发的投资障碍并不一定

---

① CLARK GORDON L., MONK ASHBY H. B. The Legitimacy and Governance of Norway's Sovereign Wealth Fund: The Ethics of Global Investment [EB/OL]. (2009-9-15) [2017-03-22]. http://ssrn.com/abstract=1473973.

会因透明度的提升而改变或消除,相反,相关疑虑可能随着信息的披露而变本加厉,甚至导致东道国政府完全将相关投资拒之门外。

　2. 透明度与投资策略

　投资东道国往往对投资政策积极的主权财富基金存在政治隐忧,担心战略性收购的发生。但主权财富基金的投资策略实质上与其透明度没有直接联系。

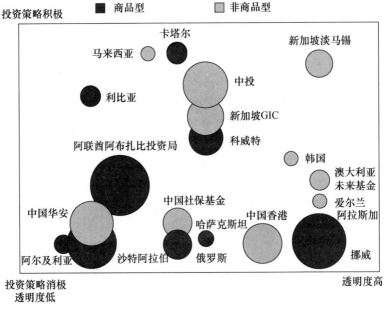

图 7.3　主权财富基金的透明度与投资策略
(资料来源:主权财富基金研究中心(Sovereign Wealth Fund Institute,SWFI))

　根据主权财富基金研究中心的研究,如图 7.3 所示,主权财富基金的透明度如何,主要与其法律框架的性质有关,而与其投资策略积极与否不具有明显的联系。如新加坡的淡马锡控股公司,其投资策略相当积极,同时也具有很高的透明度。因此,透明度高低也不能衡量主权财富基金的投资策略,反之亦然。

　3. 透明度与经济收益

　主权财富基金透明度与其投资带来的经济收益之间的关系同样是不确定的。下文建立了一个简单的主权财富基金信息披露博弈模型,对这种不确定关系进行说明。在主权财富基金进行投资的过程中,所涉及的主体主要包括主权财富基金、母国、东道国和其他市场参与者。在这一博弈过程中，主权财富基金可以作出的选择是披露信息与不披露信息，而东道国可以作出的选择是接受投资与拒绝投资。

表 7.3　主权财富基金信息披露博弈的支付矩阵

	主权财富基金披露信息	主权财富基金不披露信息
东道国接受投资	R_1，R_2-C	R_1，R_2+R_*
东道国拒绝投资	0，$-C$	0，0

如上表的支付矩阵所示，此处描述的是一个简单的、静态的单次博弈，不考虑其他非经济因素。假设当东道国接受主权财富基金的投资时，东道国获得的经济收益为 R_1，母国的主权财富基金获得的经济收益为 R_2；主权财富基金由于信息披露所付出的成本为 C，不披露信息可能带来的收益为 R_*。

可以看出，对于主权财富基金来说，无论东道国是否接受其投资，不披露信息时所获得的经济收益都更多；对于东道国来说，无论主权财富基金是否披露信息，都应该接受投资。这似乎证明了，在主权财富基金不披露信息且东道国接受投资的情形下，双方得到的收益是最大化的，即在不考虑其他因素的情形下，主权财富基金不应该披露信息且东道国没有理由不接受其投资。

但是，这种博弈的情形是理想化的，也是不现实的。在现实中，信息披露的成本是不确定的，而不披露信息带来的收益也很难衡量。同时，如果主权财富基金选择披露一部分信息，市场中的信息不对称情况有所缓解，那么 R_1 和 R_2 很可能都会高于不披露信息时双方的收益。此外，当主权财富基金不披露信息时，会增加东道国获得收益 R_1 的风险。构成这种风险的因素既有经济的，也有政治的。此时，东道国为了克服风险对收益带来的不确定影响，会更倾向于在主权财富基金进行信息披露时接受投资，而在其不披露信息时拒绝接受投资。这是东道国在信息不对称环境下的理性选择。

二、外部资产管理人引入

所谓引入外部资产管理人是指通过组成外部管理人投资公司或者委托给专业的资产管理人对主权财富基金进行运营管理。其脱离了政府的直接管理或干预，依照市场化的模式进行运作，以商业利益的最大化为最终目标。外部资产管理人包括投资银行、私募股权公司、对冲基金以及传统资产管理公司等。根据渣打银行的调查报告显示，全世界约有 60% 的主权财富基金采用外部人管理模式，约有 70% 的主权财富基金的资产是委托外部专业投资机构进行管理的。① 前述的阿布扎比投资局，80% 资产由外部基金管理，只把投资组合中的一小部分投入私募股权和基础设施。作为主权财富基金进行全球配置的先行者，挪威政府养老基金也青睐于使用外部管理人来提高资产管理绩效，从开始启用外部管理人至今，外部管理人的数目除因 2010 年前后战略调整以外，呈逐年递增态势（如图 7.4 所示）。②

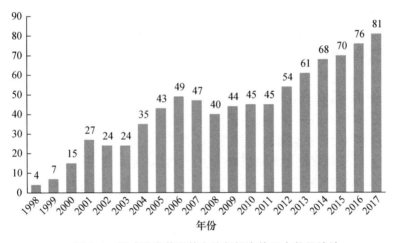

图 7.4　挪威政府养老基金外部投资管理人数目统计
［数据来源：挪威银行投资管理部（Norges Bank Investment Management）］

---

① 谢平，陈超. 谁在管理国家财富？［M］. 北京：中信出版社，2010：4.

② 战略调整在于对固定收益证券外部管理人的调整。固定收益证券外部管理人适用的策略与股权外部管理人的策略有所不同。固定收益证券外部管理委托中消极的超额回报要求主要是因为固定收益证券暴露在各市场当中；而股权类投资的外部管理委托则要求积极的超额收益，其原因在于投资的是精心挑选过的公司。经验显示，固定收益证券外部管理人要比股权类投资的外部管理人消极得多。因此，从 2010 年开始，挪威银行投资管理部开始逐步减少固定收益证券外部管理人数量，截至 2015 年 12 月 31 日，其数目已大幅缩减。参见 Norges Bank Investment Management. External Management of the Fund's Management［EB/OL］.（2015-02-19）［2017-03-22］. https://www. nbim. no/en/transparency/features/2011-and-older/2011/external-management-of-the-funds-management/？ _t_id＝1B2M2Y8AsgTpgAmY7PhCfg%3d%3d&_t_q＝external＋managers&_t_tags＝language%3aen%2csiteid%3ace059ee7-d71a-4942-9cdc-db39a172f561&_t_ip＝111. 195. 3. 90&_t_hit. id＝Nbim_Public_Models_Pages_NewsItemPage/_2e5c551e-baa5-4389-888e-776486cc89b0_en-GB&_t_hit. pos＝7.

（一）外部资产管理人管理主权财富基金的优势

鉴于美国和欧洲等投资东道国或地区的金融保护主义日盛、可能带来风险，以及设立内部投资组合管理团队所面临的高成本和困难，借助外部的资产管理人成为主权财富基金争取主动权的一个现实选择。[1] 引入外部资产管理人的优势体现在两个方面：

一方面，商业利益最大化目标突显。尽管如前所述，主权财富基金并非单纯地追求商业利益最大化，但商业化的财务目标确是其他目标实现的基础。而这一目标的强调，也可以消除投资东道国政治上的指控与阻力。外部资产管理人的引入可以使这一目标得到最大程度的表达。

首先，外部资产管理人的引入，势必要求主权财富基金的内部组织架构、治理模式与管理团队能够与外部管理人实现对接，从而实现基金的商业化、专业化与独立化，突出董事会与专业投资委员会的核心决策职能与自主权，讲究组织上的精简与决策的效率。

其次，包容外部资产管理人的主权财富基金，其运作更趋近于国际金融市场上的私人投资公司。其运作不同于政府行政机关的运行架构，避免了官僚组织的死板僵化，隔离了来自各方面的政治上的影响与官僚干预，防止多元但往往互相冲突的目标对基金商业化运作的干扰。

另一方面，外部资产管理人的引入，提高了投资的效率。

首先，主权财富基金成立之初，作为幼稚阶段的机构投资者，外部资产管理人的引入既可以弥补政府投资机构专业人才的不足，形成对执行战略的内部资源的补充，也可以帮助主权财富基金获得较高的预期投资回报。以挪威政府养老基金为例，自从基金成立以来，扣除成本后，外部投资管理人为基金创造了 150 亿挪威克朗的价值。截至 2017 年底，有4510 亿挪威克朗的资金在外部管理人的经营之下[2]，即 5.31% 的资产现由外部管理人打理。特别是在新兴市场里，对中小企业和环境领域企业的投资方面，外部管理人的启用帮助基金实现了全球化、多元化资金配置的主要目标。

其次，借助此举也可与外部投资管理人分享其占有的信息优势，得到

---

[1]　都父. 主权财富基金的暗战[J]. 国际融资，2008（1）：26.

[2]　Norges Bank Investment Management. External Managers[EB/OL].［2017-03-22］. https://www.nbim.no/en/investments/external-mandates/external-managers/.

外部专业机构所能提供的投资研究报告、市场情报资讯与投资管理经验等,从而提高投资的效率。同样以挪威政府养老基金为例,授权外部投资管理人运行的项目主要集中在一些当地知识和商业存在非常重要、且超出挪威银行投资管理部自身能力和素质的市场和行业。相关外部管理人对当地公司的信息有更好的理解、更佳的获取路径;而且当地管理人能够有更多的机会视察被投资企业,并参与其管理。① 这些项目主要集中在新兴市场或行业,其中最主要的是健康看护以及新能源和水资源管理技术行业。

再次,由外部资产管理人进行投资,避免了主权财富基金在国际金融市场上直接出面竞购资产,在相当大程度上可以减少主权财富基金面临的特殊市场风险与政治风险。②

最后,利用外部资产管理人对各国政府的游说与操控能力,主权财富基金可以牵制"金融保护主义",提升投资的成功率。

事实上,主权财富基金原本就是国际投行等专业投资机构兜售的一个概念。深化的市场规模和增加的全球流动性有助于专业投资机构管理收入的上涨,有利于它在全球价格飙升过程中,通过自营业务获利。因此,主权财富基金的需求与专业投资机构自身利益相契合,主权财富基金主动引入外部投资管理人是一个双赢的过程,可以促进主权财富基金的发展。

(二) 各主权财富基金引入外部资产管理人的经验总结

1. 严格的标准、挑选程序与过程监督

对于外部投资管理人的引入,各典型的主权财富基金均实施了一套完整的程序予以规范。程序从挑选管理人开始,到外部资产管理人选定并从事投资,严格的考察标准贯穿始终。各基金十分重视投资管理人的

---

① Norges Bank Investment Management. External Management of the Fund's Management [EB/OL]. (2015-02-19) [2017-03-22]. https://www.nbim.no/en/transparency/features/2011-and-older/2011/external-management-of-the-funds-management/?_t_id=1B2M2Y8AsgTpgAmY7PhCfg%3d%3d&_t_q=external+managers&_t_tags=language%3aen%2csiteid%3ace059ee7-d71a-4942-9cdc-db39a172f561&_t_ip=111.195.3.90&_t_hit.id=Nbim_Public_Models_Pages_NewsItemPage/_2e5c551e-baa5-4389-888e-776486cc89b0_en-GB&_t_hit.pos=7.

② 胡祖六. 管理主权财富基金 [EB/OL]. (2007-08-06) [2017-03-22]. http://www.caijing.com.cn/2007-08-06/100026054.html.

组织、资产与客户、管理业绩、投资控制能力等方面的情况，并对外部基金经理在研发、团队组建、投资决策等方面有着明确的要求，以保证资金的投资绩效和安全。

以挪威政府养老基金为例，外部投资管理人首先必须取得一国的合格资质，且该国的金融业必须具有健全的规制和监督机制。外部投资管理人的运行必须有符合要求的道德准则加以约束，对其下属部门有良好的授权机制，并且内部有良好的组织架构。其次但最重要的是，在挪威银行投资管理部引入外部投资管理人的特定领域，管理人必须具备卓越的从事专业运营管理的能力。管理人必须拥有分析师和投资组合经理，他们的主要关注点正是投资战略的核心问题。管理人具有这一信息优势地位必须完全是自主经过独立的信息收集和分析获得的。

挪威银行投资管理部设定的挑选程序包括信息收集、分析、会面和评估。整个程序从挪威银行投资管理部与管理人的第一次会面到授权赋予决定作出，通常花费 6 至 8 个月。在挪威银行投资管理部启动这一程序之前，挪威银行投资管理部就运用大量如市场参与者、观察员、数据库的独立渠道提前对候选人进行识别。

外部投资管理人首先要完成一份问卷调查，内容涉及管理人的所有者结构、所管理资产、投资程序、员工和资产组合构成。初期的调查决定挪威银行投资管理部与哪些管理人进行会面。在初始阶段，挪威银行投资管理部通常会会见 20 至 30 个不同的管理人。所有的会见将在管理人的营业场所进行，以确保会面能获得所有关于当地状况的信息，并且尽可能地会见所有可能对投资组合经理、分析师、风险管理人、操盘手投资决定产生影响的人员。

只有极少部分的管理人其后被选入更加细致的挑选程序中，在这一阶段挪威银行投资管理部要求候选人提供其组织信息及其投资组合与表现的详细历史数据。通过与管理人反复的会面，挪威银行投资管理部力求全面审视投资组合经理及其组织能力。

最终聘请管理人的决定将基于对管理人未来创造价值能力的预期作出。这项评估的关键因素在于管理人对原资产组合中公司知识的把握深度、所利用的信息资源以及其对所投公司的分析和观点与其竞争者提供的差异。对于管理人员投资组合表现的分析以及与管理人雇员对于个别公司的讨论是影响最终决定的最为重要的因素。

　　在外部资产管理人得到聘用之后,挪威银行投资管理部实施了严格的过程监督。所有外部投资管理人须经过挪威银行投资管理部的审查,包括委托协议签署前后对管理人办公室的视察、相关文件的复核以及公共渠道下的信息检索。除此之外,挪威银行投资管理部还聘请全球性的会计师事务所对管理人的背景、声誉和诚信度进行单独的评估。

　　挪威银行投资管理部要求外部投资管理人必须具备良好的运行框架。外部投资管理人以挪威银行的名义进行投资,他们仅被授权使用挪威银行管理下的证券和银行账户。所有的交易必须登记,管理人须每日报送交易和持仓数据。

　　如果发现外部投资管理人的行为与挪威银行投资管理部的预期不相符,挪威银行投资管理部将采取相关措施。在严重的案件中,相关授权将被终止。挪威银行投资管理部与外部投资管理人协议构成了所有监督的基础。在挪威银行投资管理部认为必要的任何情况下,相关协议可以被立即终止,而相关的投资组合将即刻划转由内部管理人管理。

　　这样的监督给予挪威银行投资管理部一幅实时状况的全景图。挪威银行投资管理部借此可以持续分析特定股票、行业和风险因素的交易和披露状况。这些数据也可用来分析投资回报背后的因素,检查外部投资管理人是否在授权指令和投资范围内进行运作。

　　与此类似,新加坡政府投资有限公司外部投资管理人的挑选标准是其以往的投资记录表现优秀,而且须有与众不同的投资流程。管理人必须能够适应各种投资环境,在困境中保障资本的保值,在市场稳定时获得额外回报。一部分外部投资管理人入选是由于目前其拥有比政府投资有限公司更好的寻找投资机会的能力,他们的表现评估主要基于持续的预期风险回报,以及对投资指引的遵循。[①] 当然,不同于挪威政府养老基金的外部投资管理人主要集中在新兴市场或行业,新加坡政府投资有限公司通过外部管理机构投资多元化的基金,包括房地产基金、私募基金、债券基金、指数基金以及对冲基金,甚至酌情考虑让外部管理人投资更广泛的资产类型,如全球固定收益和全球股权市场。

---

① 叶楠. 设立国视野下主权财富基金的投资问题研究[M]. 武汉:湖北人民出版社,2013:142-143.

2. 从聘用到长期持股或收购

除了聘任外部资产管理人对基金资产进行配置管理，一些资金充裕的主权财富基金正探索持股，乃至收购资产管理公司的可能性，以降低费用，并提升它们的投资专业技能。事实上，这一新模式正悄然成风。

从聘用到长期持股或收购，源于主权财富基金自身发展的需求。一方面，这一模式可以加速其提升资产管理能力。通过学习而逐步成为一家资产管理公司可能需要不少时间，而长期持股建立稳定的伙伴关系或者直接进行收购是实现这一目的的捷径。另一方面，这一模式可有效降低资产管理费用。随着主权财富基金投资组合的全球化、多元化发展，主权财富基金的资产管理人数目正与日俱增。相应的是资产管理费用激增，这促使一些主权财富基金反思自己的运营方式，寻求通过长期持股或收购的方式，来降低这一沉重的管理成本。

中投公司在 2007 年两笔颇受争议的投资，即是通过长期持股建立稳定伙伴关系的典型。当年 5 月，中投公司斥资 30 亿美元以 29.6 美元/股的价格，购买了黑石集团近 10% 的股票。随即金融危机爆发，黑石股价暴跌，中投公司承受了巨额亏损。由于所持有的黑石股票并不包含投票权，且中投公司选择不指定任何代表加入董事会，并保证四年内不会减持黑石集团的股票。在遭受巨额亏损后，中投公司履行承诺，没有减持黑石股票。由此可见，中投公司投资黑石集团并不仅仅是为了获取收益，更重要的是保障了获取专业知识和人力资本的渠道。通过建立长期的投资关系，中投公司获得了管理上的专业知识，并使西方最为老练成熟的金融专家集团对中投公司建立起良好的忠诚度。这种纽带关系可以被解读为中国国内金融监管制度的延伸，即通过人力资源管理控制金融体系，而非通过常规的保持系统稳定的股东权利和相关控制系统的权力。

2007 年 12 月，中投公司又斥资 50 亿美元入股美国第二大投资银行摩根士丹利约 9.9% 股权。与对黑石集团的投资先于金融危机爆发不同，这次入股发生在 2007 年末，彼时投资西方金融中介机构的风险已经暴露在所有投资者面前。此项投资中，9% 的利率高于市场利率，这对一般私人投资者而言明显就是赔本买卖。事实上，中投公司此时和其他主权财富基金一样扮演了重要的、仅次于金融中介机构母国央行的最后贷款人角色。在金融危机爆发后，摩根士丹利又借中投公司之力偿付了美国政府的救助资金，随后摩根士丹利即被选任为中投公司海外投资的另一重要管理人。事实证明,这项投资并非幼稚、没有经验的投资者作出的一个糟糕投资决定。

比较中投公司的这两笔投资,可以发现一种新型的投资管理模式。中投公司并不意在控制所投资的外国金融中介机构。相反,中投公司旨在建立一种长期、互惠的伙伴关系。[①] 在当前状况下,中投公司仍然需要外国的专家来帮助它处理全球金融市场波动带来的影响。完成投资后,中投公司和黑石集团、摩根士丹利建立了良好的合作关系。二者成为中投公司进入国际市场的桥梁,它们向中投公司推荐海外的优质项目,同时其提供的人员技术培训和行业交流对中投公司是非常重要的。对于当时刚刚成立的中投公司而言,上述隐形的人力资本红利比单纯计算收益率可能更重要,也深远得多。

收购方面,尽管目前尚无成功案例,但隶属银行旗下一些拥有强大独立品牌的资产管理公司可能会出现在主权财富基金收购目标的名单之首。很多银行都有强烈的资产出售意愿。[②]这一趋势值得我们注意和反思。当然,收购资产管理公司等投资管理人,仍需解决的问题包括,管理人资金管理能力之外,销售技能等并非主权财富基金所要吸收的专业技能。如何将相关业务剥离是收购协议需要作出安排的重点。某种程度上说,主权财富基金必须在收购整个管理人公司或仅仅收编一个管理人团队之间作出权衡。

3. 合作与跟投

随着金融保护主义的不断升级,不少投资东道国基于对本国金融业的保护,借助国家安全审查等诸多方式,就主权财富基金对外部管理人的收购进行限制。因此如前所述,越来越多的主权财富基金选择跟随私募基金、风险投资基金从事直投,而非采取以往成为这些基金有限合伙人的方式;或是采取跟外部资产管理人合作的方式进行有关投资,让投资对外界开放,让其他投资者进入,从而减少相关阻力。例如,2017 年 3 月,中投公司的子公司中投海外就联合麦格理基础设施和实物资产投资基金、

---

① HATTON KYLE, PISTOR KATHARINA. Maximizing Autonomy in the Shadow of Great Powers: The Political Economy of Sovereign Wealth Funds [J]. Columbia Journal of Transnational Law. 2012,(1):54.

② 史蒂夫·约翰逊. 主权财富基金瞄上资产管理公司[EB/OL]. (2015-12-31)[2017-03-22]. http://www.ftchinese.com/story/001045548.

安联集团旗下投资公司 Allianz Capital Partners GmbH、卡塔尔投资局、英国资产管理公司 Hermes Investment Management、Dalmore Capital 及 Amber Infrastructure 完成了对英国国家电网公司配气管道资产的 61%股权收购。①除此之外,2017 年 11 月中投公司与美国高盛集团签署了战略合作谅解备忘录,成立中美制造业合作基金,该基金目标承诺投资额 50 亿美元,将投资于美国制造业、工业、消费、医疗等行业企业。②

　　在优化已有多双边基金和平台基金的同时,中投公司还发起设立新的多双边基金及平行基金,搭建跨境双向投资合作平台。多双边平台基金领域,中投海外完成丝路基金增资,续聘中爱科技发展基金第二期,完成中俄投资基金第二次注资,推动中法第三方市场合作基金、中墨基金等工作。

---

　　① 英国国网是以英国为总部的国际电力及天然气网络集团,其配气管道业务占据英国近 50%的市场份额,也是英国第一大配气管道运营商。

　　② 中投公司. 中国投资有限责任公司 2017 年年度报告［R］. 北京:中投公司,2018:38.

第八章　世界经济新常态下主权财富
基金的运行困境与规则重构

第一节　新常态下主权财富基金
面临的投资与治理难题

一、新常态释义

新常态(New Normal)是指 2008 年金融危机后,全球经济持续萧条、失业率居高不下的状态。新常态下,全球经济短时间内无法迅速回转增长,即难以实现"V"字型弹性恢复。[①]

2009 年 5 月太平洋投资管理公司(PIMCO)报告中首次使用新常态来诠释危机后世界经济的新特征。2014 年太平洋投资管理公司前首席执行官及联席首席投资长穆罕默德·埃尔·埃里安(Mohamed El-Erian)在接受采访时重申,新常态的主要表现是"低增长、高失业以及投资的低回报"。造成这种现象的根源在于,在 1987 至 2007 年长达二十年的"大稳定"时期,全球许多经济体为刺激经济发展,均经历了一段时期的超额杠杆、过度举债、不负责任地承担高风险和信贷扩张的过程。上述举措产生的副作用需要很多年才能完全恢复,如今这种副作用正在持续发酵。

新常态其实深深地内嵌于经济周期当中。从"大稳定"转换为大危机,并进而进入以长期结构调整为主要特征的新常态,其实只是被"大稳

---

① EL-ERIAN MOHAMED. 'The New Normal' Has Been Devastating for America[EB/OL]. (2014-05-22)[2017-03-22]. http://www.businessinsider.com/el-erian-state-of-the-new-normal-2014-3.

定"繁荣掩盖下的各种矛盾产生、累积、深化、蔓延和爆发的结果。从长周期的视角来看,"大稳定"的辉煌恰恰是由于全球经济正处在长周期的上行阶段,而经济增长的转折则预示着全球经济转向下行周期的开始。[①]

新常态的持续一方面是经济周期的客观规律所致,另一方面又与政府政策的滞后与过度宽松息息相关。首先,引发金融危机爆发的经济发展方式、经济结构、财政结构和金融结构严重扭曲等主要因素,至今依旧没有得到合理解决。政策回应往往滞后于这些现象的发展,在政策生效前,经济增长和就业的挑战实际上已因为总需求不足和对供给侧的忽视而进一步加剧。当新常态真正开始显现,政治环境已经不利于作出全面反应。

不仅如此,在危机救助的过程中,各国相继推出的超常规调控措施,在防止危机产生多米诺骨牌死亡效应的同时,也逐渐显现出巨大的负面影响。过度的货币供应、政府债台继续高筑、松懈的市场纪律,以及社会动荡愈演愈烈,便是最显著的表现。[②]

二、主权财富基金所面临的市场、政治、法律风险

新常态下,世界经济逡巡不前,主权财富基金投资收益波动大,对外投资难度剧增。同时,世界经济的长期停滞引发了一系列衍生性现象,如金融保护主义加剧,全球治理出现真空,地缘政治紧张、汇率波动、国际游资肆虐、"息差交易"盛行。法律领域则体现为"国际法治"受到挑战,即国际社会普遍接受的公正法治的共识降低,统一的跨国经贸投资规则不被遵守,各国在多边或双边协议中处于更不平等地位;金融保护主义下个别国家的单边倾向突出,其意志高于国际社会公认的自由、平等原则。这种情况给主权财富基金的运作带来巨大风险,可谓进退维谷。

（一）市场不确定性增加

新常态中的国际经济环境呈现复杂多变的形势,市场不确定性的增加,加大了主权财富基金对外投资的风险,投资收益波动较大。从主权财富基金内部治理的角度看,主权财富基金境外投资回报率的下降、母国的财政收入的缩水,使得主权财富基金的两大基础目标——财务回报和财

---

① 李扬,张晓晶."新常态":经济发展的逻辑与前景[J].经济研究,2015(5):5.
② 李扬.中国经济发展的新阶段[J].财贸经济,2013(11):6.

政稳定难以平衡,有限资金与目标实现间的矛盾加大。

当前,世界经济仍处于金融危机后的深度调整期。发达市场方面,美国经济增长虽然领先主要发达经济体,但受美元升值和外需疲弱影响,忧虑仍存;欧元区受量化宽松、低油价、中性财政政策支撑,经济温和复苏,但投资仍较疲弱,内生增长动力不够强劲;日本经济出现技术性衰退,核心消费者价格指数下行并再次落入负区间。① 复杂多变的国际经济环境增加了欧美市场的投资风险,主权财富基金对外投资往往难以达到预期收益。新兴市场方面,尽管其在危机期间起到重要的缓冲器作用,在后危机时期却难以成为带动全球经济快速增长的火车头。② 相关市场经济增长低迷,部分国家陷入衰退甚至动荡。中国经济增速也趋缓,发展面临较大压力。新常态下,各国经济均陷入"去杠杆化"和"修复资产负债表"的两难境地,致使经济恢复进程不如预期。2015年以来,全球股票、大宗商品价格、非美元货币等均出现深度下跌,给主权财富基金的国际投资活动带来极大的风险和挑战。

投资收益下降的同时,主权财富基金的资金来源也在新常态下捉襟见肘。主权财富基金原始资金增长的两个主要引擎,即新兴市场出口顺差和高能源价格,目前已经呈现颓势。在可预见的未来,商品出口国曾经强势的外汇储备流入将会持续减缓。为此,各主权财富基金都在努力平滑外汇流入下降带来的影响,将资产配置于规模更大、风险更高的股权投资项目,甚至是在传统上被普遍认为是"安全且庞大"的资产领域,如不动产、基础设施等,其管理模式也趋向于更为积极的态度。此外,由于商品价格的波动较过去几十年更为剧烈,主权财富基金投资多元化的要求较之以往更为迫切。诸如沙特阿拉伯等经济体有更强烈的愿望将更多的资产投入到主权财富基金中,以摆脱石油收入的束缚,寻求持有更为多元的资产。另一方面,大宗商品价格、出口量走低不仅减少了外汇储备的流入,更会导致国内经济压力递增。国内财政预算赤字迫使政府从主权财富基金中抽离部分资金以支撑国内经济。这种转变又需要主权财富基金减持部分长期国外资产,将资金配置在低风险、流动性强的资产上,以应

---

① 中投公司. 中国投资有限责任公司 2015 年年度报告 [R]. 北京:中投公司,2016:3.
② 楼继伟. 新兴市场崛起与中投选择[N]. 新世纪周刊,2010-02-08.

对不时之需。① 从资产配置的目标和分布上可以看出，主权财富基金面临着维护短期财政稳定性抑或追求长期多元资产配置的根本性抉择，需要在财务回报和财政稳定两者之间作出取舍。在"大稳定"时期，模糊、矛盾的任务和规则尚容易调和，但到了新常态下，这些问题变得尖锐而极端，国内日渐分歧的观点也导致这些主权财富基金的运作更加具有不确定性。

数据显示，新常态下多数主权财富基金似乎更强调长期多元资产的配置，通过强化在不动产领域的投资，从安全但收益较低的美国市场撤资，来重新布局投资组合。但问题在于一旦危机再次来临，主权财富基金将因其追求高收益而承受更大的流动性风险。

（二）保护主义日益盛行

投资东道国巨大的政策不确定性，在主权财富基金头上时时悬着一把达摩克利斯之剑。监管口径松紧变化、贸易上自由与保守派别博弈加剧、政策导向不确定性增强，都可能给主权财富基金造成前所未有的冲击。

投资东道国的保护主义倾向自主权财富基金出现之时便一直存在，只是随着全球经济形势的变迁而消长。在主权财富基金盛行之初，全球经济基本面整体向好。面对来自新兴市场经济体主权财富基金的快速发展，投资东道国尤其是西方发达经济体，为了稳定本国工业与金融体系、保证国内资金供应、防止本国资产被外国投资者收购，试图通过行政和立法等手段对其进行干预，使全球主权财富基金的投资活动遭遇一定的保护主义壁垒。但到了 2008 年，受金融危机重创的经济体对主权财富基金的排斥几乎烟消云散，对外国政府（不仅来自于主权财富基金）救援所抱有的负面态度大为改观。主权财富基金如同西方金融机构的白衣骑士，攻破保护主义的壁垒，收获了不少进展。然而，随着全球经济形势的企稳，金融危机后经济进入深度调整期，"弱增长、大分化"趋势显现，保护主义重新抬头。新常态导致各国经济发展和宏观政策"差异化"、地缘政治扰动"长期化"②，政治紧张局势使发达经济休成为政策不确定性的焦点，世界各地的保护主义措施卷土重来。

在美国，反移民和反贸易说辞自 2016 年总统选举开始就占据突出位

① Sovereign Investment Lab. Towards a New Normal：Sovereign Wealth Fund Annual Report 2014 [R]. Milan：Sovereign Investment Lab，2015.

② 中投公司. 中国投资有限责任公司 2015 年年度报告 [R]. 北京：中投公司，2016：5.

置,最终特朗普逆势当选,"去全球化"的呼声更是甚嚣尘上。实际上近些年中国企业在美多项收购案失败,与保护主义的兴起息息相关。远至2005年,计划以185亿美元竞购优尼科(Unocal Corporation)的中海油(CNOOC),在有迹象显示小布什总统将进行阻止之后,被迫放弃了竞购。近如2016年,奥巴马总统因为担心收购可能会"损害美国的国家安全",阻止了中国投资者收购德国芯片制造商爱思强(AIXTRON)。特朗普总统入主白宫后,对其所谓的"经济竞争对手"——中国采取更加强硬的做法。2016年9月,特朗普阻止了包括中国国有资本风险投资基金(China Venture Capital Fund Corporation Limited)在内的一批投资者以13亿美元收购莱迪思半导体(Lattice Semiconductor)。中国数字地图企业四维图新、互联网企业腾讯和新加坡政府投资公司因在CFIUS审核期截止日前未获许可,宣布放弃联合收购荷兰地图服务商HERE 10%股份的议案。① 2017年12月,美国精品投资银行Cowen取消了来自中国华信能源有限公司(CEFC China Energy)2.75亿美元的投资,原因是遭到CFIUS的推迟批准以及"不确定性"。CFIUS于2018年1月3日以"将威胁美国公民数据的安全性"为由,否决了蚂蚁金服与美国汇款公司速汇金(MoneyGram International)的收购交易。可以说,特朗普总统2016年上任后,CFIUS收紧了外国在美国的投资审查,多家中国企业对美收购项目遇到阻碍。据汤森路透提供的数据显示,中国对美国的并购规模大降,截至2017年11月2日,该年度已披露的中资在美国的并购规模仅为138.8亿美元,而2016年同期的数据是603.6亿美元,降幅近8成。②

在欧洲,由于英国2016年6月23日公投意外"脱欧",英国与其他27个欧盟成员国之间的贸易和金融关系变得不明确,由此产生的政治和经济不确定性抑制整个欧洲的投资和就业。总体而言,欧洲的离心政治力量使其难以保持经济改革,更谈不上推进改革。③

---

① HEREHERE目前在全球50多个国家设有200个办事处,其中24个在美国,属于在美国有运营业务。虽然此交易仅涉及收购10%的少数股权,但是,若一宗交易涉及董事会席位、否决权等特殊权力,会使CFIUS认为该交易或会导致外国控制(foreign control);因此,CFIUS决定对该交易也有审查权。参见高行. 美国监管机构否决中国公司跨国收购方案,系本月第二次[EB/OL]. (2017-094-27)[2018-09-18]. https://www. thepaper. cn/newsDetail_forward_1808437.

② 转自姚瑶. 今年迄今中资对美并购锐降八成 美国对外来投资审查趋严[N]. 21世纪经济报道,2017-11-06.

③ International Monetary Fund. World Economic Outlook—Subdued Demand: Symptoms and Remedies[R]. Washington, DC: IMF, 2016: 13.

(三)主权财富基金国际投资规制缺失

新常态加剧了全球治理的真空。在主权财富基金方面,体现为国际投资规制缺失,主权财富基金面临的监管不确定性分别来自其母国和东道国,且无法通过统一规则加以明晰。

第二次世界大战后美国主导的治理体系如联合国、世界银行、国际货币基金组织、WTO 等,既不能有效应对传统挑战,更无法对日趋复杂的非传统挑战适时应变;全球峰会次数近年间超过任何历史时期,仍收效甚微。目前,国际上主要通过《圣地亚哥原则》《OECD 关于主权财富基金及接受国的宣言》《华盛顿约定》等规则对主权财富基金投资行为进行约束与管制,以期制定并统一主权财富基金信息披露的标准,减少政府对主权财富基金的干预,提高东道国对主权财富基金的信任度,降低东道国监督成本等。但是,国际上现行的投资规制的约束力、监督力与执行力还不尽如人意,新常态下各国宏观政策差异化加剧,监管规则的透明化、确定化面临极大挑战,这些给主权财富基金的战略实施带来了很大障碍。

以透明度为例,因为缺乏硬性投资规制的约束,东道国需花费较多人力与财力来加强对主权财富基金的监督。这些国家往往会权衡监督成本与接受主权财富基金投资带来的收益。若监督成本过高,东道国政府就会设置障碍,以限制主权财富基金进入。在各国信息披露制度设计迥异、缺乏全球范围内统一投资规制的情况下,主权财富基金难以向东道国作出可置信承诺,也无法降低东道国的监督成本,其开展投资的障碍便持续存在。

此外,许多主权财富基金投资项目被东道国以涉嫌威胁国家安全为由进行审查。国家安全考虑正日益成为国家投资政策中的重要组成部分,并可能拓展到更广泛的国家经济利益。但"国家安全"也是难以捉摸的概念,一是不同国家给"国家安全"下了不同的定义,政策涵盖范围从相当狭义的国家安全定义及与安全相关的工业,延伸扩大到对重要基础设施和战略行业的投资审查;二是不同国家审查外资的内容和深度、对未来投资者所要披露信息的程度和数量各不相同;三是当一项投资涉及国家安全时,在不同国家的待遇可能大不相同。因此,主权财富基金在从事相似甚至是相同的经济活动时,可能会在不同地方面临迥异的进入门槛。

诚然,每一个主权国家都有权力基于国家安全原因监控外国投资,但东道国也有必要在实施国家安全规制的监管空间和投资者透明、可预测程序的利益保护之间作出平衡。近年来的现实发展已经引发了一系列政策问题,尤其是在西方发达国家金融保护主义抬头的形势下,利用法律手段阻碍跨境投资的事件屡见不鲜。即使特殊行业的外资限制被比较清晰透明地界定出,主权财富基金面临的国家安全限制依然不可预测,这就给保护主义留下巨大空间来发挥影响。

除此之外,主权财富基金在世界经济新常态下的运作还因全球宏观政策、经济社会变化而遭遇新的挑战和非难。近期出现的一系列现象,再次将世人的注意力吸引到这些在金融危机过后逐渐淡出公众视线的"白衣骑士"身上,主权财富基金在新常态催化下的新角色新作用值得反思。下文围绕石油输出国主权财富基金大规模撤资、马来西亚一马发展有限公司涉嫌洗钱、挪威政府养老基金因排放门事件起诉大众公司等三起事件,就主权财富基金与国际金融市场稳定、"国际法治"两大新主题加以讨论。

第二节　主权财富基金与国际金融市场稳定
——以石油输出国主权财富基金大规模撤资为背景

一、大规模撤资的现象、原因与后果

(一)财富管理领域、证券市场陆续撤资

2015 年国际原油价格下跌,至年底跌到每桶 35 美元,这一价格甚至低于最悲观的预期。全球范围内有大约三分之二主权财富基金的资金来源是自然资源或初级商品出口收入,油价下跌给它们造成了严重影响。从 2015 年开始,以能源收入为资金来源的主权财富基金出现大规模撤资现象。各主权财富基金首先大量收回外部管理人手中的资金,其次逐渐从股市和债市上撤出资金。

挪威在 2015 年 10 月第一次宣称,将从其主权财富基金中取出 252 亿美元,用以填补财政预算,并刺激经济增长。而据英国《金融时报》报道,海湾国家的主权财富基金正加速从资产管理公司撤出资金。根据数据提供商 eVestment 调查,海湾国家的主权财富基金 2016 年第二季度从第三方资产管理人手中撤出了 162 亿美元资金,而第一季度撤出资金量为 101 亿美元,环比上升 60.40%。[①] 撤资的高峰出现在 2015 年第三季

[①] eVestment. SWFs pull ＄16.2 bln from external managers in Q2 as selling accelerates [EB/OL]. (2016-08-19) [2017-03-22]. https://www.evestment.com/swfs-pull-16-2-bln-external-managers-q2-selling-accelerates/.

度,资金净流出 220 亿美元,其时正是国际油价的低点,油价下降到了峰值的 25%。而真实的撤资水平还可能高得多,摩根士丹利估计,全球最大基金公司贝莱德在 2015 年第二和第三季度遭遇了政府机构 310 亿美元的赎回。[①] 具体而言,沙特货币管理局(Saudi Arabian Monetary Agency)在 2014 年至 2015 年间累计从外部资产管理公司撤资约 700 亿美元。[②] 2015 年仅从欧洲股票市场就撤出 13 亿美元资金,占原持股金额 14%。卡塔尔投资局(Qatar Investment Authority)从 2015 年下半年开始也多次出售相关股份,包括出售德国大型基建公司 Hochtief 10% 的股份,价值 6.15 亿美元。据悉其还在与相关方商洽出售房地产、影院等资产事宜。另外,据科威特媒体报道,科威特投资局(Kuwait Investment Authority)也已出售了 300 亿美元的资产。[③]

（二）撤资的原因与后果

eVestment 研究认为,主权财富基金从外部管理人手中撤回资金与全球商品和价格,尤其是国际油价高度相关。油价下跌使石油输出国当年的经常账户顺差锐减,加上油价短期不太可能翻身,IMF 预期要到 2020 年时,石油出口国的总顺差额才可能回升到约 2000 亿美元。未来 5 年,这些国家的主权财富基金可能将出售约 1 万亿美元的资产。[④]

实际上早前近十年,由于原油价格持续在高位运行,石油输出国获得了比印钞还快的财政收入。这些资金不仅缔造了迪拜这样的沙漠奇迹,也使得石油输出国的主权财富基金横扫全球,其资金量占全球主权财富基金近八成。欧美股市和债市超过 10% 的资产被这些主权财富基金持有,日本、韩国、香港等亚洲市场也布满了这些基金的影子。[⑤]

不过随着原油价格断崖式下跌,石油输出国财政收入开始下滑,赤字不断飙升,总值高达 5 万多亿的石油输出国主权财富基金不得不酝酿撤

① 唐逸如. 石油国主权财富基金玩大撤退［EB/OL］.（2015-12-14）［2017-03-22］. http://finance.qq.com/a/20151214/030066.htm.

② Abid Ali. IMF: Saudi Arabia running on empty in five years［EB/OL］.（2015-10-23）［2017-03-22］. http://www.aljazeera.com/news/2015/10/imf-saudi-arabia-151022110536518.html.

③ 邓宇思. 海湾国家主权财富基金密集出售金融资产以弥补财政亏空［EB/OL］.（2015-10-20）［2017-03-22］. http://ae.mofcom.gov.cn/article/ztdy/201510/20151001141464.shtml.

④ 唐逸如. 石油国主权财富基金玩大撤退［EB/OL］.（2015-12-14）［2017-03-22］. http://finance.qq.com/a/20151214/030066.htm.

⑤ 肖磊. 本次全球股灾起于"黑金之翼"［EB/OL］.（2016-01-27）［2017-03-22］. http://news.hexun.com/2016-01-27/182051118.html.

退,以填补国内财政危机,这是此轮主权财富基金撤资的根本原因。进入2016年,油价下跌速度加剧,沙特、挪威、阿联酋、科威特、卡塔尔、哈萨克斯坦等国财政收入大幅减少,导致其主权财富基金开始从美国、欧洲、日韩及中国香港等资本市场撤退。尤其是美国股市和债市作为主权财富基金的"集散地",面临着一轮抛售风险。尽管2016年以来,标准普尔500指数和全球股票基准指数继续走高,依然无法遏止主权财富基金撤资的步伐。即使是新兴市场债券基金因高回报吸引了不少投资者的关注,仍然有接近16亿美元的主权财富基金资金被赎回。有评论认为,挪威、阿联酋等主权财富基金大撤资序幕的拉开,直接导致了全球股票和货币市场大幅动荡。

主权财富基金的撤离,几乎都是百亿美元级别,市场短时间内没有较大规模资金能够填补其留下的空白,因而逼空市场行情。此外,石油输出国的主权财富基金几乎不会披露其具体规模,也不会透露其所持有的资产或者投资策略等信息。对全球金融市场来说,这些主权财富基金就像黑匣子,由于没人知道资产出售的规模或时间,人们更加担心它们会在市场波动剧烈时出售资产。因此不少分析师认定这些主权财富基金是具有系统性风险的因素,将它们与国际油价下跌和股市价格下挫紧密联系。

二、主权财富基金目标的实现与国际金融市场稳定

虽然主权财富基金的撤资与资本市场短期的震荡在趋势上看似有千丝万缕的联系,但实证数据与理论推导并不支持上述观点。

(一)主权财富基金的规模有增无减且撤资影响有限

尽管有不少恐慌性的报道和预测,但事实上,主权财富基金的反应比观察家们所预期的要温和很多。据主权财富基金研究室(Sovereign Investment Laboratory)统计,2015年全球主权财富基金的资产总量略有提升,只是增长速度比以往放缓。2015年其所狭义定义的22家主权财富基金完成了186项股权投资,价值480亿美元;较2014年数据,交易数量增加了40%,但投资价值缩水30%。[①] 主权财富基金以更快的速度出售其持有资产,但整体而言,它们新增投资额要超过减持的资产。

---

① Sovereign Investment Lab. Towards a New Normal: Sovereign Wealth Fund Annual Report 2015 [R]. Milan: Sovereign Investment Lab, 2016: 15.

　　无疑,主权财富基金的投资对政策的反应非常敏感,因此可能出现资金流突然撤离现象。撤资的影响要分情况看待,对于发达经济体,影响并不显著,因为影响很大程度上会被大量流入的资金所抵消;但对于开放的小国,尤其是资本市场还不成熟的国家,主权财富基金撤资的影响较大,尤其是当主权财富基金投资的规模占其总资本量的比例较大时。

　　客观上讲,此轮主权财富基金撤出的资金固然在绝对值上不小,但是相对于全球资本市场的体量,其撤资尚不足以撼动金融市场的稳定性。撤出的资金大部分来自美国等发达市场,而非容易受到扰动的中小、新兴市场,而且在新兴市场上,主权财富基金的资金配置还逆势提升。

　　此外,从整体上看主权财富基金是长期投资者,采取多元化的投资策略,很少会将资金集中在某一个国家的市场上,而是分散投资于全球,因此其大规模撤资对全球金融市场的稳定、其他国家收支平衡构成威胁的可能性较小。主权财富基金撤资是为了弥补母国短期的财政赤字,但长期投资回报目标要求主权财富基金必须摆脱政府预算短期行为,实现国家财富有效的代际转移。同时,目前主权财富基金的杠杆特征还不明显,因此面对突然的外生冲击、市场波动时,主权财富基金不会在股价波动的时候迅速砍仓。杠杆率低、投资于价值被市场低估的公司而交易频率相对较低的特性,决定了主权财富基金资金的回撤不会对金融资产的价格造成根本性影响。

（二）短期撤资或减持无碍金融市场稳定

1. 稳定基金目标的实现与可预见性、经济必然性

　　主权财富基金的撤资有可预见性和经济必然性,其威胁不应被过分地夸大。从主权财富基金的类型上看,此轮撤资的主权财富基金主要是稳定基金(Stabilization Fund),其设立目的即在于跨期平滑国家收入,减少国家意外收入波动(石油等自然资源的枯竭和价格冲击)对经济和财政预算的影响,典型的如挪威政府养老基金。这次撤资的背景是国际油价下跌,以石油收入为主要财政来源的国家出现财政赤字,因此大量资金回撤,以填补国内财政危机。稳定基金的功能和目标定位在设立之初便已明确,上述做法符合其设立初衷,亦是政策目标实现的方式。此外,为了避免资金投放与撤离造成剧烈波动,投资东道国往往在主权财富基金进入前,便通过政策调节和国际对话来控制其将来可能造成的负面影响。另外,主权财富基金还有储蓄基金(Savings Fund)、储备投资公司

(Reserve Investment Corporation)、发展基金(Development Fund)、养老储备基金(Pension Reserve Fund)等类型,这些基金有着不同的目标追求,在资金的投放和回收过程中会采取不同的策略,并非所有的主权财富基金都会在国际原油价格下跌背景下大量撤资而造成市场波动。

早在2007—2008年主权财富基金大量出现之时,就有学者认为,主权财富基金是政府控制的投资实体,本身不受全球金融体系规则的制约,因而游离于现有的法律和管制范围之外。这将加剧全球金融市场的不确定性和系统性风险,破坏全球对于对冲基金的管制,可能导致过多的资本流动和相关资产价格和利率的波动,影响区域金融市场的稳定。

但事实上,随着《圣地亚哥原则》等共识的达成以及挪威政府养老基金等广受好评基金的示范作用,近几年主权财富基金在信誉和透明度上均显著提高,各投资东道国的监管更容易进行。撤资的协调和触发机制早已在许多主权财富基金披露的制度框架中有所体现。以挪威政府养老基金为例,法律规定基金与政府预算紧密联系,基金与财政的收支享有同等的优先级。所有的挪威石油收入将全部转移到基金账下,当非石油收入不足以支撑财政预算时,基金资金将转移至财政账户用以弥补赤字。这一机制确保了基金资产的积累与政府净财政收入持平。立法严格限制基金资产(石油收入)的使用,禁止出于特殊政府目的动用基金资产,其使用必须由预算程序严格约束。2001年挪威议会通过了《财政政策指南》(Fiscal Policy Guideline),指南规定了每年基金向财政转移的资金应相当于基金实际收益的4%,转移的比例可随着每年的经济收支情况而进行适当调整。基金成立的目的是为了实现财富的跨代转移,因此,挪威议会要求基金向财政转移弥补财政时必须具有长期的考虑,不能过度转移。[①]

---

① Norges Bank Investment Management. From Oil and Gas to Financial Assets〔EB/OL〕.(2008-06-20)〔2017-03-22〕. https://www.nbim.no/en/transparency/features/2011-and-older/2008/from-oil-and-gas-to-financial-assets--norways-government-pension-fund--global/?_t_id=1B2M2Y8AsgTpgAmY7PhCfg%3d%3d&_t_q=deficit&_t_tags=language%3aen%2csiteid%3ace059ee7-d71a-4942-9cdc-db39a172f561&_t_ip=2001%3a0da8%3a0201%3a1412%3a0000%3a0000%3a0001%3a0573&_t_hit.id=Nbim_Public_Models_Pages_NewsItemPage/_b1c0feae-7156-4ae0-baef-fa219a177c5c_en-GB&_t_hit.pos=5.

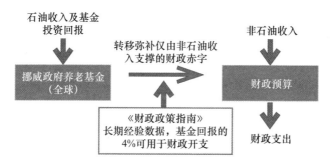

图 8.1　挪威政府养老基金与挪威财政预算的收入、转移机制

同时,应该注意的是,主权财富基金的撤资有其必然性。2008 年金融危机爆发时主权财富基金正如雨后春笋般不断出现,在全球资本市场中寻找廉价资产,从事大规模投资。彼时虽有对于主权财富基金的隐忧,发达经济体却纷纷接受了主权财富基金的投资。可以说,西方市场借助主权财富基金构筑起的安全网度过了危机。如今,随着美国、欧洲各国的量化紧缩政策持续投向市场,主权财富基金构建的安全网开始撤离,出现这种情况有经济上的因果必然性。

2. 投资组合的重新布局

主权财富基金减持资产的另一目的是为了重新布局投资组合,以持有收益更高的长期非流动资产,而非单纯恐慌性撤资以填补母国财政预算。目前各国财政盈余管理部门越来越多地将资金向风险资产投资,成为有目共睹的事实,这主要是由于金融全球化为投资提供便利等原因造成的。虽然主权财富基金的资金来源性质及其多元化的资产配置,决定了它们将会提升全球的风险收益度,短期内可能引发资本市场上一定程度的动荡,但长期而言,这种改变可能更加合理地配置了全球资产并分散了风险,有利于平衡全球经济,能够改善全球资本市场的效率和流动性。

首先,为提高长期回报水平,主权财富基金近年来持续减少对风险回报较低的资产类型的需求。主权财富基金从对短期低风险投资,例如美国一年期国债,转向投资长期的全球股票市场,这种行为在长期来看对全球经济无疑是有益的。因为先前亚洲高储蓄国家对美国国债的需求,从某种意义上来讲维持了美国经济在经常账户巨额逆差情况下的运转,而这种脆弱的平衡蕴含着极大风险。将外汇储备从单一持有美国国债逐渐向多元化、跨地区的投资组合转变,能够合理地分散风险,对全球经济在将来达到可持续的平衡具有重要作用。另外,如果能够持久地改变市场主体的风险偏好和承受状况,也会为资本市场带来稳定因素。

其次,资金跨区域套利大幅增加,有利于提高全球金融市场特别是新兴市场的市场效率。随着主权财富基金跨区域套利大幅增加,投资不再局限于发达市场,新兴市场逐渐成为关注重点。整体而言,主权财富基金将对新兴市场产生积极影响,有利于提升新兴市场的市场效率,也会促进风险资产市场的发展,并通过投资带动整个资本市场的创新。[①]

第三节　主权财富基金与"国际法治"
——以两个相反面向的涉案基金为例

主权财富基金在投资过程中,为了追求最大的商业利润,必将和其他跨国公司一样力求冲破各种自然的或人为的限制,将价值规律推向全球。[②] 2007 年以来,几乎所有全球治理机构和治理机制均已失灵,全球治理出现真空。[③] 在新常态下的"国际法治"反思和重构期,主权财富基金作为特殊的机构投资者,其行动势必会对"国际法治"构建,产生较普通跨国公司更为深远的影响。近年来,主权财富基金诱发或参与的典型案件,为我们提供了新的思考空间。其中,挪威政府养老基金因排放门事件起诉大众公司,是对前述主权财富基金挑战股东至上、传统公私法划分、国际法有效性等传统理论的最好例证,另一方面也突出了主权财富基金在"国际法治"重构中的独特作用。而马来西亚一马发展有限公司涉嫌洗钱案则揭示了现有"国际法治"在主权财富基金规制上的局限与不足。

一、挪威政府养老基金因排放门事件起诉大众公司案

2016 年 6 月 20 日,挪威政府养老基金就大众公司排放门事件在德国布伦瑞克地区法院(Braunschweig district court)向大众公司提起了诉讼。案件由昆鹰律师事务所(Quinn Emanuel Urquhart & Sullivan LLP)

---

① 谢平, 陈超, 柳子君. 主权财富基金、宏观经济政策协调与金融稳定[J]. 金融研究, 2009(2).
② 车丕照. 法律全球化与国际法治[J]. 清华法治论衡, 2002:151.
③ 李扬, 张晓晶. 论新常态[M]. 北京:人民出版社, 2015:57.

代理,后者是多家机构投资者一致法律行动的总代理。①

8月8日,布伦瑞克地区法院首次受理了投资者针对大众公司排放门提起的诉讼。在美国执法部门披露大众公司在排放测试中作假后,大众公司的股价大幅跳水,投资者因此起诉要求大众公司就股价下跌带来的损失进行赔偿,损失总金额高达82亿欧元(约合91亿美元)。截至2016年9月21日,布伦瑞克地区法院已经收到了超过1400份起诉,原告包括美国养老基金、德国各州的基金以及私人投资者。②

投资者认为,大众公司管理部门未能就公司持续受到美国环境保护署和加州空气资源委员会调查一事,及时告知金融市场参与者;也未能提示在排放测试中非法使用软件所存在的金融风险。大众公司承认其前任首席执行官马丁·文德恩(Martin Winterkorn)早在2014年5月就得知了美国方面的调查消息。但大众公司抗辩称,公司当时认为自身有能力解决这些问题,且不能预见到相关金融风险,更无法如原告所称进行风险提示。

这一案件还在审理过程中。值得注意的是,德国并没有类似于美国的集团诉讼制度(class action),民事程序中各个案件都是独立的,每起案件都将分开立案和审理。不过在2005年德国出台了《资本市场示范案件法案》(Act on Model Case Proceedings in Disputes under Capital Markets Law,Capital Markets Model Case Act—KapMuG),法院有权选择一起案件作为范例(model case),范例的裁判结果可以统一适用于其他平行的指控。示范案件的适用条件是:(1) 损害赔偿请求是由错误的、误导性的、有缺失的公开资本市场信息引起的;(2) 为了追偿错误的、误导性的公开资本市场信息的使用,或未及时澄清错误的、误导性的公开资本市场信息而造成的损失;(3) 相关合同属于《证券并购法案》(Securities Acquisition and Takeover Act)的调整范围。③ 如果法院收到第一起示范案件启动程序申请后6个月内,又收到超过10起相关的申请,示范案件

①　Norges Bank Investment Management. Volkswagen Complaint Filed [EB/OL]. (2016-06-24) [2017-03-22]. https://www. nbim. no/en/transparency/news-list/2016/volkswagen-complaint-filed/.

②　BOSTON WILLIAM. Volkswagen faces $9 billion in claims in Germany [EB/OL]. (2016-09-21) [2017-03-22]. http://www. nasdaq. com/article/volkswagen-faces-9-billion-in-claims-in-germany-20160921-00140.

③　§2, para.1(Act on Model Case Proceedings in Disputes under Capital Markets Law).

将由上一级法院进行裁判,法院在其他案件中参考适用上级法院判决。在机构投资者的动议下,2016 年 8 月布伦瑞克地区法院宣布示范案件将由布伦瑞克地区高级法院(Higher Regional Court of Braunschweig)审理,示范案件将对其他案情相似、法律问题相同的案件具有法律约束力。根据大众公司 2016 年和 2017 年年报,截至目前,布伦瑞克地区法院受理的所有投资者诉讼均未裁判,只能等到布伦瑞克地区高级法院对示范案件作出裁决。而示范案件的裁判极有可能要花费数年时间。①

除了参与到诉讼中,挪威政府养老基金也积极地行使其股东权。挪威政府养老基金持有 1.02% 大众公司的股票,但在大众公司的监事会中却没有一个席位。在排放门曝光后大众公司召开的首次股东大会上,挪威政府养老基金对管理层 2015 年的计划提出反对。② 同时,挪威政府养老基金还投票支持一份要求独立审计的股东提案。该提案要求对大众公司的董事会和经理层处理排放门丑闻的过程进行特殊审计。

在此之前,挪威政府养老基金就曾多次批判大众公司的治理结构,认为保时捷及皮耶希家族(Porsche and Piech families)持有大众公司 31.5% 的资本,却控制了 50.7% 的投票权。该基金就此专门致信大众公司,表达了其对公司管理结构方面的担忧。

二、马来西亚一马发展有限公司涉嫌洗钱案

尽管投资东道国对主权财富基金充满疑虑,但此前甚少有确切证据表明主权财富基金的"别有用心",或是涉嫌违法犯罪危害一国的法律秩序,直至马来西亚一马发展有限公司(1 Malaysia Development Berhad,一马公司)涉嫌洗钱丑闻曝光。从 2015 年开始,关于一马公司涉洗钱案的调查就层出不穷,调查跨越多个法域,涉及各国的多家金融机构,影响范围广。主权财富基金拥有一国主权背景,其投资活动涉及在多个司法管辖领域运作的实体或个人,形成一个复杂的国际网络,其第一次涉嫌侵

---

① GESLEY JENNY. The Volkswagen Litigations[EB/OL]. (2016-10-27)[2017-03-22]. https://blogs. loc. gov/law/2016/10/the-volkswagen-litigations/.

② 然而,该公司最大的投资者表示了对管理层的支持,除了大众公司遭遇史上最严重的营收损失这一事实,赞成了大众公司前一财年所做的全部决策。See JACOBSEN STINE. Norway's wealth fund files complaint against Volkswagen [EB/OL]. (2016-06-24)[2017-03-22]. http://www. reuters. com/article/us-volkswagen-lawsuit-swf-norway-idUSKCN0ZA1XL.

犯域外法律秩序,势必为"国际法治"的重构造成影响。

2015 年 4 月,一马公司确认多只债券发生违约,引发资金疑云。同年 7 月 7 日,美国《华尔街日报》发表详细报道,指控马来西亚时任总理、一马公司顾问委员会主席纳吉布·阿卜杜尔·拉扎克(Najib Abudul Razak)通过一马公司转移了 7 亿美元到自己的个人账户上,并公开相关文件证明。当天,马来西亚总检察长、国家银行总裁、全国警察总长与反贪污委员会主席发表联合声明,宣布已经下令冻结 6 个相关的银行户口。① 该案的调查在马来西亚、美国、新加坡、瑞士和阿联酋阿布扎比成为焦点,卢森堡、中国香港等地机构也进行了配合调查。

(一)美国

一马公司在美国受到的调查和起诉尤为引人关注。2016 年美国纽约金融服务局、纽约银行监督机构分别要求高盛集团立即呈交有关协助一马公司销售 60 亿美元债券的内部调查报告,报告资金是否存在舞弊。有报道称,高盛集团 2015 年曾委托一家律师事务所,针对其与一马公司的交易开展内部审计。②

美国司法部 2016 年 7 月 20 日在洛杉矶联邦法院正式对一马公司案提起民事诉讼,诉请下令扣押一马公司 17 项总值超过 35 亿美元的资产,指控里扎·阿齐兹(Riza Aziz,纳吉布的继子)及刘特佐(Jho Low)等四人涉嫌挪用一马公司资金,在美国购置价值超过 10 亿美元的资产。美国司法部指出,洗钱的过程一般由代理人出面购买相关资产,其后将该资产作为礼物返还给黑钱实际所有人。例如,美国司法部的诉状揭示,一马公司透过高盛集团在 2013 年 3 月发行的 30 亿美元债券当中,有 12.6 亿美元遭刘特佐及其生意伙伴陈金隆(Eric Tan Kim Loong)等人转移至 Tanore Finance 公司在新加坡的一个银行账户。Tanore Finance 公司由陈金隆所控制,通过陈金隆,再把利用上述资金从佳士得购入的画作送给刘特佐与乔尔·麦法兰(Joey McFarland)。③

① 刘歆宇. 美国司法部称马来西亚主权基金 35 亿美元遭挪用,高盛卷入[EB/OL]. (2016-07-22) [2017-03-22]. http://www. thepaper. cn/newsDetail_forward_1502321.

② 苏俊翔. 美国继续调查一马公司[EB/OL]. (2016-06-11) [2017-03-22]. http://www. zaobao. com/realtime/world/story20160611-627889.

③ Department of Justice. Van Gogh drawing complaint [EB/OL]. (2016-07-20) [2017-03-22]. https://www. justice. gov/opa/file/877156/download.

（二）马来西亚

相比之下，一马公司在马来西亚获得的待遇则要温和得多。马来西亚总审计署从 2015 年 3 月 10 日开始调查一马公司，直至 6 月 15 日完成初步调查。① 调查接受后，完整的报告提呈给马来西亚政府账目委员会（公账会）。公账会于 2016 年 4 月 7 日向马来西亚议会递交的报告称，一马公司对超过 30 亿美元海外投资"无法给出清楚解释"；公司对多笔资金流向缺乏必要的文件和票据记录，整体财务表现"无法令人满意"，负债额从 2009 年的 50 亿马币（约合 13 亿美元）一路飙升至 2016 年 1 月的 500亿马币（约合 130 亿美元）。一马公司的商业模式严重依赖举债，例如银行贷款、发行债券，部分债务由马来西亚政府担保，而这种运营模式从一开始就不应该被允许，该公司管理层负有不可推卸的责任。②

调查报告呈交议会后，一马公司案的调查在马来西亚便陷入僵局。一方面，相关监管机构的调查终结。2016 年 1 月 26 日，马来西亚总检察长发表声明称，经过调查，2015 年 7 月《华尔街日报》指控纳吉布通过一马公司转移到自己个人账户的 7 亿美元来自海外的政治捐赠，并不涉及贪腐，此案就此了结。此外，马来西亚国家银行于 2016 年 4 月认定一马公司违反 2013 年《金融服务法令》，要求一马公司缴付罚款。而马来西亚国家银行当时表示，一旦一马公司还清罚款，对一马公司的调查将画下句号。随着一马公司 6 月主张已经还清罚款，马来西亚国家银行 8 月重申不会就此案重新调查一马公司，若涉及贪污与滥权，则必须交给其他机构负责，马来西亚国家银行只能将所掌握的资料交给相关单位。③ 另一方面，因证据、证人的缺失导致真相不明，瑞士分别于 2016 年 1 月和 10 月两次向马来西亚提出法律互助要求，希望马来西亚协助调查一马公司案，但都遭马来西亚拒绝。④ 而后刘特佐行踪不明，以致马来西亚当局无法

---

① 联合早报. 马总审计署完成一马初步调查[EB/OL].（2015-07-03）[2017-03-22]. http://www.zaobao.com/special/report/politic/mypol/story20150703-498493.

② 杨舒怡. 生活压力大 马来西亚民众怒视"一马发展"贪腐案[EB/OL].（2016-04-17）[2017-03-22]. http://www.chinanews.com/gj/2016/04-17/7836992.shtml.

③ 联合早报. 马国国行不再调查一马公司[EB/OL].（2016-08-14）[2017-03-22]. http://www.zaobao.com/news/sea/story20160814-653840.

④ 联合早报. 马拒绝助瑞士查一马案[EB/OL].（2016-11-12）[2017-03-22]. http://www.zaobao.com/sea/politic/story20161112-689150.

联系并传召他返马协助调查。①

峰回路转,随着前总理纳吉布的下台,针对其及一马公司的调查在马来西亚顺利展开。2018 年 7 月 4 日,纳吉布首度被控失信及贪污一马公司原下属企业 SRC 国际有限公司 4200 万令吉(约 7100 万元人民币)。他否认三项刑事失信与一项贪污滥权罪名,并获准以 100 万令吉(约合 160 万元人民币)保外候审。马来西亚反贪会于 8 月 7 日传召纳吉布到吉隆坡的反贪会办公室,协助调查和 SRC 国际有限公司有关的案件。纳吉布次日上午又出现在吉隆坡法庭,面对与 SRC 国际有限公司有关的指控。该系列案件目前仍在审理当中。

(三) 其他法域

新加坡在调查过程中发现,当地一些金融机成为一马公司涉案交易的管道,有多家银行被发现在反洗黑钱方面存在疏漏。2016 年 7 月 22 日,新加坡金融管理局、警方、商业事务局以及总检察长办公室联合宣布,在处理一马公司资金流动时,星展银行、渣打银行新加坡分行以及瑞意银行新加坡分行这三家银行的业务程序都有不足之处,包括在监管交易中存在过失,以及在识别可疑交易时不当延迟,但这些失误只存在于某些流程或个人,这三家银行并没有普遍漏洞。为了调查,新加坡当局查封了相关的银行账户,资金规模达到 2.4 亿新加坡元(约合 1.78 亿美元),其中半数资产与刘特佐及其直系亲属有关。

早在 2016 年 5 月,涉及一马公司事件的瑞意银行在新加坡的业务就遭金管局勒令关闭,并撤销执照。新加坡金管局还把该行六名高管以及员工的名字交给总检察署,调查他们是否有犯罪行为。② 其中,2016 年 11 月 12 日,瑞意银行前董事经理易有志成为一马公司案首个被判刑的被告。法官判定易有志伪造文件及未举报刘特佐和他名下公司户头的可疑交易,严重违背信任义务,并强调法庭最不能容忍这种伤害本地金融机构地位和声誉的行为。③ 新加坡瑞意银行前职员杨家伟和另一名涉案人

---

① 联合早报. 一马案曝光后失联多时 传刘特佐乘豪华游艇悄返马国[EB/OL]. (2016-10-14) [2017-03-22]. http://www.zaobao.com/news/sea/story20161014-677570.

② 胡渊文. 一马公司调查新进展:我国扣押 2 亿 4000 万元银行账户和资产[EB/OL]. (2016-07-21) [2017-03-22]. http://www.zaobao.com/news/advance/story20160721-644082.

③ 侯启祥. 未举报一马可疑交易 瑞意前高管判监 18 周罚 2 万余[EB/OL]. (2016-11-12) [2017-03-22]. http://www.zaobao.com/news/singapore/story20161112-689096.

洪伟庆也已被提起控告,杨家伟在庭审中承认通过 Aabar 交易赚取了约 2000 万元介绍费。^①

2016 年 7 月 22 日,瑞士当局在美国要求下,扣押了三幅与一马公司案有关的名画,分别是凡·高的"La maison de Vincent a Arles"、莫奈的"Saint-Georges Majeur"与"Nympheas avec Reflets de Hautes Herbes"。^②瑞士联邦总检察长办公室也已经对一马公司的两名高管展开刑事诉讼,并冻结了该公司存放在瑞士银行的数千万美元资产。据悉,这两位高管面临贪腐和洗钱的指控。不过,一马公司此前声称,该公司没有任何一名高管或董事会成员成为瑞士总检察长办公室刑事诉讼的对象,在瑞士银行的账户也没有冻结。^③

此外,一马公司案牵扯到另一家主权财富基金——阿联酋阿布扎比国际石油投资公司(International Petroleum Investment Company, IPIC)。马来西亚公账会的报告揭露,一马公司曾在董事局不知情情况下,支付超过 42 亿令吉的债券押金给海外一家公司。^④ 一马公司解释称支付对象是阿布扎比国际石油投资公司,却无法就此进行证明。但 2016 年 8 月,阿布扎比国际石油投资公司前董事总经理卡登(Khadem Al Qubaisi)在阿布扎比遭警察逮捕。美国司法部起诉一马公司提出民事诉讼时,也把卡登列为答辩人之一,并冻结了卡登在美国约 1 亿美元的房产。卡登被指滥用不义之财,在纽约和洛杉矶购置豪华房地产和酒店。^⑤

---

① 傅丽云. 杨家伟称通过 Aabar 交易 赚取约 2000 万元介绍费[EB/OL]. (2016-11-18) [2017-03-22]. http://www.zaobao.com/news/singapore/story20161118-691583.

② KEATEN JAMEY. Swiss seize Monet, van Gogh works amid US probe of fund 1MDB [EB/OL]. (2016-07-22) [2017-03-22]. http://www.usnews.com/news/world/articles/2016-07-22/swiss-seize-monet-van-gogh-works-amid-us-probe-of-fund-1mdb.

③ 魏华,欧贤安. FBI 已调查马来西亚一涉反洗钱公司 多国卷入其中[EB/OL]. (2016-09-21) [2017-03-22]. http://world.huanqiu.com/exclusive/2015-09/7532380.html.

④ 范晓琪. 马国公账会一马公司调查报告出炉 建议调查前 CEO[EB/OL]. (2016-04-07) [2017-03-22]. http://www.zaobao.com/realtime/world/story20160407-602377.

⑤ 联合早报. 一马案关键人物 卡登在阿布扎比被捕[EB/OL]. (2016-08-20) [2017-03-22]. http://www.zaobao.com/znews/sea/story20160820-656277.

三、新常态下的"国际法治"重构

（一）当前"国际法治"在主权财富基金规制上的局限与不足

在经济全球化的浪潮中，跨国公司从事国际性犯罪的危害性逐渐为国际社会所认识。当跨境洗钱、跨境贿赂等国际性、跨区域性经济犯罪与主权财富基金相联系时，其对国际经济交往中的基本准则和法律秩序破坏作用突显。一方面，主权财富基金特殊的背景使其行为更容易暴露在国际社会的监督之下，一旦涉嫌国际性犯罪，会对主权财富基金的声誉产生严重影响，使其在境外投资时受到东道国的更多限制，不利于其长期发展。另一方面，对主权财富基金的调查取证困难重重，而且国际规则难以得到充分执行。

从一马公司案的查处过程可以发现，首先，主权财富基金背后潜藏的主权特征使其身份难以认清，一旦出现利益保护的需要，母国往往会充当主权财富基金代言人、保护伞。尽管马来西亚政府公账会对一马公司的行为提出了质疑，但最终只是在马来西亚国家银行层面以违反金融服务法令对一马公司作出罚款，并未触及所谓贪污与滥权行为；国内监管机构的调查也很快不了了之。只是随着纳吉布的下台，对其本人的调查才逐步展开，但涉及一马公司的诉讼并不多。这与美国、新加坡、瑞士等国对一马公司洗钱行为狂风暴雨式的追查打击形成了鲜明对比。

其次，由于各种因素的影响，尽管有些国家缔结了规范跨国公司行为的条约，在实践中却可能无法真正落实。[①] 马来西亚是《联合国反腐败公约》《联合国打击跨国有组织犯罪公约》的缔约国，但是一马公司案中，马来西亚拒绝了瑞士对于协助调查一马公司的请求。显然，国际法上对条约的具体实施没有统一的规定，且国际责任制度的发展相对于其他领域相对滞后，以至于对缔约国不遵守、不实施条约规定的行为没有相应的责任机制。在打击跨境洗钱犯罪过程中，跨境调查取证难、人员引渡难、资金返还难等多方面问题仍然存在，当案件涉及国家作为股东的主权财富基金时更是如此。某种意义上讲，这些问题的根本解决取决于各国特别是上述公约缔约国的合作意愿，尤其是在其国内落实公约规定、打击洗钱

---

① 王佳. 论对跨国公司行为的法律控制[J]. 实事求是，2016 (5)：86.

犯罪的实质性努力。[①]

（二）主权财富基金的"自我规制"及其延伸功能

挪威政府养老基金起诉大众公司，是其执行《伦理指南》的重要体现。作为挪威政府养老基金关于"负责任投资"的重要法律文件，《伦理指南》明确禁止破坏环境的行为，并规范挪威政府养老基金不能投资于具有严重破坏环境行为的企业。同时，挪威财政部下属的伦理委员会作为与基金管理人挪威银行相互独立的机构，谨慎监督着基金的投资是否符合《伦理指南》要求。挪威政府养老基金在大众公司股东大会上积极行使股东权利、致信大众公司无不体现了其积极所有者的自身定位，体现了该基金"负责任投资"的理念。可见，挪威政府养老基金不仅在"自我规制"上明确而严格，这种"规制"规则也通过其投资选择权、股东权的行使影响到被投资企业的行为，从而使其自身设立的公司治理标准进一步延伸，即如前文所述，形成了独特的主权财富基金协同治理框架。

以挪威政府养老基金为代表的积极、负责任的主权财富基金运作方式正日渐成为主权财富基金运作的典范。可以说，通过积极、负责任的投资行为，主权财富基金的"自我规制"及其延伸功能得以发挥，进而推动主权财富基金的全球监管与国际协调，促进全球金融体系的发展，创造"国际法治"新的平衡模式。

新常态下，发达经济体与发展中或新兴市场经济体的博弈加剧。"国际法治"重构过程中，多数来自发展中国家的主权财富基金所形成的特殊规则秩序，给予其母国抗衡传统秩序的机会。主权财富基金母国法律影响下的新商人法无疑有利于主权财富基金从事国际商业活动，有利于基金母国拓展全球法律市场的影响力，进而有利于母国通过法律影响全球投资贸易过程和结果，有助于母国在"国际法治"重构中占据有利地位。

不可否认的现实是，尽管"国际法治"将发生变革，但其仍旧由西方发达经济体所主导。不同的是在重构过程中，发展中国家或新兴市场经济体有望发挥更大的作用，从被动接受者向主动参与者转变。主权财富基金有助于发展中国家或新兴市场经济体在"国际法治"重构中提高地位，但在现有国际金融体系中，这种变化仍是十分有限的。借助主权财富基金构建的规则秩序究竟能够在这个方向上前进多远，归根到底还取决于

---

① 王文华. 打击跨国贿赂犯罪的刑事政策研究[J]. 法治研究，2013（7）：24—25.

各主权国家的实力与意愿,尤其要翻越投资东道国(多数为发达国家,其中美国即是典型)为维持在现有金融体系中的既得利益所设置的障碍。

当然,发达国家对主权财富基金的顾虑,甚至是抗拒也是可以理解的。但"国际法治"的变革过程是实力对比发生变化时的必然反应,并非老牌发达国家想要阻止就可以完全阻止的。同时,"国际法治"体系的变革,不仅关乎体系中经济体间地位和权利的公平、公正,而且也关乎国际组织和"国际法治"的效率。进一步讲,在当今高度全球化的条件下,在经贸、金融乃至科技、文化、地区安全等一系列议题中,只有发达经济体和新兴市场经济体共同参与合作,才能实现自身各自的利益诉求。从根本上讲,建立和完善新的"国际法治"体系确属多方共赢之举。①

---

① 李扬,张晓晶. 论新常态[M]. 北京:人民出版社,2015:65.

第九章　中投公司的机遇、问题与定位取向

第一节　新常态下的机遇与大国战略下的定位选择

一、各国监管政策的明确化与自由化、促进型化趋势

随着全球主权财富基金规模与数量的急剧膨胀,投资领域与范围的不断拓宽,投资方式越来越多样化。作为主权财富基金主要投资东道国的西方发达市场国家纷纷通过立法等形式监控和限制主权财富基金的投资行为。为此,美国、澳大利亚、德国等国家均制定了相关法规,以此限制主权财富基金对本国战略产业的并购活动。但是换个角度看,立法使相关监管标准得以明确,使主权财富基金掌握了更准确的东道国投资信息,有助于其把握投资方向,降低机会成本。

就整体趋势而言,全球范围内各国投资政策或者立法正朝着自由化和促进型化(liberalization and promotion)不断发展。投资限制或规制的政策立法多见于发达国家,其比例要远高于发展中或转型中经济体。而即便是在发达国家中,对主权财富基金的态度也呈现结构性差异。

第一,根据联合国贸易和发展大会报告统计(参见表9.1),2017年,65个国家采取的126项举措影响到了外国投资。其中,93项关于投资自由化、促进和便利投资,18项对外国投资进行了限制或规制。自由化和促进型政策占比达84%,这要高于2010至2014年间的平均水平。① 这一比例在金融危机过后的2010年曾达到谷底的70%,但近年来稳步提升,2016年略有回落后,2017年又重上峰值。整体而言,自由化、促进型化措施应当仍是趋势。

---

① 该统计扣除了中性条款作为整体基数。

表 9.1　全球各国投资政策变化情况（2001—2017 年）

	2001	2002	2003	2004	2005	2006	2007	2008	2009	2010	2011	2012	2013	2014	2015	2016	2017
政策修改的国家数	51	43	59	79	77	70	49	40	46	54	51	57	60	41	49	59	65
规定变动数	97	94	125	164	144	126	79	68	89	116	86	92	87	74	100	125	126
自由化/促进型化	85	79	113	142	118	104	58	51	61	77	62	65	64	52	75	84	93
限制/规制	2	12	12	20	25	22	19	15	24	33	21	21	21	12	14	22	18
中性/不确定	10	3	—	2	1	—	2	2	4	6	3	6	3	10	11	19	15

［数据来源：联合国贸易与发展大会（United Nations Conference on Trade and Development）］

具体而言,非洲、亚洲、北美的国家或地区,在投资自由化、促进或便利投资方面最为积极。相反,大洋洲、拉丁美洲和加勒比海沿岸一些国家的投资政策则更倾向进行限制,主要是出于对土地和自然资源所有权为外国投资者所控制的担心。

在自由化措施方面,2017 年有约三分之一的举措与私营经济的投资自由化有关。亚洲最大的两个新兴经济体——中国和印度,开放了大量的行业给外国投资者。以中国为例,近年来开放举措不断。2015 年 6 月 1 日开始施行的《国务院关于实施银行卡清算机构准入管理的决定》,对外资和内资银行卡清算机构"一视同仁",规定符合条件的内外资企业均可以申请在中国境内设立银行卡清算机构。2017 年中国修改了 11 个自贸区的负面清单,消除了多个行业的外资投资限制。中国还更新了《外商投资指导目录》,对外商准入的限制措施从 93 项减少到 63 项,服务业、制造业、采矿业等进一步开放。2018 年 4 月,中国更是发布了进一步扩大金融业对外开放的具体措施和时间表。

自由化的另一项举措是私有化。私有化主要发生在发达国家,特别是在诸如交通、通讯等基础设施服务领域。例如,法国签署了其国家太空研究中心(Centre National d'Etudes Spatiales)的销售协议。

投资促进和便捷化方面,许多国家都采取了相应措施。其中最主要的是引入新的投资法。例如智利公布了新的外资投资框架,建立了外国投资促进机构(Foreign Investment Promotion Agency),保证投资者能够涉足官方外汇市场,资本和收益自由汇兑;同时,免征金融产品进口的销售和服务税,以满足特定的需求。又如,玻利维亚施行了新的调解和仲裁法,其中包括对国内外投资者均可使用替代性纠纷解决机制。再如,部分国家简化了营业执照的申请程序。在 2016 年,哈萨克斯坦提供了一站式服务,使得投资者可以同时申请超过 360 项批准和许可,而不用去跑很多的政府机构或部门。另外,一些国家引进了特别经济区机制(Special Economic Zones)或是修改了既存特别经济区的相关政策。有的国家则提供了各种各样的刺激投资手段。例如,美国出台法律减轻外资投资美国房地产业的税收负担:新法规定,外国养老基金在房地产投资中享受和本土基金同样的税收待遇。

第二,各发达国家对主权财富基金的态度存在差异。美国、澳大利亚等国对主权财富基金采取严格规制的态度,并逐步完成相关法律构建。

澳大利亚是第一个建立主要针对主权财富基金投资的外资审查制度的国家,颁布六项原则加强对主权财富基金的审查。美国的国家安全审查制度早已有之,在 2008 年前后相关机制不断加强。新加坡政府、阿布扎比政府与美国财政部达成了九项原则,即《华盛顿约定》,从主权财富基金和东道国两方面阐明了双方应该遵循的政策原则与最佳实践,进一步强调对于包括主权财富基金的外资安全审查、监督管理与透明度要求。相对而言,英国、意大利等则表示欢迎主权财富基金投资,对主权财富基金等外资实行最惠国待遇。

第三,具体分析相关限制或规制措施,可以发现均与特定领域投资的进入有关。各国限制或规制的领域,无论是发达国家,还是发展中国家,普遍反映了东道国对于外资投资于战略行业或者涉国家安全行业的忧虑。不论仅是金融保护主义的借口还是有根据的切实考虑,基本上所有国家尤其是发达国家都禁止外资投资军事、国防相关领域以及核能领域,对于能源、贵金属、电信通信、航空航天等战略性行业则采取不同程度的限制。相比之下,大多数国家为了经济发展需要对其他行业的管制都是放松的,并出台诸多政策鼓励和支持外资进入,给主权财富基金投资提供了基础。例如,美国、加拿大、德国、日本等对外资在银行业、水电、通信等行业的投资进行某种限制,但同时这些国家对于外资也加以引导,使主权财富基金可以对基础设施、医疗、地方交通、环保等行业进行投资。[1]

二、新常态下全球经济发展新动力

新常态下,世界各经济体的走势呈现出非同步性。2008 年金融危机发生不久,发达经济体与新兴市场经济体之间的经济增长速度就出现了"双轨脱钩",即新兴市场经济体的经济增长率明显高于发达经济体,且两者互不相干。[2]自 2012 年始,发展中国家和新兴市场经济体内部(例如"金砖国家")和发达经济体内部(例如英国、美国和欧盟、日本)各主要经济体的经济走势又呈现了高度的非同步性。经济周期错位,导致各经济

---

[1]　张海亮. 中国主权财富基金对外投资战略研究[M]. 北京:中国社会科学出版社,2014:66.

[2]　李扬,张晓晶. 论新常态[M]. 北京:人民出版社,2015:53.

体所采取的政策周期不同步。① 尽管政策周期的全方位错位,会使全球范围内政策实施方难以达到预期的宏观目的,容易触发"以邻为壑"的恶性竞争,带来诸如息差交易、汇率波动、国际资本大进大出等金融市场的动荡,另一方面却也为主权财富基金提供了更大的政策选择空间,其长期财务投资者的角色更容易为投资东道国所接受。随着主权财富基金直接投资的增加,资金向产业后端延伸,各经济体为了应对国际经济变量差异的长期化和无序化,会通过不同的政策来广泛吸引主权财富基金的进入。主权财富基金势必成为新常态下全球经济发展不可忽视的新动力。

首先,世界主要发达经济体保持了温和增长或复苏,虽然复苏步伐弱于预期。扩大投资仍是促进经济增长、改善就业环境的有效工具。其中发达经济体基础设施的改造升级和私有化,需要包括主权财富基金在内的资本予以大力支持。

以英国为例。英国政府从 2010 年 10 月开始公布基础设施升级投资计划,规划英国未来基础设施建设的蓝图。该计划陈述了英国基础设施所面临的挑战,以及英国政府应对基础设施需求的战略部署。计划囊括了对重要基础设施投资的承诺,解释了英国政府吸引私人投资的方式。② 计划的实施增加了相关投资,并加速了项目的推进。最新公布的文件显示,英国政府将扩大计划的投资规模,预计到 2020 至 2021 财年,将有超过 1000 亿英镑的公共资金投入计划之中。③同时,"英格兰北方经济中心"的建设将把英国北部的大城市与基础设施升级投资计划联系起来。"英格兰北方经济中心"战略是 2014 年 6 月英国前财政大臣乔治·奥斯本提出的,其核心是通过改善曼彻斯特、利物浦、谢菲尔德、纽卡斯尔等英格兰北部城市的交通基础设施、推动科技创新、繁荣艺术文化等措施,来提振英国北部经济。④

---

① 例如,2014 年美、英等国央行在推行若干轮量化宽松后开始退出之时,欧洲和日本的量化宽松却方兴未艾。彼时安倍经济学仍在力主扩张性政策,欧洲央行则索性采取前所未有的负利率政策。

② HM Treasury, Infrastructure UK & Infrastructure and Projects Authority. National Infrastructure Plan [EB/OL]. (2016-03-23) [2017-03-22]. https://www.gov.uk/government/collections/national-infrastructure-plan#national-infrastructure-pipeline.

③ Infrastructure and Projects Authority. National Infrastructure Delivery Plan 2016—2021 [EB/OL]. (2016-03) [2017-03-22]. https://www.gov.uk/government/uploads/system/uploads/attachment_data/file/520086/2904569_nidp_deliveryplan.pdf.

④ 胡振虎. 英格兰"北方经济增长战略"简析[J]. 环球财经,2016 (11): 64.

英国有基础设施建设和重振其老工业区的需求,但目前该计划遭遇了来自政治和经济上的双重挑战[1],其中资金、技术和人才的短缺是问题核心所在。财政资金短缺情况下,英国欠缺生产性投资,亟待设计机制撬动社会资本投入基础设施建设。这种情况下,作为一类拥有大量资金的财务投资者,主权财富基金可以充分利用其资金优势对相关建设项目进行投资。2015 年 10 月,英国前首相卡梅伦曾表示,英国政府期待中资企业能够对北部地区的基础设施建设项目进行投资,以弥补政府财力不足。[2] 而在技术和人才方面,主权财富基金可与母国先进技术企业共同开展投资,如中国目前掌握了全球领先的铁路技术,中投公司可与中国铁路总公司及其组建的中国企业联合体共同参与到英国的基础设施升级投资计划实施过程中。[3]

其次,随着新兴市场国家经济实力的不断增强,其在全球金融市场中的地位不断提升。尤其是金融危机后,大量资金涌入新兴市场,新兴市场为全球资金提供了"逆周期"的相对安全避风港。然而随着新常态的逐步显现,新兴市场也出现经济增长低迷现象,部分国家陷入衰退。在美元加息的背景下,大量国际资本加速回流美国,新兴经济体面临着维持高利率

---

[1]　基础设施升级投资计划和北方经济中心建设战略的实施受到了各方阻力。一方面,英国国家审计署(National Audit Office)和国会公共账户委员会(Public Accounts Committee)均对基础设施升级投资计划提出过批评。两大机构出台的报告均认为英国政府错误估计了国家对基础设施的需求,计划的出台缺乏战略眼光;同时,诸如能源领域的政策不确定性可能会阻碍项目执行人、借款方、合同相对方的投资选择。[参见 MALTBY NICK. Current Developments in Britain January-May 2013［J］. European Procurement & Public Private Partnership Law Review,2013,272 (8).]另一方面,由于英国实行财政整顿,政府缺乏充足财政资金,两大战略短期效果尚不太明显。由于资金、技术和人才短缺,一些交通基础设施项目面临搁浅的尴尬境地。比如,北部铁路系统提速项目虽然是整个战略的核心和支柱,但进展并不顺利,跨奔宁山脉线和中部米德兰线的改造工程被迫暂停。原因之一是负责上述路线改造的英国国家铁路网公司预算资金不足,既有路线改造项目工期持续延迟、成本严重超出预算。

[2]　黄丽伟,陈芸芸. 英国"北方经济增长区"战略概览[EB/OL]. (2016-07-21)［2017-03-22］. http://intl. ce. cn/specials/zxgjzh/201607/21/t20160721_14038307. shtml.

[3]　事实上,类似的案例已在"一带一路"国家开展。例如,雅加达至万隆高速铁路项目是"中国高铁全产业链走出去"第一单项目。中国铁路总公司牵头组成的中国企业联合体和印度尼西亚维卡公司牵头的印尼国企联合体共同组建中印尼合资公司,由该公司负责该项目的建设和运营,印尼占股 60%,中方占股 40%。项目规模为 55 亿美元(后调整为 51.35 亿美元)。雅万铁路采用企业对企业商业合作(B-B)模式,不占用印尼国家预算,政府亦不提供担保。国家开发银行提供 75%的商业贷款融资(贷款期限为 50 年,利率为 2%且有宽限期),印尼政府未提供政府预算和主权担保,剩余 25%项目资本金由中印合资公司 Kereta Cepat Indonesia China(KCIC)提供。该项目已于 2016 年 1 月开工。

所带来的不利政策影响。诸如南非、巴西、阿根廷、土耳其和俄罗斯等新兴市场经济体由于各种原因,经济形势本已不容乐观,资本外流压力更大。为了控制资本外流,不少新兴经济体已经制定了超过10%的高利率政策。而美联储一旦加息,这些国家为了保持和美国的必要"利率差"以确保资本不加速外流,只能被迫继续提高利率水平,但高利率对于本国经济的发展极为不利。主权财富基金如果能在这种压力下,结合新兴市场的不同需求,谨慎布局其在新兴市场的投资,可能取得逆调节所带来的超额收益。

第一,新兴市场经济增长水平正处于从发展中国家向发达国家过渡的重要时期,未来持续的工业化、现代化、城市化进程将成为推动经济发展的原动力。这一状况吸引了大量外资流入,会进一步推动其快速发展,也为主权财富基金投资带来良好的投资预期和更多的投资机会。事实上,发达经济体的金融机构早已开始了对新兴市场经济体的金融投资,如汇丰银行的全球战略对新兴市场给予高度重视与关注,对巴西、印度、韩国等新兴市场代表性国家都有外汇投资。

第二,新兴市场以股票、基金、债券等为代表的金融市场投资回报较高。金融危机之后,新兴市场国家的股指比最低点增长1倍左右。2009年,俄罗斯、巴西股市的回报率分别达到130%和129%,新兴市场的投资回报成为当时吸引发达经济体资金流入的重要原因。[1]同时,新兴市场的公司常比西方同类公司增长要快,而且新兴市场的股票定价低也为高回报提供了可能。

三、新型大国战略的构想

(一)全球贸易中心转移

新常态下,政策周期的错位势必导致国际金融的混乱,其与商品和金融市场价值的大量蒸发交织在一起,将会挑战和重塑原有的全球经济关系。例如,中东地区作为美国传统的主要经济伙伴,正在将其关注焦点向欧洲和亚洲转移。

2013年我国提出"一带一路"倡议,2015年将其提升为进一步改革开

---

① 张海亮. 中国主权财富基金对外投资战略研究[M]. 北京:中国社会科学出版社,2014:69-70.

放的重大议题写入十八届三中全会决议,上升为中国的国家战略。在全球经济持续低迷、政治不稳定、地区冲突不断的新常态下,该倡议意义重大。"一带一路"虽为中国发起,但却是区域的,也是全球的。[①] 开放、包容的"一带一路"倡议将补充全球在维护和平发展秩序和公共产品供给上的不足,通过马六甲海峡和红海的"二十一世纪海上丝绸之路"以及经过中亚、俄罗斯至欧洲和经中亚、西亚至波斯湾、地中海的陆路"丝绸之路经济带",未来将很有可能同大西洋航线一样成为主导性的贸易渠道。[②]

"一带一路"不仅是商品贸易的渠道,而且也使资本、劳动力、技术能够进行双向交流。这种战略互惠出于两方面的缘由:一是新兴亚洲需要获得能源和资本的稳定供给;二是海湾国家能够依赖所需要的廉价商品供应、高收益的投资机会和移民维持其经济增长。[③] 国际产能合作有望成为全球经济增长新动能和国际产业体系重构新动力,对世界经济与跨境投资产生巨大拉动作用。从现有投资来看,由于包括亚洲和中东等多极世界的支持,"一带一路"项下的大型项目激增。在能源部门,中国石化一方面与沙特阿美石油公司、科威特石油公司合作在广东、山东、福建建立炼油厂[④],另一方面又与沙特阿美石油公司合资将炼油厂建到了沙特[⑤];在物流领域,迪拜港世界公司提出共同开发中国天津集装箱港口;沙特北部的磷酸项目、吉赞经济城(Jazan Economic City)和沙特的生产设施都由中国铝业来运营。

经济金融领域双边和多边的贸易谈判正在不断推动这一进程,新兴亚洲与中东的政治合作也呈现上升趋势。例如,十年前为处理边界和安全问题而成立的上海合作组织实际上已经成为中国、俄罗斯与其他中亚

---

① 区域视野下的"一带一路"重点在于加强亚欧非三大洲合作;全球视野下的"一带一路"则有三层含义:第一,通过合作促进沿线地区和平稳定,直接对世界和平作出贡献;第二,在全球化背景下,各经济体的利益息息相通、密切相关,"一带一路"沿线地区的经济繁荣会带动其他地区的经济增长和人民福利的提升;第三,它搭建的是一个开放包容性的合作框架和平台,并不局限于沿丝绸之路历史路线国家,中国欢迎其他国家加入。参见罗雨泽,罗来军."一带一路":开创全球合作发展新局面[N]. 光明日报,2015-04-01.

② 〔意〕马斯米利诺·卡斯特里,〔意〕法比奥·斯卡西维拉尼. 主权财富基金新经济学[M]. 姜广东,译. 大连:东北财经大学出版社,2016:16.

③ Ibid.,149.

④ 李舜琼. 科威特参与广东炼油项目 中国打通新找油路径[EB/OL].(2007-12-05)[2017-03-22]. http://www.ce.cn/xwzx/gnsz/gdxw/200712/05/t20071205_13813875.shtml.

⑤ 王波. 中石化和沙特阿美石油公司合资建炼油厂[EB/OL].(2012-01-16)[2017-03-22]. http://news.cntv.cn/20120116/122062.shtml.

国家之间的经济合作论坛,战略重心日益集中于能源领域。其他亚洲国家包括巴基斯坦、阿富汗、伊朗和印度也已经参加合作组织峰会,并且在未来几年有可能成为正式成员。又如,我国与海湾合作委员会国家之间在众多领域达成了双边协议,包括石油、天然气和采矿,政治关系也随之进一步巩固。

(二)主权财富基金的新发展空间

推进"一带一路"沿线国家的基础设施互联互通及贸易自由化等,蕴含着无限的投资发展新机会。实际上,主权财富基金早已是"一带一路"沿线投资的活跃分子。例如,阿联酋阿布扎比投资局(ADIA)投资于印度的蓝筹股印孚瑟斯技术有限公司(Infosys Technologies Ltd)和第二大建设集团沙普尔吉·帕隆吉集团(Shapoorji Pallonji Group),穆巴达拉发展公司(Mubadala Development Company)在马来西亚的沙捞越走廊项目上投资了70亿美元,卡塔尔投资局(QIA)投资于JSM印度尼西亚地产基金、新加坡莱佛士医疗(Raffles Medical)和中国农业银行。

作为国际金融市场新兴的机构投资者,在世界经济新常态的贸易重心转移中,主权财富基金可以扮演资金供应的重要渠道,推动各类资产的交易规模和流动性。事实上这正是主权财富基金在新形势下满足自身投资收益要求的必然选择。近几年主权财富基金直接投资向不动产领域等产业延伸、资金向新兴市场转移,契合新常态下的贸易重心转移趋势。通过合作投资、间接投资等市场化资本运作方式,主权财富基金在国际金融体系中的角色日益重要,与新常态经济变化相辅相成,将加快全球资产分布格局的调整,提高资源配置效率。

以基础设施投资为例。在"一带一路"战略的推进过程中,基础设施互联互通,打通向东向西合作大通道,是最佳的切入点之一,也是"一带一路"建设成功的关键。[1]近几年间,主权财富基金在全球基础设施领域的投资显著增长。例如2015年总共完成12项投资,总量达66亿美元,是2014年的11倍。[2]这一方面得益于全球基础设施建设对于资金的需求巨大。根据测算,未来15年全球基础设施建设需要超过50万亿美元的

---

[1] 罗雨泽. "一带一路"基础设施投融资机制研究[M]. 北京:中国发展出版社,2015:3.

[2] Sovereign Investment Lab. Towards a New Normal: Sovereign Wealth Fund Annual Report 2015 [R]. Milan: Sovereign Investment Lab, 2016: 24.

投资。①而 2010 至 2020 年期间，亚洲基础设施投资需求是 8 万亿美元，其中中国、哈萨克斯坦、巴基斯坦、印度尼西亚、马来西亚、泰国、菲律宾、越南占 71.3%。②主权财富基金对低流动性的高容忍度、对稳定收入的偏好等长期投资特性，使得它们成为大型基础设施项目的理想投资者。它们可以和其他一些长期投资者如养老基金，一道发挥积极作用。另一方面，各大主权财富基金也正积极扩大其另类资产投资，以求将资产配置从低收益的政府债券上转移出来。低系统风险和高孳息增长率的结合是主权财富基金对基础设施需求加大投入的重要驱动因素。由于存在上述的双向需求，主权财富基金在基础设施投资领域的发展前景广阔。

第二节　中投公司所面临的难题

作为中国官方唯一承认的主权财富基金，经过十年的历练与成长，中投公司的规模不断扩大，截至 2017 年底其总资产超过 9414 亿美元，全球排名第二，而投资与管理经验也在持续积累和丰富。十年的发展使中投公司的投资架构更加清晰、投资管理更加严谨、投资支持更加坚实、投资合作更加深化。③与此同时，中投公司成立至今，国家（政府）形式或实质上的影响以及法律层面的缺失始终与其相伴，导致无论内部制度如何完善、投资模式如何变更，投资东道国仍会产生强烈的不信任，担心中投公司并非出于商业化运作，而是被"政治和其他动机"所驱使的基金。这无疑给中投公司的海外投资设置了很大阻碍，造成损失或挫折。

一、挥之不去、日益清晰的"国家队"调性

中投公司在历年年报中都明确坚持其长期财务投资者的基本定位。从设立宗旨来看，中投公司的目标是多元化外汇储备投资，获取财务回报。不过事实上，无论是在资产的战略配置，还是投资架构上，中投公司的已有实践与所秉持的定位及宗旨有一定程度的偏离；甚至在一些具体

①　TheCityUK Research Center. Sovereign Wealth Funds 2015 report [R]. London：TheCityUK，2015：3.

②　佚名. 亚行关于亚洲基础设施投资需求为 8 万亿美元的测算说明[EB/OL]. (2015-02-03) [2017-03-22]. http://finance. china. com. cn/roll/20150203/2942741. shtml.

③　中投公司. 中国投资有限责任公司 2015 年年度报告 [R]. 北京：中投公司，2016：4.

项目的投资决策过程中,或多或少受到国家政治、经济政策的影响。

(一)多元目标并存的财务/战略投资者

从长期财务投资者的内涵看,这一概念在中投公司发展中不断得到深化,从而衍生成多个面向的目标。具体定位由最初获取风险调整后适当长期投资回报的投资者,逐渐上升为把中投公司建设成为稳健、专业、负责任和有声望的国际大型机构投资者。同时,投资的基本原则也不断完善,在原先注重长期、可持续的投资回报、基于商业目的、负责任投资等基本原则基础上,逐渐增加保证资产组合的流动性和灵活性、注重投资组合的完整性和一致性等原则。

从投资策略上看,中投公司的投资策略是混合型的。尽管中投公司在成立之初曾宣布主要采取长期投资、境外投资的方式,即属于组合型财务投资者。但在多重因素的影响下,后续实践中其战略投资者的角色更加突出。中投公司控股的中央汇金根据授权对国有重点金融企业进行股权投资,向金融机构注资和处置不良金融资产,如其旗下的建银投资负责对问题券商的注资和改造。中央汇金肩负着中国金融机构改革和运作管理的政策性任务,具有很强的政治目的,其投资行为属于典型的战略性投资。中投公司另外两家子公司中投国际、中投海外分别承担中投公司的境外投资和资产管理业务,其投资行为更偏向于财务型投资。这使得中投公司兼具战略性投资和财务性投资的混合职能,国内实施的战略型投资策略与海外子公司所奉行的组合型投资策略存在反差。

不仅如此,即便是在财务投资中,中投海外所从事的直接投资业务,持股比例也比较高,还会有委派董事等情形,并非全如中投公司所称"不寻求对被投资企业的控制"。专注于直投业务也意味着中投公司的投资策略与其所表示的组合原则并不完全一致。

此外,2014 年 12 月,中投公司还通过其全资子公司赛里斯投资有限责任公司,为丝路基金注资 15 亿美元。后者为"一带一路"沿线基础设施建设、资源开发、产业合作等有关项目提供投融资支持。[①] 中投公司助力相关项目所需的资金,战略投资者角色凸显。

(二)国内企业"走出去"的领头羊

由于自身股东的身份特殊,中投公司近年来不得不兼顾国内企业"走

---

① 宋云辉. 丝路基金正式落户北京金融街[EB/OL]. (2015-01-22)[2017-03-22]. http://bj.people.com.cn/n/2015/0122/c82838-23651474.html.

出去"的任务,被迫扮演起国内改革先锋的角色。截至目前,中投公司已与不少国内企业开展合作,携手"走出去",寻求投资机会。例如,中投公司和中粮集团共同成立了中粮国际控股公司,打造国际农业投资平台。[①]又如,中投公司与河北省的几家大型企业签订合作协议,包括与冀东发展集团共同建设境外水泥项目及相关产业链,与河北钢铁集团将共同投资建设海外钢铁及相关项目,与河北建投集团共同投资海外电力领域的项目。[②]中投公司还与招商局集团签订有战略合作协议,并与山东省投资公司合作设立海外投资基金。

从与中投公司合作的国内企业所属行业可以发现,钢铁、水泥等都是国内严重产能过剩的行业。与这些企业合作,支持它们"走出去"的举措可能确实是在寻求新的投资机会,但也不得不说带有响应国家号召的因素,与国内正在进行的供给侧结构性改革紧密联系。中投公司高层近些年曾在不同场合多次表示,公司正处于结构性调整和转型之中,过去的业务以境外金融组合产品的投资为主,未来将更多关注与中国元素有关的境外投资项目。[③] 中投公司将有效结合财务投资和支持中国经济转型的战略目标,建设有中国特色的主权财富基金管理模式。[④]而在中国资本海外并购领域,中投公司则倡导由国家队与产业界、民间私募股权基金、证券公司、上市公司、地方产业基金和科技园区等共同组成"航母战斗群",各司其职,发挥比较优势,协同作战。

二、成长发展中的顾忌与隐忧

中投公司是依据《公司法》设立的,但在职权的法律依据、董事会构成、资金的来源等具体问题上,都与现行的法律规定有所出入,且缺乏必要的母国法监督制度。十年来中投公司随着国际投资环境变化,不断调整投资策略和投资组合目标,对子公司也进行了重新部署,但其所依托的

---

① 路透北京. 中投与中粮合组中粮国际控股 打造国际农业投资平台[EB/OL]. (2015-05-12) [2017-03-22]. http://industry. caijing. com. cn/20150512/3880728. shtml.

② 王玉亮, 李斌, 李巍. 河北省企业与中投公司签署合作协议[EB/OL]. (2015-03-25) [2017-03-22]. http://hebei. hebnews. cn/2015-03/25/content_4652816. htm.

③ 招商局集团办公厅. 李建红、李晓鹏会见中投公司副董事长、总经理屠光绍一行[EB/OL]. (2017-02-15) [2017-03-22]. http://industry. caijing. com. cn/20150512/3880728. shtml.

④ 岳跃. 祁斌:探索中国特色的主权财富基金管理模式[EB/OL]. (2016-12-04) [2017-03-22]. http://topics. caixin. com/2016-12-04/101022862. html.

相关治理、监管法律机制却并未真正建立起来。没有母国强有力的法律支撑和有效的制度约束,中投公司在"国际法治"的背景下将更有可能被投资东道国所责难,成为东道国抵制中投公司的重要理由。

(一)潜在的越权可能性及与其他主权投资机构的竞合

中投公司组建宗旨是实现国家外汇资金多元化投资,在可接受风险范围内实现股东权益的最大化。[①] 换句话说,中投公司成立之初,具有国家对外汇资金运用多元化进行尝试的目的。其设立的初衷并不是与央行所辖外汇管理局进行竞争,而是期望在投资领域、风险偏好等方面与外汇管理局实现差异化。

按照《中国人民银行法》第 4 条规定,外汇储备经营管理职责只由央行及外汇管理局承担,没有一条法律条文明确授权其他任何机构从事外汇资产的经营管理活动,这也意味着中投公司对外汇资产的经营管理没有充分的法律支撑。即使默认实然的状态,我国对于外汇储备运用缺少整体规划,没有划定中投公司应获得多少比例的外汇储备,也没有明确规定中投公司与其他主权投资机构之间怎样协调。因此,中国不同的投资机构对于央行的外汇储备获取和运用是否存在竞争关系,一直是争论不休的问题。[②]

从目前海外投资情况看,外汇管理局并不像人们所理解的那样仅仅专注于现金管理产品、债券以及其他一些流动性高的产品。外汇管理局2014 年年报中出现了华新公司、华安公司、华欧公司、华美公司四家驻外机构的名单(以下将这四家机构合并简称为"四朵金花"),这四家机构分别位于新加坡、香港、伦敦和纽约。[③] 尽管上述四家机构的投资偏好、规模、运作机制都没有公开披露,但是根据有关报道,"四朵金花"管理的资

---

① 中投公司. 关于中投 [EB/OL]. [2017-03-22]. http://www. china-inv. cn/wps/portal/! ut/p/a1/jZBNC4JAEIZ_Ucy06mrHTcsP3CJEsr3IEqkLuUpIh359JnR0dW4Dz8M784K AAoSWb1XLQXVaPn-7oOUJKW79DBPk7IjMwwM_WwlhjjMCt3kgtInRv_x9P2SR7aaIaHsE42 AfBe6OI8Z0nY8zw3CdbwAW_k8mwJA_BpAX93kNopdDs1G66qBouvZR3jVcQRgTMssMTA1P gKnCpRv7Ns_z4pNWWay-vwv2gA!! /dl5/d5/L2dBISEvZ0FBIS9nQSEh/.

② KOCH-WESER IACOB N. , HAACKE OWEN D. China Investment Corporation: Recent Development in Performance, Strategy, and Governance [R]. Washington, DC: U. S.- China Economic and Security Review Commission, 2013: 23.

③ 国家外汇管理局. 国家外汇管理局年报(2015)[R]. 北京:国家外汇管理局,2016: 5.

产可能超过万亿美元。[①] 上述四家公司及其子公司、SPV 等主体，如银杏树投资公司（Gingko Tree Investment Ltd.）和绿玉曼陀罗投资公司（Beryl Datura Investment Limited）（以下将这两家机构合并简称为"两枝绿叶"）[②]，近年来在美国、欧洲、新加坡等地对私募股权基金、房地产、基础设施等另类投资领域开展了大规模的投资。据主权财富基金研究中心（SWFI）数据统计，仅华安公司的资产规模就超过 474 亿美元。[③]

在国内金融机构投资方面，外汇管理局成立了梧桐树投资平台有限责任公司（梧桐树公司），于 2015 年 7 月 15 日和 7 月 20 日分别完成了对国家开发银行和进出口银行两家政策性银行的大规模注资。根据上市公司 2015 年披露的年度报告来看，梧桐树公司开始通过外汇储备委托贷款债转股的方式，陆续投资了 A 股商业银行，分别成为工商银行、中国银行、交通银行、农业银行、兴业银行和浦发银行的前十大股东之一。[④] 根据研究机构测算，梧桐树公司对几大国有商业银行的注资金额截至 2015 年底约为 52.45 亿美元，至 2016 年三季度末约为 53.81 亿美元。[⑤]

综上，无论是在海外投资领域还是对国内金融机构的投资，外汇管理局旗下投资机构和中投公司的角色越来越相近。两者甚至还共同参与了对丝路基金的注资，在丝路基金首期资本金 100 亿美元中，梧桐树公司注资 65 亿美元，中投公司出资 15 亿美元。[⑥]

某种程度上看，中投公司最大的竞争对手是外汇管理局旗下投资机构，因为两者在资金来源和投资业务方面均存在竞争关系；同时，其他大型主权投资机构尽管与中投公司有所差异，但在功能上也存在竞合。例如全国社会保障基金理事会[⑦]、国新国际投资有限公司（国新国际）、复兴

---

①　欧阳晓红. 外汇管理局和它的四朵金花［EB/OL］.（2014-07-12）［2017-03-22］. http://www.eeo.com.cn/2014/0712/263357.shtml.

②　慕丽洁."银杏树"与"曼陀罗"：外汇管理局投资系全球绽放［EB/OL］.（2013-11-17）［2017-03-22］. http://business.sohu.com/20131117/n390272083.shtml.

③　Sovereign Wealth Fund Institute. Sovereign Wealth Fund Rankings［EB/OL］.（2016-06）［2017-03-22］. http://www.swfinstitute.org/sovereign-wealth-fund-rankings/.

④　参见工商银行股份有限公司、中国银行股份有限公司、交通银行股份有限公司、农业银行股份有限公司、兴业银行股份有限公司、浦发银行股份有限公司 2015 年年度报告.

⑤　刘晨明，宋雪涛. 有多少外储花别处：中国"影子外储"的规模估算［R］. 武汉：天风证券，2017：4.

⑥　另外 20 亿美元由中国进出口银行和国家开发银行出资，分别为 15 亿美元和 5 亿美元.

⑦　社保基金的主要投资业务在国内开展，社保基金 2014 年年度报告显示，其境外投资的资产 1305.78 亿元，占其资产总额的 8.5%。

集团、中非基金等，尽管它们的资金来源并不是外汇储备，而且整体业务领域、业务模式与中投公司也存在一定差异，但是它们或多或少会在投资业务上与中投公司展开竞争。有报道称，2015 年中投公司、复兴集团以及外汇管理局的 SPV 银杏树投资公司对位于伦敦奥运新城的中央国际商业区展开竞购。①

可见，中国主权投资机构之间的边界并没有随着时间的推移而日渐清晰，反倒是同质化的倾向更加严重。如果从国家进行整体资源配置、开展海外投资的角度看，这些并非好事。多个国有投资主体竞争同一投资标的，容易造成国有资本的内耗，降低资源配置的效率。中国并没有对外汇资金使用以及主权投资机构开展海外投资进行立法规制，似乎也不存在清晰的整体规划，这或许是出现多个部门互相竞争逐利的根本原因。

（二）行政化的高管层以及潜在的行政干预风险

中投公司治理结构中的某些制度安排，包含着投资过程中受到行政干预的潜在风险。其高级管理人员接受行政级别管理，并非单纯的职业经理人。作为一家肩负特定使命的投资机构，中投公司高管的任命、激励考核机制等方面，似乎缺乏明确的制度规范。

中投公司成立时，拥有员工 1200 人，由时任财政部常务副部长的楼继伟担任董事长一职。公司董事会成员共 10 人，包括 2 名执行董事、5名非执行董事、1 名职工董事和 2 名独立董事。其中，2 名执行董事和 5名非执行董事分别是来自国家发改委、财政部、商务部、央行和外汇管理局这五个部委的副部级干部，而 2 名独立董事分别是国家发改委和财政部已退休的副部级干部。2013 年春，楼继伟调任财政部部长一职，中投公司董事长由时任国务院副秘书长的丁学东接替。理论上，中投公司直属于国务院，在行政位阶上并不在各部委之下，其他部委应与之协商而不能监管。但从上述中投公司的董事会人员构成情况来看，公司重大决策仍可能受到发改委、财政部、商务部、人民银行、社保基金理事会、银保监会等单位的影响。② 如此相关决策都有政府直接介入的风险，受到行政干预的可能性大。而且从另一个角度看，因为须兼顾以上各部委利益，需

---

① 佚名. 中投复星集团旗下公司出价 48 亿竞购伦敦奥运办公楼[EB/OL]. (2015-07-17)[2017-03-22]. http://finance.sina.com.cn/chanjing/gsnews/20150717/175922718922.shtml.

② 范世平. 中国大陆主权财富基金发展的政治经济分析[M]. 台北:秀威资讯科技股份有限公司,2010:116.

要各部委的配合与协调,因此包括协商、监督与考核在内的交易成本非常高昂。

（三）不明晰的注资、撤资机制与特殊的资金来源安排

中投公司的注资和撤资机制并不清晰。其 2000 亿美元的初始注册资本金,是 2007 年财政部通过发行特别国债筹集 15500 亿元人民币,购买等额外汇储备注入形成的。2011 年 12 月,外汇管理局陆续向中投公司旗下子公司中投国际注入 300 亿美元现金。[①] 2012 年初,国家再向中投公司注资约 190 亿美元。据报道,2015 年 1 月成立的中投海外注册资本为 50 亿美元,但财政部将持续注资,规划可用资金将逐步达到 1000 亿美元,资金来源也将多方筹措。[②] 2015 年中投公司的年报并未对此项注资进行说明,在缺乏明确注资机制约束下,中投海外的资金来源停留在外界的猜测当中,而财政部发债筹措资金的可能性非常大。[③]

财政部通过发债形式筹措中投公司的资金,有其特殊的考量,即规避境外监管机构提出的投资者上报并披露相关大股东财务报告的要求。规避原因在于,财政部作为股东进行财务报告披露,在实际操作中存在一定难度,财政部也不愿意失去对中投公司的控股权。然而,以发行特别国债的形式筹资存在着不小的风险和问题。

首先,中投公司承担着较大的成本压力。中投公司成立时,10 年期和 15 年期特别国债利率分别在 4.3% 和 4.5% 左右,人民币兑美元每年升值幅度在 5% 左右,这部分汇兑损益构成了中投公司的海外投资成本。再加上自身运营管理成本,中投公司成立之初综合成本率已接近 10%。[④]尽管近年来特别国债利率持续走低,维持在 3% 左右,人民币在美国加息浪潮中也持续贬值,但总体而言,财政部借债筹资的特点决定了中投公司

[①] 中投公司. 中国投资有限责任公司 2011 年年度报告 [R]. 北京:中投公司,2012:4,40.

[②] 李箐. 千亿中投海外直投公司 7 月 27 日挂牌[EB/OL]. (2015-07-29)[2017-03-22]. http://money.163.com/15/0729/09/AVMBVLOR00253368.html.

[③] 中投海外的资金来源,首先排除完全由外汇储备直接划拨,因为这将导致外汇管理局成为中投海外大股东;而由财政部发债筹措,代价是增加中投海外的资金成本。现在看起来后者的可能性更大,但也不排除转让部分股权的可能。据接近中投的消息人士称,目前中投海外资金来源的多方筹措计划还在商讨当中。参见李箐. 千亿中投海外直投公司 7 月 27 日挂牌[EB/OL]. (2015-07-29)[2017-03-22]. http://money.163.com/15/0729/09/AVMBVLOR00253368.html.

[④] 但有为. 成本高企 中投公司面临如何赢利的考验[N]. 上海证券报,2007-10-08.

必须能够承受相对较高的市场风险。中投公司的资产管理模式、投资方向选择、资产风险规避等方面因而面临严峻的挑战,特别是在全球经济新常态的宏观经济背景下,其海外投资的不确定性比较突出。

其次,中投公司目前几乎保持满仓运作,由于注资、撤资机制的缺失,中投公司缺乏稳定的资金来源,势必导致可用于开展新业务的资金不充足。此外,倘若突发特殊情况需予以撤资,中投公司既难有操作的空间,也没有相关制度对撤资加以规范和约束。

在 2011 年外汇管理局注资前,中投公司初始注册资本金用于境外投资的部分约 1100 亿美元,已经全部配置完毕,其余部分则通过中央汇金投资境内金融机构。① 查阅中投公司的年报可发现,该公司基本上维持满仓运作,持有的现金比例较低。近年来,中投公司海外直投的比例稳步提升,长期资产投资增加更会使中投公司的流动性进一步降低。

流动性降低的同时,中投公司资金来源依然缺乏稳定性。2015 年以来美联储先后两次加息,加上我国宽松的货币政策,未来人民币汇率波动的可能性加大,如此,外汇储备为了平滑汇率波动料将进一步下降。从 2014 年 6 月至 2017 年 3 月底,中国的外汇储备已由峰值的 39932.13 亿美元大幅减少至 30090.88 亿美元。② 从目前情况来看,中投公司不大可能从央行获取资金。而随着中国国内经济增速的持续下滑,政府为了刺激经济增长,将不断加大财政支出的力度。李克强总理表示,2016 年安排财政赤字 2.18 万亿元,比 2014 年增加 5600 亿元,赤字率提高到 3%。③因此,中投公司恐怕也不大可能从财政部获取资金支持。同样,在去杠杆的宏观形势下,发行公司债券的难度加大。因此,中投公司整体上面临着非常现实的后续资金补充压力。

(四)政府监管、市场问责机制缺失

作为主权财富基金的新兴母国,我国对于中投公司的规范存在法律上的空白。一方面,缺乏有效的信息披露机制,公司业务透明度低,"暗箱

---

① 佚名. 消息称中投将获得 1000 亿至 2000 亿美元新资金[EB/OL]. (2011-04-27) [2017-03-22]. http://www.caijing.com.cn/2011-04-27/110703410.html.

② 国家外汇管理局. 外汇储备数据[EB/OL]. [2017-03-22]. http://www.safe.gov.cn/wps/portal/sy/tjsj_lnwhcb.

③ 佚名. 李克强:2016 年拟安排财政赤字 2.18 万亿元[EB/OL]. (2016-03-05)[2017-03-22]. http://news.cnr.cn/native/gd/20160305/t20160305_521540849.shtml.

操作"风险较大。根据 L-M 透明度指数,中投公司的透明度水平从最初的 4 分上升到了 2013 年的 8 分,后评分保持稳定。尽管在分数上已有较大幅度的提升,但由于中投公司在母国法律监管层面上的薄弱,加之缺乏严格的信息披露和报告制度,使得投资东道国依然将透明度作为一个抵制中投公司投资的理由。即便中投公司是由国务院直接监督和管理,也不能完全消弭东道国对其存在非经济意图的诘难。

　　另一方面,中投公司的市场问责机制并不清晰。由此,不仅难以建立有效的权责一致制度,不易延揽使用高专业水平的金融人才,也难以真正实现以长期稳定利润为导向的目标。2008 年至 2017 年间,中投公司的年投资收益率分别为 −2.1%、11.7%、11.7%、−4.3%、10.6%、9.33%、5.47%、−2.96%、6.22%、17.59%。自 2007 年成立以来,中投公司累计年化净收益率为 −2.1%、4.1%、6.4%、3.8%、5.02%、5.70%、5.66%、4.58%、4.76%、5.94%。其中,对业绩贡献最大的是中央汇金持有资产所获得的收入,拉动了整体投资回报的上升。中央汇金为 17 家境内金融机构注资持股,握有工农中建交等五大行的股权,在国有银行上市后股票价值抬升,分享了中国经济发展和金融改革的成果。[①] 考虑到中投公司每年的运营管理成本、交易费用支出和资本利息,据估算每年需有 7%—8% 的回报率才能够实现资产保值的目的。[②] 如此来看,中投公司目前的业绩,尤其是海外投资成效堪忧。

　　诚然,在国际金融市场投资并非易事,中投公司成立的几年正是全球经济新常态的震荡期,中投公司年报的三次亏损与华尔街金融危机、欧债危机爆发、大宗商品价格深度下跌有着密切联系。但就此前的亏损,中投公司从未作出解释。例如中投公司在摩根士丹利、黑石集团项目上的投资失败,仅由时任总经理高西庆在 2013 年 3 月公开表示"最初两笔投资的失败源于缺乏经验"。[③] 其他方面也只能从国家审计署的审计报告中发现,2008 年至 2013 年间,中投公司境外投资中有 6 个损失项目、4 个浮

　　① 张菲菲. 解码中投公司 2015 年成绩单:西边不亮东边亮[EB/OL]. (2016-07-24)[2017-03-22]. http://www.yicai.com/news/5049215.html.
　　② 君临. 这个世界上最有钱投资者的悲催经历,会让你终生受用[EB/OL]. (2015-07-29)[2017-03-22]. http://junlin1980.baijia.baidu.com/article/562451.
　　③ 胡雯. 透明度高引关注 海外业绩压力太大[EB/OL]. [2017-03-22]. http://money.163.com/special/view365/.

亏项目、2个面临损失风险项目。①因此,中投公司运营目标、投资决策,管理层的决策能力、内部操作风险承受较大质疑。

同时,由于没有完善的风险预防机制,中投公司不能很好地把握风险并保护境外投资中的利益,因此屡屡受挫,其战略转型能否成功也有待观察。例如,中投公司自2007年成立以来已进行了两次重大的投资战略转变。成立之初,中投公司致力于参股美国的金融机构。但稍后一年,美国即爆发金融危机,中投公司的投资出现账面亏损。随后,中投公司将投资重点转向境外多元投资,包括能源、金属、采矿以及境外的基础设施。可是国际经济形势不明朗,能源、原材料的价格波动多,持续上涨缺乏基础,投资于境外能源、原材料及基础设施的风险颇高。中投公司在2014年前后又加大了对农业的关注,希望对整个价值链进行更大投资,包括灌溉等基础设施、谷物与动物蛋白质生产,以及运输、加工与存储等支持性服务。②然而,农业是比能源、矿产风险更高的行业,农产品价格波动剧烈。以国内为例,除了大米等主粮价格受控制以外,其他农产品大多经历过过山车式的震荡。同时,农业的基础性投资更显长期化,退出非常困难。从灌溉等基础设施到农业初级产品的生产,处处面临着内部管理的困境与外部食品安全监管的压力,国内有经验的产业投资公司尚无成熟的模式介入农业,遑论中投公司这位新兵。③

第三节　中投公司的未来展望

新常态下,决定主权财富基金未来成败的是其对于自身目标的定位以及相关的制度构建。这些将指引主权财富基金的具体投资策略,规范并促进其具体运作。

---

① 国家审计署. 2014年第5号公告:中国投资有限责任公司2012年度资产负债损益审计结果［EB/OL］.（2014-06-18）［2017-03-22］. http://www. audit. gov. cn/n5/n25/c63648/content. html.

② 丁学东. 中国将因粮食产业投资获益［EB/OL］.（2014-06-19）［2017-03-22］. http://www. ftchinese. com/story/001056815.

③ 聂日明. 投资不是中投的特长［EB/OL］.（2015-06-26）［2017-03-22］. http://nieriming. baijia. baidu. com/article/20211.

一、定位取向、目标澄清与功能剥离

　　中投公司之所以在成立十年后，依然面临上述的难题，与其自身定位的模糊与摇摆密切相关。中投公司产生和迅速发展的背景是中国对外直接投资在进入 21 世纪后的快速增长（见图 9.1）。根据《中国对外直接投资统计公报》，2015 年中国对外直接投资流量跃居全球第二，超过同期吸收外资规模，实现资本净输出。2015 年，中国对外直接投资流量 1456.7 亿美元，超过日本成为全球第二大对外投资国。[①]这一数据在 2016 年进一步提升，创下 1961.5 亿美元的历史新高，同比增长 34.7%，我国因此蝉联世界第二，在全球占比中首次超过一成（达 13.5%），连续两年实现双向直接投资项下资本净输出。[②]这意味着中国企业需要以更成熟、可持续的方式融入世界经济。当然，这一背景与中国经济转型和产业升级、国家"一带一路"战略的需求叠加，同时受制于世界经济新常态的压力，使得中投公司这艘大船左右摇摆。

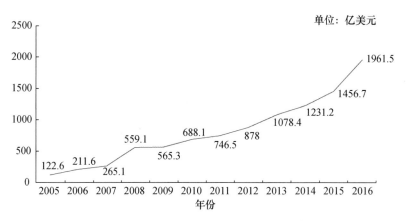

图 9.1　2002—2016 年中国对外直接投资流量情况
（数据来源：商务部、国家统计局、国家外汇管理局）

　　过去十年，中投公司一直标榜自己为财务投资者，试图通过提高透明度、完善公司治理等手段实现自身的"去政治化"，以消弭投资东道国的疑

---

　　① 商务部，国家统计局，国家外汇管理局. 2015 年度中国对外直接投资统计公报[R]. 北京：商务部、国家统计局、国家外汇管理局，2016：3.

　　② 同上书，6.

虑。然而不断重提"支持国家战略,服务中国经济转型和产业升级",建设"中国特色主权财富基金",似乎又在向外界传递着不同的信号。

本书认为,中投公司在未来的发展过程中,财务投资者的基本定位不宜动摇,无论是在透明度提高,还是公司治理完善上,均应顺应国际趋势而为之,以营造更好的国际投资环境。中投公司可以有其政策目标,但这种政策目标应明确区别和隔离于政府的政治战略目标。在我国外汇储备投资的总体蓝图下,与中投公司性质相似的公司应做整合,不适应中投公司定位的政治战略任务应从中投公司合理地剥离出去,或由其他外汇储备投资机构承接,或成立专门服务于特定政策目标但不受政府部门干预的新主权财富基金。

（一）财务目标:基础定位与应对质疑的基石

整体而言,我国的对外投资主要体现在外汇储备投资和对外直接投资两个方面。外汇储备投资的规模大,对外直接投资的发展速度快。[①]对外投资一般遭受来自投资动机、投资方式和投资实践三方面的质疑。[②]

中投公司的诞生是为应对外汇储备日益增长所产生的管理压力,即为了能够进行更为积极的外汇储备管理,在留足应对不时之需的外汇储备之后,将剩余的外汇储备投资于更高收益的资产,提高外汇储备投资收益率。本质上,中投公司作为主权财富基金,属于我国外汇储备投资的一部分,但由于财务目标上的根本不同,其在风险承担能力、流动性要求、投资组合等方面不同于外汇储备基金。相比于外汇管理局为了国际收支或货币政策目的而持有的外汇储备,中投公司将盈利性作为首要目标,而外汇管理局管理的外汇储备基金则将安全性和流动性置于目标序列的前列,将盈利性作为次要的目标。[③] 全球范围内审视,财务目标的实现是主

---

① 何帆. 中国对外投资的特征与风险[J]. 国际经济评论,2013,(1):38.

② 中国对外投资遭受的质疑大致分为三类:首先,对中国到该国投资动机的质疑。例如,很多西方国家的政策制定者、监管机构、媒体和学者担心中国投资是出于政治和战略的考虑,是政府的政策工具,而不是单纯的商业行为。其次,对投资方式的质疑。比如,美国政府认为中国企业,特别是国有企业,在中国政府的优惠政策的支持下,具备了美国企业所没有的竞争优势,从而扩大了它们的市场份额。这种投资方式扰乱了公平竞争。最后,对投资实践的质疑。例如,海外媒体和公众经常指责中国在海外投资的企业没有社会责任感;在海外经营时破坏环境,没有社区精神;等等。参见王梅. 中国投资海外——质疑、事实和分析[M]. 北京:中信出版社,2014:2.

③ 详见第一章论述。

权财富基金自身设立和发展的需求,获取收益这一"自生能力"①是主权财富基金存续的基础。自生能力的缺失,即财务目标无法实现,会引发一系列如预算软约束等难题。

从投资东道国角度上看,财务目标的纯粹性也是其接受主权财富基金投资的基础。因此,长期财务投资者角色往往为大多数主权财富基金所标榜,各基金竞相表明自己获取风险收益目标的纯粹财务性,以换取投资东道国的信任。中投公司经过十年发展,财务目标本已有机会澄清,即获取风险调整后适当的长期投资回报。同时,与新加坡淡马锡等主权财富基金一样,通过强调财务目标,辅之以提高透明度、不断强化宣传其实施商业化运作的信息、避免介入旗下企业具体投资案例等措施,中投公司可以一定程度上缓解外界对其投资动机的疑虑。

财务目标的实现,依托于国际经济形势的发展和各投资东道国的自身需求。在新常态下,中投公司需要在全球振荡复苏中把握机会,尤其是抓住发达国家基础设施改造升级和私有化的需求、部分新兴经济体加快经济转型与结构调整的愿望,以及全球经济再平衡中的投资机会。中投公司需要捕捉和识别不同市场的投资特征,挖掘各自市场的投资潜力,实现主权财富基金财务目标和投资东道国目的的有机结合与共同达成。

(二)政策目标:区别战略意图的选择

事实上,财务目标只是主权财富基金的基础性目标,以追求收益为唯一目标或最终目标的主权财富基金并不多见。财务目标本身指向的是稀缺性的配置,非财务目标的实现在绝大多数情形下需要以财务目标的实现为前提。不同的非财务目标决定了财务目标实现方式的多元化,表现在市场上即不同资本具有不同的投资期限和不同的风险偏好。②《圣地亚哥原则》第 2 条规定,应明确定义和公开披露主权财富基金的政策目的。可见,各投资东道国普遍接受的原则和做法并不在于否认主权财富基金的政策目标,关键是主权财富基金所追求的政策目标应当被清楚界定,且有明确授权。这也是中投公司在未来发展中所必须厘清并构建的重要基础定位。

政策目标首先应与政府的政治战略目标相区分。如第一章所述,学

---

① 林毅夫,刘培林.自生能力和国企改革[J].经济研究,2001:61.
② 李虹.主权财富基金监管研究[M].北京:经济管理出版社,2014:35—36.

理上根据政策目标的不同对主权财富基金做了分类。第一种目标是,跨期平滑国家收入,对冲国家收入意外波动(石油等自然资源的枯竭和价格冲击)对经济和财政预算的影响。第二种目标是,实现代际财富的转移和分享,应对老龄化社会以及自然资源收入下降的挑战。第三种目标是,协助中央银行分流外汇储备,干预外汇市场,冲销市场过剩的流动性,同时降低外汇储备持有成本或用于实行追求较高回报的投资。第四种目标是,为重点社会经济项目(如基础设施项目)融资,支持国家发展战略,在全球范围内优化配置资源,更好地体现国家在国际经济活动中的利益。第五种目标是,提供新的公共资金来源以应对政府偶尔面对的带有很强不确定性的支付需求,如应对突发的养老金缺口或战后重建需求。从上述归纳中可以看出,主权财富基金的政策目标是有一定战略导向的,但这种导向不以牺牲财务目标为代价。这是与政府的政治战略目标最为关键的不同,后者可能因为支持战略目标而对财务目标有所减损。

根据前述 OECD 指引观点,国有企业可以且几乎必然会追求战略性目标。① 只是国有企业的上述目标必须有法律或行政机关的明确授权,并予以披露。企业将商业活动与公共政策目标结合时,政府必须给予企业足够的自治权。主权财富基金亦同理,如果说财务目标是基础,政策目标指向的是功能。当目标冲突时,财务目标的优先性应予明确,否则反过来将限制主权财富基金的发展。

以挪威政府养老基金为例,其意欲实现的政策目标是实现石油开采带来的国民财富的代际转移,并应对自然资源收入下降的挑战。2015 年挪威从政府养老基金中取出资金,用以填补财政预算,并刺激经济增长,即是这一政策目标实现的具体体现。尽管撤资导致了全球市场一定程度的恐慌,但仍在合理的投资风险范围之内。挪威政府养老基金的立足根本是传统的收益最大化目标,其投资范围首先考虑的是财务目标的实现,然后通过公共政策标准对投资范围加以限缩。这一公共政策标准通过立法予以明确,一方面体现了国家的价值取向,另一方面融入了国际通行的伦理价值和公司治理标准。某种意义上说,挪威政府养老基金的投资活动也是挪威全球战略的重要组成部分,但是其投资活动以财务目标为前提,并建立在国内法的基础上。

----

① 参见第三章。

其次,从挪威政府养老基金的成功实践可以发现,清晰定义的政策目标是主权财富基金功能发挥的关键所在,将保障主权财富基金专业化运作,确保主权财富基金不受行政的干预,不会直接或间接地承担政府的地缘政治任务而进行投资,因此也不容易为投资东道国所质疑。明确、稳定的政策目标是主权财富基金有效治理和良好绩效的前提与基础,相反,其模糊与多变将削弱对企业行为的指引功能。

中投公司,甚至是我国诸多进行海外投资的公司受到动机方面的质疑,一个重要原因是"走出去"的企业往往与政府保有千丝万缕的联系,且政策目标不清晰,无法明确剥离。海外投资激增的一个重要背景是中国拥有较大规模的国有经济成分,第一批实现走出去的中国企业大部分是国有企业。这留给许多世人一个主观印象:中国企业走出去,主要是国有企业走出去;于是连华为这样典型的民营企业,因为规模较大,也被一些人误认为是国有企业。偏见加上政策目标的不明确进一步导致投资东道国怀疑国有企业对外投资是商业行为还是政治行为,政府与国有企业的关系究竟如何,国有企业走出去是否会引起市场扭曲和不公平竞争。最终东道国不断以国有企业被政府控制、受政府指使为借口,对中国企业的对外投资设置重重障碍。①

以欧盟为例,从 2011 年开始,欧盟委员会在审查并购案交易时,将属于中国政府,尤其是国资委监管下的企业视为同一集团下的一致行动人,并据此计算它们的联合市场份额,以确定被审查的并购活动是否构成垄断。此举目的是衡量其市场份额,因为这些企业向拥有控制权的同一个股东汇报,不受竞争机构的约束,因此需要防止这些企业串谋或者其他类型的滥用市场权力行为。② 在中国化工集团子公司中国蓝星股份有限公司收购挪威的 Elkem 公司案、中国化工集团公司的另一家子公司中国化工农化总公司与 Koor Industries 对 Makhteshim Agan Industries 股份收购案、Mercuria/中石化案中,欧盟委员会均采用最坏的情形分析,将相同市场内所有中国国有企业的市场份额都考虑在内。即使我国《公司法》第 216 条关联关系定义中规定"国家控股的企业之间不仅因为同受国家控

① 樊纲. 中国对外投资之新趋势与新问题 // 王梅. 中国投资海外——质疑、事实和分析[M]. 北京: 中信出版社,2014: 8.

② 荣大聂,提洛·赫恩曼. 中国对发达经济体的直接投资:欧洲和美国的案例[J]. 潘圆圆,译. 国际经济评论, 2013, (1):107.

股而具有关联关系",在外国监管者眼中仍于事无补。

　　具体到主权财富基金,中投公司在年报中披露其组建宗旨是实现国家外汇资金多元化投资,在可接受风险范围内实现股东权益最大化,服务于国家宏观经济发展和深化金融体制改革的需要。近年来从其表态与投资部署上看,中投公司的政策目标正进一步泛化,与国家或政府战略目标联系日益紧密,在财务目标与政策目标孰先孰后的选择上不断向后者倾斜。仅就自身发展而言,这样做对于中投公司在境外争取主权财富基金的有利对待恐怕弊大于利,因为主权财富基金固然可以承载一定的政策目标,服务于母国的宏观经济战略,但不应以牺牲财务目标为前提,以放弃独立主体为代价。

　　最后,随着全球经济的多元化发展,主权财富基金呈现出混合发展模式,即一类投资机构往往会向纵深发展,兼顾多种政策目标。例如,卡塔尔投资局广为人知的是其在海外的投资,但它同样也在国内进行投资以支持卡塔尔经济发展。其中最大的一笔投资发生在 2009 年,其与德国联邦铁路公司(Deutsche Bahn)共同成立了资产达 244 亿美元的合资企业,用以支持卡塔尔的铁路系统发展。卡塔尔投资局还通过哈萨德食品公司(Hassad Food)和阿勒哈里发投资公司(Al Gharrafa Investment Company)投资外国农场,以保障母国食品安全。

　　某种程度上,多元目标在中投公司原本的宗旨设定上就有所体现,即使没有上述的泛化趋势,原"服务于国家宏观经济发展和深化金融体制改革的需要"的宗旨就涵摄了不同的目标。不过本书认为,政策目标的选择也不宜过分扩张。资金的体量与财务目标的追求决定了政策目标的可实现性,从而制约着政策目标的设定。换句话说,政策目标应当是有限的,中投公司作为外汇储备投资的一部分,还受到增减资的现实约束,与其职能不相称的政策目标应合理剥离,或是成立新的专门主权财富基金加以实现;与狭义对外直接投资相关的政策目标则不应在主权财富基金范畴内进行考量。

　　总之,当前中投公司亟待找准自身的定位,明晰政策目标。当然,这还需要实现政策目标的具体配套机制、约束机制、政府与企业的隔离机制,否则正当的政策目标经充分披露后,反而可能使自己被拒于投资东道国国门之外。

（三）机构独立与整合：目标的实现与效率的提升

笼统的目标设定、相对模糊的实施机制，和其他外汇储备投资机构在资金来源和投资业务等方面的竞合，共同阻碍了中投公司自身的明确定位。有研究显示，在外汇储备投资体系内，目前存在两大管理体系，一是隶属于财政部的中投公司，二是外汇管理局及其旗下的"四大金花""两枝绿叶"、梧桐树公司和国新国际等分支机构。①

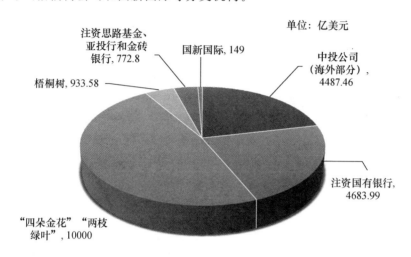

图 9.2　外汇储备投资规模

注：因很多信息只公布到 2015 年，且不少机构的数据不透明，上述数据并未截取自同一时间节点，而以最新公布的数据为准，部分数据则为估算所得。
（数据来源：天风证券）

如前所述，外汇管理局并不像人们通常理解的那样仅专注于现金管理产品、债券以及其他一些流动性高的产品。相反，"四朵金花""两枝绿叶"均涉足股权、债权、另类投资等方面投资，因信息不透明，其具体投资情况只能依照媒体报道进行粗略估算。而工商登记信息显示，梧桐树公司的经营范围为：境内外项目、股权、债权、基金、贷款投资；资产受托管理、投资管理。为提高政策性银行外币贷款的投放能力，支持"一带一路"和企业走出去，央行 2015 年通过梧桐树公司以外汇储备委托贷款债转股

---

①　刘晨明，宋雪涛. 有多少外储花开别处：中国"影子外储"的规模估算[R]. 武汉：天风证券，2017：1.

的方式注资国开行、进出口银行。①此外,梧桐树公司在工商银行、中国银行、交通银行、农业银行、兴业银行和浦发银行都位列十大股东。央行还通过梧桐树公司向丝路基金、亚投行和金砖银行注入大量外汇储备,而中投公司也是丝路基金的股东之一。国新国际是外管局体系最晚成立的外汇储备管理机构,由中国国家外汇储备和国务院国资委共同出资设立,主要职责是支持中国企业国际化经营,实现国有资本保值增值。

　　本书认为,可以根据不同目标或功能对上述多家外汇储备投资机构进行类型化整合,通过引入多层次的外汇储备管理机制,提高外汇储备资产管理效率,降低外汇储备资产管理面临的系统性风险。首先,狭义外汇储备管理和主权财富基金因定位不同,相关职能应予分开,即以流动性为标准将中投公司与"四朵金花""两枝绿叶"的功能进行划转、整合。其次,中投公司应考虑与中央汇金的最终脱钩,从而形成两个平行的实体——中央汇金负责国内金融业的战略性投资,中投公司专司境内外组合投资。梧桐树公司相关金融业投资应向中央汇金转移。与之平行的是,国新国际保持当前的定位,成为培育中国企业"走出去"的动力平台,为中国企业的国际化道路提供支持。最后,由梧桐树公司及类似的平台组建新的主权财富基金,专门服务于中国的国家战略。

　　当然必须坦承的是,由于外汇储备投资机构尚缺乏非常有效的管理体制,注资、撤资规则没有形成,上述整合在中国目前外汇体制下实现起来困难不小。某种程度上讲,我国外汇管理体制的现有弊端正是多家外汇储备投资主体并存,职能竞合、投资存在潜在竞争的原因。但唯有通过梳理整合,才能避免类似中国北车南车压价竞争的乱象重现。②不同类型的投资机构明确和值守其定位,不断强化直接投资和基金管理,最终提升外汇储备投资的效率和收益。

---

　　①　马元月,岳品瑜. 央行万亿注资政策性银行[EB/OL]. (2015-07-22)[2017-03-22]. http://finance. people. com. cn/bank/n/2015/0722/c202331-27340818. html.

　　②　在阿根廷布宜诺斯艾利斯市地铁车辆项目订单争夺战中,由于南车开出 127 万美元/辆的"超低价",令原本报价 230 万美元/辆的北车极为被动,引发多家中国公司原本谈定的数个合同被阿根廷方面要求重审报价,重新谈判。参见姜艺萍. "搅局"阿根廷:北车"状告"南车削价竞争[EB/OL]. [2017-03-22]. http://business. sohu. com/20130610/n378549770. shtml. 此后,2014 年年底,南北车合并,以期将中国高铁产品和标准带出国门,在一定程度上避免在各地重复投资设厂,从而抑制产量过剩。参见顾梦琳. 南车与北车宣布正式合并为"中国中车"[EB/OL]. (2014-12-30)[2017-03-22]. http://news. china. com/domestic/945/20141230/19161680 _ all. html#page_2.

中投公司的海外投资成效确实与国家发展息息相关，其运营可以与"一带一路"倡议相结合，也可能促进我国经济转型和产业升级，但中投公司不必也不应过度强调和承接政策性任务。因为此举不利于中投公司整体目标的实现，也不利于其在海外投资中争取到良好的国际环境。中投公司的优势在于其长期资金提供者的立场，由此占据国际金融体系中的一席之地，这种立场不宜因为国家战略而轻易动摇，也不能与产业型的对外投资相混淆。

实际上，中国企业在"走出去"过程中面临的难题绝非中投公司单方面所能解决的。投资经验的累积、专业人才的引进、投资东道国的监管支持等，需要中国企业形象的自身塑造与国家间的政策协调。即便中投公司能够如其设想的——由国家队与产业界、民间私募股权基金、证券公司、上市公司、地方产业基金和科技园区等共同组成"航母战斗群"，其所能惠及的企业也是有限的。要支持企业"走出去"，需要政府各部门的政策协调，其中涉及方方面面的政策，如产业政策、税收政策、信贷政策、外交政策、外汇管理政策等。然而目前，我国各项规范和支持"走出去"的政策法规散见于各部门，缺乏系统性和逻辑性，不仅造成多头管理、责任不清、监管不力等体制性问题，也使企业在境外发生投资纠纷时无法可依、有法难依，正当的行为得不到保护。此外，还存在获取目标国市场信息困难、文化差异障碍、东道国政策法规变动、汇率波动等风险。这些问题的解决，需要政府制定和实施推动企业"走出去"的整体性政策框架和保障机制，并非中投公司一己之力所能完成。

二、制度保障与全球影响力实现

中投公司若想实现重新定位，首要在于良好的制度构建。严格的立法授权与规则制定将使主权财富基金的目标、治理结构、资金来源等基础定位，以及基金治理所需的绩效评价体系、员工激励和监督机制、经营预算规范等更具确定性，并得到内外部有效、可靠和持续的尊重和维护。如果没有健全的制度作为基础，那么前述构建协同治理模式云云，均只能是理论的假设，主权财富基金对"国际法治"重构所具有的独特影响力将无从发挥。

（一）严格的立法授权与规则制定

作为法制最为健全、透明度最高的主权财富基金，挪威政府养老基金有着丰富的制度实践,如第六章所述,其目标、管理架构、资金来源、基金独立性等基础性问题,日常投资管理活动的执行、伦理委员会的监督控制等操作问题,均有清晰的法律授权。一系列的制度不仅体现了挪威人民设立政府养老基金所秉持的理念,保障其投资收益最大限度地服务于全民利益;而且也体现了全球普遍认同的价值追求,易为投资东道国所接受,成为保障该基金稳健运营的法宝。这些经验值得中投公司借鉴。

中投公司遭遇的困难、猜忌与其规则方面的缺失不无关系。中投公司的重新定位应由立法所确立,该公司乃至可能出现的更多中国主权财富基金之目标、管理架构、资金来源、基金独立性等基础性问题,需要由立法明文规定。必须承认在我国当前体制下,要新立一部法律专门针对主权财富基金进行规范,是有相当困难的。目前以法律形式来规范一个组织机构职能的,仅有《中国人民银行法》。想要出台一部法律专门规范中投公司(或者主权财富基金,甚至是扩展到更大范围的外汇储备投资机构),前提是这些机构的运行得到充分的认识和肯定,其作用上升到国家层面来看待。

如前所述,我国外汇储备投资的管理体制尚未理顺,财政部与中国人民银行之间的职责权限没有得到清楚界定。外汇储备由中国人民银行归口管理的国家外汇管理局来管理,而在对中投公司的管理安排上,财政部实际上占主导地位。当然未见相关文件明文设定财政部与中投公司之间的关系,只是在中投公司的治理结构中提及由国务院代表国家行使股东权利。理论上,对于中投公司而言,严格区分所有者、治理机构和内部管理层之间的职责权限,是其提高投资效率的重要前提;同时,也是将中投公司独立长期财务投资者的角色展现给投资东道国的重要方式,有助于回应投资东道国关于中投公司投资动机、方式的质疑。

退一步讲,即使关系架构梳理重塑需要时间,相关立法难以迅速成型,仍有必要考虑在较具体层面、通过其他方式,对中投公司面临的治理问题作出一定的规则安排。

例如,强化董事会在风险管理中的作用,将其引入董事责任中。风险管理与公司治理的其他方面密不可分,可以说,无论规模大小,所有公司均存在风险管理活动。很多公司的风险管理活动并未与其他经营管理活动有机地结合起来,导致了公司的失败。在对 2008 年金融危机进行的检讨中,各方几乎一致认为风险管理的普遍失败是此次金融危机的重要原因之一。2015 年 11 月，OECD 对 1999 年发布的《公司治理原则》进行了第二次修订，主要就涉及风险管理、董事会运作、薪酬制度、股东权利行使等内容。[①]中投公司的治理改革应借鉴 OECD 的最新实践，将风险管理作为董事会的重要职责之一，并研究制定风险管理报告制度，以改善自身的风险管理效果。

又如，建立实行严格的问责制。《圣地亚哥原则》要求，针对所有者、治理机构和管理层各自的职责，建立起相称的问责制。[②]中投公司作为独立的法人实体，在公司运营包括投资业绩、治理机制等方面需要对所有者负责，而管理层需要对治理机构负责。对比新加坡 GIC 的治理，新加坡总统可以对 GIC 进行问责。GIC 董事会对资产配置和组合的整体绩效负最终的责任，向新加坡政府负责，而其管理人员的主要工作是执行投资战略。

有效的问责制要求能够获得准确、及时、相关的信息。中投公司加强可问责性，其董事会需要准备和提交年度商业计划、风险管理报告，并就年度报告中的内容接受问责。再如，因其资金主要来源于外汇储备，中投公司应将其财务情况在政府预算报告中进行列示，对全国人大负责。

（二）"国际法治"协同治理下的积极作为：负责任投资

主权财富基金形成的特殊规则秩序融合了法律、惯例、合同和非国家治理机制，调和了国内外的经济、法律、组织系统，组成了一套国际公法、国际私法与国际经济法协同治理的系统。这套系统内含于主权财富基金的运行中，应引起足够重视，并将相关理念融入到制度构建中，方能为主权财富基金母国在国际组织的运行和国际规则的制定中争取话语权。

过去三十多年间，我国基本处于接受国际经济规则、融入国际金融体系的大进程中，但时至今日，国际格局发生了重大变化，中国已经成为世界经济的"万吨巨轮"。由于国民储蓄率高企、资金雄厚，我国已是资本净输出国，对外投资超过吸引外资，企业规模也随之不断扩大。因此，中国与世界的互动业已成为一个双向互动反馈的过程，不仅中国经济要进一步接受国际规则，提升国际化水平，而且中国也在不断就世界经济的运行

---

①　赵英杰. 论 OECD《公司治理原则》——2015 年修订情况及其对我国的启示[J]. 证券法苑，2016，(18):310.

②　原则 10 应在相关法规、章程、其他组织文件或管理协议中明确规定主权财富基金的问责制框架。

规则提出自己的修改意见,对国际经济秩序提出改革主张,让国际社会更好地接受中国价值的存在。①积极参与全球经济治理,分享全球经济规则的制定权,是中国利益之所在,也是中投公司通过自身制度构建所应达到的目标。其中,负责任投资是中投公司实现"国际法治"协同治理,增强我国国际规则制定话语权的重要抓手,这在其加大对新兴市场、一带一路沿线投资的背景下显得格外关键。

1. 负责任投资的法理基础

挪威政府养老基金是典型的长期财务投资者,其以"负责任投资"投资管理理念和极高透明度作为实现自身定位的两大支柱。实际上,"负责任投资"是该基金构建国际规则的重要手段,所体现的人权和经济、环境、社会可持续发展等基本价值取向,正是挪威公共政策理念对外输出的重要内容。挪威政府认为,政府养老基金的治理需在三个层面上进行:一是传统的以管辖权为界限的国家层面,本国政府对基金进行监管;二是公司层面的治理,这不仅影响公司内部的运营,还会影响公司与国内外其他经济实体交往时适用的规则;三是国际层面的治理,这一层面上,公司治理中形成的国际惯例将直接或间接影响各国国内的法律秩序和公司的行为选择。②挪威正积极寻求在这三个层面运营自己的政府养老基金,通过其投资策略影响各个层面规则的内容。

挪威政府养老基金的"负责任投资"以商业主体的活动呈现,相关规则的形成是一种公司的自治行为。但这种商业行为实质上是通过其对资本市场的影响,构建了新型的公司治理法制框架和公司经济行为标准。尽管挪威政府养老基金的制度体系形式上只关乎其自身的投资决定,但它对于法律规则的创新及其自身合法性的生成过程,却深刻影响了资本市场其他利益相关主体③,并最终影响到母国、投资东道国的监管者,促使更多国际主体为维护社会责任而共同努力。可以说,通过挪威政府养老基金的"负责任投资",挪威的价值理念得以在国际层面和投资东道国

---

① 李稻葵. 什么是中国与实践的新常态[C]//胡舒立,主编. 新常态改变中国——首席经济学家谈大趋势. 北京:民主与建设出版社,2014:15.

② 参见 BACKER LARRY CATÁ. Sovereign Investing and Markets-Based Transnational Rule of Law Building: The Norwegian Sovereign Wealth Fund in Global [R]. Pennsylvania: Coalition for Peace & Ethics Working Paper, 2013:5—6.

③ 例如,挪威政府养老基金的股东权积极行使、排除名单的制定,会影响被投资及潜在融资企业的融资成本,其利益相关者不得不对社会责任因素进行考量。

法律体系中推广，从而促进公司治理在全球范围的横向传播，扩大了挪威在"国际法治"中的影响力。

　　此外，挪威政府养老基金"负责任投资"的存在和发展，有其内在的经济学、管理学基础。一方面，跨国公司的企业社会责任得到了广泛重视。特别是进入 21 世纪，西方对企业履行社会责任的热情达到一个新的高度。根据毕马威的统计，在世界 500 强公司中的前 250 家公司（G250）①中，发布社会责任年度报告的公司自 20 世纪 90 年代初始从无到有，2017年比例已上升到 93％；在世界主要的 16 个工业化国家中，按照营业额排名的前 100 家跨国公司（N100）里，发布报告的比例也是逐年上升，2017年达到峰值 75％。②

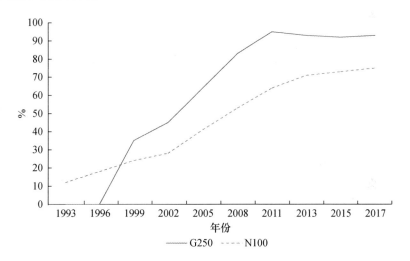

图 9.3　2017 年毕马威关于大型跨国公司企业社会责任报告发布状况的统计
［数据来源：毕马威（KPMG）］

　　另一方面，金融业跨国公司的社会责任呼声在 2008 年全球金融危机后达到顶峰。危机爆发后，华尔街不负责任的商业行为、监管者的错误政策选择及其对社会造成的巨大伤害，在全球范围内遭到谴责。投资活动完成的是资本发现价值、创造价值，为经济长期造血供血、为社会创造财

---

　　①　根据《财富》年营业额排名所得。

　　②　KPMG International. KPMG International Survey of Corporate Responsibility Reporting 2017：the Road Ahead［R］. Geneva：KPMG International，2017：9.

富的功能。① 金融企业只有重视责任投资,将环境、社会和公司治理因素(ESG)纳入投资决策,方能更好地管理风险并产生可持续的长期回报。负责任的投资拥有了越来越厚重的法理基础。

　　2. 中投公司负责任投资的构建与行使

　　中国企业"走出去"过程中遭遇的一大质疑便是对其投资实践的非议。例如,海外媒体和公众经常指责中国在海外投资的企业缺乏社会责任感②;在海外经营时破坏环境,没有社区精神等。③ 从更广泛的公司治理角度上观察,中国企业也广受诟病。④这些诘难有其客观因素,例如和其他新兴市场企业一样,我国公司在海外投资的历史相对较短,并且面临资金实力的限制;海外投资多集中在采掘和基础设施行业,这些行业的特性使得相关矛盾更为突出。⑤无论如何,中投公司作为重要的国际投资主体,其发展目标与负责任投资所倡导的"长期、有价值、可增长"标准相契合,在负责任投资的国内外规则制定上,理应有更大作为。

　　首先,中投公司应当建立起一套完整的负责任投资原则。这些原则的渊源不限于中国的国内法,还应广泛包括境外的投资规则及相关判例、国际法原则、不具有法律约束力的国际商事惯例,典型如挪威政府养老基金《伦理指南》制定时的参考依据。事实上,近年来国际上关于负责任商业行为的立法已经逐步涌现。2011 年 6 月,联合国人权理事会(United Nations Human Rights Council)投票,一致通过了《联合国工商业与人权

---

① 刘慧. 责任投资是资管行业持续发展"必上的一课"[EB/OL]. (2017-03-19)[2017-03-22]. http://news. xinhuanet. com/fortune/2017-03/19/c _ 1120654363. htm? from = groupmessage&isappinstalled=0.

② 当然,企业社会责任本身是一个充满争议的话题:一方面,西方跨国公司自 20 世纪 90 年代开始重视企业社会责任;另一方面,它们的努力和实践被很多人批评只是在作秀。但对于企业社会责任的强调已是大势所趋。在 2012 年 11 月至 2013 年 5 月间,毕马威调查到有 20 篇由境外媒体或机构发布的报道或调研报告是针对中国企业海外履行企业社会责任情况的,共涉及 79 个案例,其中,负面案例为 57 个,占总数的 72.2%,正面案例为 22 个,占总数的 27.8%。在负面案例中,被提及最多的是环境影响(23.5%)、社区影响和经济发展(16.3%)、绿色信贷(11. 2%)、劳资关系(9.2%)、环境评估(8.2%)以及工作环境(8.2%)。参见王梅. 中国投资海外——质疑、事实和分析[M]. 北京:中信出版社,2014;5,68.

③ 商灏. 中国对外投资为何频繁折戟[EB/OL]. (2014-11-01)[2017-03-22]. http://finance. sina. com. cn/world/20141101/020520704339. shtml.

④ 例如,在香港非营利组织——亚洲公司治理协会(ACGA)的双年度研究报告表明,中国的得分大幅下滑,公司治理退步。参见史蒂夫·约翰逊. 中国公司治理退步[EB/OL]. (2016-11-10)[2017-03-22]. http://www. ftchinese. com/story/001070081? full=y.

⑤ 王梅. 中国投资海外——质疑、事实和分析[M]. 北京:中信出版社,2014;251—253.

指导原则》(UN Guiding Principles on Business and Human Rights,《指导原则》),设立了工商业保护人权的国际通行标准。由于《指导原则》本身不具有约束力,其强调各国应当通过政策、立法等手段帮助工商业企业考虑和尊重人权。英国于 2013 年 9 月成为第一个颁布相关国家行动计划(National Action Plan)的国家,其后包括美国在内的十多个国家也公布了有关计划。美国于 2016 年 12 月颁布了《负责任商事行为的国家行动计划》(National Action Plan on Responsible Business Conduct)。此外,还有 20 余个国家和地区的相关计划正在制定中。[①]《指导原则》和各国的行动计划为中投公司负责任投资原则的制定,提供了现实的参考文件,更有利于建立一个国际化的公司治理框架。

进一步讲,该治理框架需要融入全球化的政策目标。中投公司需要调和国内法下所追求的政策目标与特定的国际政策目标,如人权、环境保护等。国际基本价值目标可以超越于中投公司的政策目标之上,以一种原则性、具有弹性的形式存在。负责任投资原则和全球政策目标,将成为中投公司选择投资范围和对象的标准,也是其后续行使股东权利以改变目标公司行为的依据。

其次,中投公司有必要成立专门的机构或单元对负责任投资原则予以贯彻。这方面挪威政府养老基金的做法具有巨大的借鉴价值。该基金伦理委员会独立于基金的管理机构,专门用以判断是否要将特定公司纳入基金投资范围、基金的投资是否符合伦理标准;对触犯相关底线的公司予以一定制裁,如置其于观察名单并予以公示,从而增加其融资成本,借此震慑其行为。伦理委员会的另一个职能是对负责任投资原则进行解释和补充,以充分应对新出现的情形。挪威政府养老基金在《伦理指南》的实施过程中,通过伦理委员会将原本未在制定之初纳入禁止范围的腐败、人权侵犯等问题予以规制,并最终促成了《伦理指南》的修改。在负责任投资原则的贯彻过程中,伦理委员会也需要与有关公司进行充分的信息沟通,从而以商业方式解决问题。

最后,中投公司负责任投资原则及其配套制度应为国家立法所确认,

---

① Clifford Chance. US Releases National Action Plan on Responsible Business Conduct [EB/OL]. (2016-12-20) [2017-03-22]. https://www. cliffordchance. com/briefings/2016/12/us_releases_nationalactionplanonresponsibl. html.

并在基金运行过程中加以翔实的披露。透明的工作机制和可预测的投资方向在很大程度上能够赢得国内民众的信任，打消了投资东道国的担忧，为中投公司的长期稳定发展营造良好的环境。中投公司应当把握好立法和信息披露两种手段，使每项制度、各项决定均有章可循。

正如挪威学者所论述的，法治化的过程，是一个由国家构建、完善相关法律制度，后该制度被普遍接受和适用，并用以解决矛盾冲突，使得法律系统和机构逐渐高于政府，最终使法律融入人们的血液，人们以法律主导其行为的过程。[①] 负责任投资规则的引入，使一国企业受到了来自国际法的直接约束。这套"新商人法"建立在企业自愿遵守的基础之上，对身处其中的各方具有平等的拘束力，从而跨越了一国的法律规范，超越了国际立法中的多边条约和示范法规范，甚至有可能将东道国所明确拒绝加入或适用的国际法规范纳入到规制体系，最终形成超越国界的全球治理。这对于中投公司来说既是挑战，又是机遇，中投公司未来的路任重道远。

---

① 参见挪威学者提出的五个面向的法治化。See BLICHNER LARS CHR., MOLANDER ANDERS. What is Juridification? [R]. Oslo: University of Oslo ARENA Centre for European Studies, Working Paper, 2005: 5.

结　　论

　　对于主权财富基金的研究正经历一个由浅入深、由综合性研究向专题精细化研究的发展过程。区别于对主权财富基金的常见描述,本书主张对主权财富基金的定义进行限缩,即强调主权财富基金必须为母国中央政府所有或控制,其组织运作应与央行和财政部相独立,且不应受到政治因素的过分影响。主权财富基金一方面不同于外汇储备基金、养老基金类机构,不需要直接应对养老金等现实支出,也不对国民承担具体现时的一系列责任。另一方面,其也不同于一般国企,在资金来源、投资目的、投资策略上具有特殊性,例如其资金主要来源于外汇储备或商品出口收入,在国内外投资各种各样的风险资产,以寻求风险调整后的最大财务收益。限缩定义旨在剖析主权财富基金真正的特征和治理特点,避免包罗万象的广泛定义下,因各主权财富基金自身不同的情况、其母国不同的政治体制、不同的透明度等因素产生不必要的误读。同时数据分析发现,限缩定义下的主权财富基金具有显著代表性,足以涵摄与广泛定义下基本一致的主权财富基金发展态势(体现在资金规模、资金来源、投资策略、投资资产等方面)。

　　本书主要是从一条主线、两个角度来分析主权财富基金投资法律风险、监管应对及治理改革,即以“国际法治”突破和重构当中主权财富基金的角色和作用为主线,从投资东道国的主权角度和主权财富基金的投资角度展开讨论。

　　首先,主权财富基金投资所面临的法律和监管问题,根源于新常态下“国际法治”的突破和重构。“国际法治”的直接目标是构建一种“国际法律秩序”,即在某一方面、某一领域构建超越国家领土范围的法律秩序。主权财富基金代表了全球资本的南北逆向流动,预示了国际贸易规则、全球金融监管规则的修正。随着世界范围内市场不确定性增加、金融保护主义日益盛行,主权财富基金遭受到更多的质疑,内含于主权财富基金的协同治理框架对于"国际法治"突破和重构的突出作用,导致投资东道国的更多疑虑,酝酿着巨大风险。

在协同治理框架下,主权财富基金们摸索形成了复杂而嬗变的规则秩序。其以国家作为关联点,先将国内外法律规则、惯例、合同及非国家治理机制,内化为主权财富基金的治理规则,并在一定程度上上升为母国国内法律对主权财富基金加以规范;然后通过主权财富基金的市场力量将母国国内法重新国际化,实现扩张和传播。在这个过程中,母国国内法律的转化虽然以国际准则为基础,但无疑带上了主权财富基金母国法治精神和原则的烙印,使得母国的公共治理与股东、利益相关者等私人主体的利益最大化有机结合。这一规则秩序下,主权财富基金进一步影响了被投资企业的行为和治理,从而直接或间接推动全球市场和投资东道国法律及公共政策的发展。主权财富基金倡导的以功能为导向的全球性市场规则,超越了传统一国国内的国家和市场的分工体系,深远地影响着跨国投资社会责任标准的发展,促成了包括人权保护在内的企业行为准则,突破和重构了"国际法治"或国际法律秩序的形成和运作方式。

其次,从投资东道国的主权角度而言,理论方面,内含于主权财富基金、融合了国家公共政策因素和国内外治理准则的协同治理框架,对固有的公司治理理论提出了质疑,国际规则引入、透明度要求撼动了传统私法下的股东至上理论。而对传统公私法划分、国际法有效性的挑战,以及对公平竞争的潜在冲击与关联交易的隐忧,则是主权财富基金作为公法主体参与市场活动所面临的理论难题。实践方面,主权财富基金由此面临了透明度、政治或战略目标疑虑、主权豁免例外等三方面的治理困境。

具体来说,投资东道国的政策障碍和监管壁垒可被类型化为信息披露机制、新设外资与国家安全审查、黄金股制度等三类监管手段,由普遍到特殊,逐渐剥离或限制主权财富基金对东道国投资对象的控制权。上述法律风险的防范与处置需要主权财富基金做好应对,与此同时投资东道国也有必要顺应"国际法治"重构的潮流,妥善选择监管政策。如何在本国利益不受损的情况下公平地对待所有外来投资者,是未来主权财富基金监管立法时需要考虑的重要问题。

通过考察比对不同国家的监管政策,本书认为东道国应尽量保持监管措施的相称性和顺序上的递进,在保证监管效果的前提下,优先考虑适用对于主权财富基金而言更为中性的信息披露规则,优先考虑适用既有的反垄断或其他审查规则,将表决权限制在内的国家干预作为最后的解决手段,并对其实施给予明确的适用条件和程序控制。只有通过共同努力、增强互信,主权财富基金与投资东道国才有望更好地实现"双向去政治化"。

最后,针对上述理论难题与具体法律风险,无论是对外获得稳定和长期可持续的投资回报,还是对内履行应尽的母国受信义务,我国主权财富基金都应当在保持自身底线(如强调有限适度披露的立场)的前提下,一方面分散地"基于商业目的进行财务投资",另一方面积极兼采诸如挪威、新加坡主权财富基金的长处(如透明度、负责任投资等)。

就目前我国官方唯一承认的主权财富基金——中投公司而言,它更应直面发展难题,反思和选择定位,实现目标澄清与功能剥离,逐渐淡化自身承担的超出必要程度的"主权"色彩,为更便利地进入他国市场、更少地遭受投资限制,提供至少是逻辑或形式上的自我佐证。

进一步讲,有关中投公司在定位、目标上的阐释,制度保障和行为模式的建议,都是为我国未来全面构建主权财富基金投资规范做准备,从而提升中国主权财富基金的整体能力和声誉。新常态下的全球治理变革为我国在国际组织的运行和国际规则的制定中,提供了争取话语权的机会。接下来的制度构建中,应有意识地对主权财富基金在"国际法治"突破和重构中的角色和作用加以明晰化,贯彻"自我规制"及延伸功能。反过来看,积极参与"国际法治"重构的前提又在于我国主权财富基金能够依靠法律,真正获得立法授权,以健全的制度为后续运作和发展保驾护航。

表 图 索 引

表 1.1　不同机构或学者对于主权财富基金的定义　/007

表 1.2　不同机构或学者对于主权财富基金资产来源的界定　/013

表 1.3　不同机构或学者针对主权财富基金政策目标做的分类　/016

表 1.4　本书所界定的主权财富基金　/019

表 1.5　几个典型不符合定义的投资基金　/022

表 1.6　主权财富基金与其他主权投资机构比较　/029

表 2.1　金融危机以来各国针对或涉及主权财富基金的监管实践　/059

表 2.2　欧洲法院黄金股案件涉及条款内容　/071

表 2.3　欧洲法院黄金股案件涉及行业　/073

表 4.1　中投公司主要的境外投资情况　/102

表 5.1　世界典型主权财富基金近年来在美投资占比及持有银行或银行控股公司情况　/141

表 6.1　淡马锡与 GIC 对比　/162

表 7.1　L-M 主权财富基金透明度衡量指标　/187

表 7.2　杜鲁门计分板、L-M 指数与《圣地亚哥原则》的比较　/192

表 7.3　主权财富基金信息披露博弈的支付矩阵　/197

表 9.1　全球各国投资政策变化情况（2001—2017 年）　/229

图 1.1　主权财富基金在"国际法治"突破和重构中的作用与角色　/042

图 1.2　中投公司的资本结构　/046

图 1.3　中投公司组织结构图　/048

图 2.1　基于本书定义关于主权财富基金规模的统计(单位:万亿美元)　/050

图 2.2　TheCityUK 关于主权财富基金规模的统计(单位:万亿美元)　/051

图 2.3　中投公司总组合的主要资产类别及其风险回报特征　/057

图 2.4　中国国家安全审查的流程　/068

图 6.1　挪威政府养老基金(全球)治理框架　/148

图 6.2　ADIA 治理结构　/168

图 6.3　ADIA 投资管理框架　/169

图 6.4　ADIA 挑选外部管理人流程图　/172

图 7.1　透明度对主权财富基金的价值　/181

图 7.2　2018 年第一季度 L-M 透明度指数排名　/189

图 7.3　主权财富基金的透明度与投资策略　/196

图 7.4　挪威政府养老基金外部投资管理人数目统计　/198

图 8.1　挪威政府养老基金与挪威财政预算的收入、转移机制　/217

图 9.1　2002—2016 年中国对外直接投资流量情况　/247

图 9.2　外汇储备投资规模　/253

图 9.3　2017 年毕马威关于大型跨国公司企业社会责任报告发布状况的统计　/259

主要术语翻译、缩略语目录

Active Ownership,积极所有权

ADIA,Abu Dhabi Investment Authority,阿联酋阿布扎比投资局

Agreement on Principles for Sovereign Wealth Fund Investment,华盛顿约定

Bank Holding Company Act,美国银行控股公司法

Belt and Road Initiative "一带一路"倡议

CFIUS,Committee on Foreign Investment in the United,美国外国投资委员会

CFTC,Commodity Futures Trading Commission,商品期货交易委员会

China Investment Corporation,中国投资有限责任公司

Commodity Funds,商品型基金

Council on Ethics,伦理委员会

Development Fund,发展基金

Dodd-Frank Wall Street Reform and Consumer Protection Act,多德—弗兰克华尔街改革和消费者保护法

Ethical Guidelines for the Government Pension Fund-Global,挪威政府养老基金(全球)伦理指南

FBO,Foreign Banking Organization,外国银行机构

FDI,Foreign Direct Investment,外商直接投资

FDIC,Federal Deposit Insurance Corporation,联邦存款保险公司

FINSA,Foreign Investment and National Security Act of 2007,美国外国投资与国家安全法案

Foreign Sovereign Immunities Act of 1976,美国外国主权豁免法

FRB,Board of Governors of the Federal Reserve System,联邦储备委员会

FSA,Financial Service Authority,金融服务管理局

FSMA,Financial Services and Markets Act,英国 2000 年《金融服务及市场法》

G20/OECD Principles of Corporate Governance,二十国集团/经合组织公司治理准则

GIC,Government of Singapore Investment Corp. ,新加坡政府投资有限公司

Golden Share,黄金股

GPFG,Government Pension Fund Global,挪威政府养老基金（全球）

Guidelines For Foreign Government Investment Proposals,澳大利亚《与外国政府相关的在澳投资审查指导原则》

Guidelines on the National Security Review of Investments,加拿大《外国投资国家安全审查指引》

IFSWF,International Forum of Sovereign Wealth Funds,主权财富基金国际论坛

IMF,International Monetary Fund,国际货币基金组织

International Rule of Law,国际法治

IWGSWF, International Working Group of Sovereign Wealth Funds,国际主权财富基金工作组

KIA,Kuwait Investment Authority,科威特投资局

Kuwait Declaration,科威特宣言

Linaburg-Maduell Transparency Index,L-M 透明度指数

Mubadala Development Company,阿联酋阿布扎比穆巴达拉发展公司

National Action Plan on Responsible Business Conduct,负责任商事行为的国家行动计划

National Security Review of Investments Regulations,加拿大《关于投资的国家安全审查条例》

New Normal,新常态

Non-Commodity Funds,非商品型基金

OCC,Office of the Comptroller of the Currency,美国货币监理署

OECD,Organization for Economic Cooperation and Development,经济合作与发展组织

OECD Guidelines for Multinational Enterprises,OECD 跨国企业指南

Pension Reserve Fund,养老储备基金

Peterson Institute for International Economics,彼得森国际经济研究中心

QIA,Qatar Investment Authority,卡塔尔投资局

reflexive law,反身型法律

Reserve Investment Corporation,储备投资公司

Responsible Investment,负责任的投资

Santiago Principles,圣地亚哥原则(《主权财富基金的通用准则与实践（Sovereign Wealth Funds：Generally Accepted Principles and Practices，GAPP)》

Saudi Arabian Monetary Agency,沙特货币管理局

Savings Fund,储蓄基金

SEC,Securities and Exchange Commission,美国证券交易委员会

Source of Strength Doctrine,实力源泉原则

Sovereign Investment Laboratory,主权财富基金研究室

Stabilization Fund,稳定基金

SWFI,Sovereign Wealth Fund Institute,主权财富基金研究中心

SWFs,Sovereign Wealth Funds,主权财富基金

Temasek Charter,淡马锡宪章

Temasek Holdings Private Limited,淡马锡控股(私人)有限公司

United Nations Convention on Jurisdictional Immunities of States and Their Property,联合国国家及其财产管辖豁免公约

United Nations Global Compact,联合国全球契约

United Nations Guiding Principles on Business and Human Rights,联合国商业和人权指导原则

Volcker Rule,沃尔克规则

参 考 文 献

一、著作

[1] BAZOOBANDI SARA. Political Economy of the Gulf Sovereign Wealth Funds：a Case Study of Iran，Kuwait，Saudi Arabia and United Arab Emirates［M］. New York：Routledge，2012.

[2] BREMMER IAN. The End of the Free Market：Who Wins the War Between States and Corporations?［M］. New York：Estados Unidos，2010.

[3] BURLINGHAM BO. Small Giants：Companies That Choose to Be Great Instead of Big［M］. New York：Portfolio Hardcover，2005.

[4] JOHNSON-CALARI JENNIFER, RIETVELD MALAN. Sovereign Wealth Management［M］. London：Central Banking Publications，2007.

[5] 郭雳. 中国银行业创新与发展的法律思考［M］. 北京：北京大学出版社，2006.

[6] 胡舒立，王烁，黄山，主编. 新常态改变中国 2.0：全球走势与中国机遇［M］. 北京：中国文史出版社，2015.

[7] 李虹. 主权财富基金监管研究［M］. 北京:经济管理出版社，2014.

[8] 李扬，张晓晶. 论新常态［M］. 北京：人民出版社，2015.

[9] 罗雨泽. "一带一路"基础设施投融资机制研究［M］. 北京：中国发展出版社，2015.

[10] 美国法律研究院. 公司治理原则:分析与建议［M］. 楼建波等，译. 北京：法律出版社，2006.

[11] 盛学军，主编. 欧盟证券法研究［M］. 北京：法律出版社，2005.

[12] 王梅. 中国投资海外——质疑、事实和分析［M］. 北京：中信出版社，2014.

[13] 谢平，陈超. 谁在管理国家财富？［M］. 北京：中信出版社，2010.

[14] 严荣. 自主的悖论:主权财富基金的国际政治经济分析［M］. 北京：人民出版社，2010.

[15] 杨力,主编. 中东地区主权财富基金研究报告[M]. 上海:上海人民出版社,2015.

[16] 杨丽. 中国对外金融发展战略的调整与优化[M]. 北京:经济发展出版社,2010.

[17] 叶楠. 设立国视野下主权财富基金的投资问题研究[M]. 武汉:湖北人民出版社,2013.

[18] 叶楠. 新常态下主权财富基金的投资战略研究[M]. 武汉:武汉大学出版社,2015.

[19] 张春. 公司金融学[M]. 北京:中国人民大学出版社,2008.

[20] 张海亮. 中国主权财富基金对外投资战略研究[M]. 北京:中国社会科学出版社,2014.

[21] 张瑾. 国际金融监管法制化研究:以主权财富基金国际监管制度为视角[M]. 上海:上海人民出版社,2014.

[22] 张潇剑. 国际私法论[M]. 北京:北京大学出版社,2008.

[23] 张智勇. 欧盟货币金融法律制度研究[M]. 北京:法律出版社,2006.

[24] 中国人民银行上海总部国际金融市场分析小组. 2007 年国际金融市场报告[M]. 北京:中国金融出版社,2008.

[25] 〔德〕贡塔·托依布纳. 法律:一个自创生系统[M]. 张骐,译. 北京:北京大学出版社,2004.

[26] 〔德〕克劳斯·霍普特. 比较公司治理——欧洲的理论与实践[M]. 焦津洪、丁丁等,译. 北京:中国友谊出版公司,2004.

[27] 〔美〕戴维·斯密克. 世界是弯的:全球经济潜在的危机[M]. 陈勇,译. 北京:中信出版社,2009.

[28] 〔美〕海德布兰德·W. 从法律的全球化到全球化下的法律[C]. 刘辉,译//奈尔肯·D.,菲斯特·J.,主编. 法律移植与法律文化. 高鸿钧等,译. 北京:清华大学出版社,2006.

[29] 〔美〕罗伯特·吉尔平. 全球政治经济学[M]. 杨宇光、杨炯译,上海:上海人民出版社,2013.

[30] 〔美〕约瑟夫·S·奈. 硬权力与软权力[M]. 门洪华,译. 北京:北京大学出版社,2005.

[31] 〔意〕马斯米利诺·卡斯特里,〔意〕法比奥·斯卡西维拉尼. 主权财富基金新经济学[M]. 姜广东,译. 大连:东北财经大学出版社,2016.

[32] 〔英〕戴维·赫尔德. 全球大变革:全球化时代的政治、经济和文化[M]. 杨雪冬等,译. 北京:中国社会科学文献出版社,2001.

[33] 〔英〕施米托夫. 国际贸易法文选[M]. 赵秀文,译. 北京:中国大百科全书

出版社,1993.

[34]《国资委行使股东权问题研究》课题组. 国资委行使股东权问题研究——以国资委直接持股为中心的研究[C]// 国务院国有资产监督管理委员会研究局编. 探索与研究——国有资产监管与国有企业改革研究报告(2008). 北京:中国经济出版社,2009.

[35] TRUMAN EDWIN M. A Scoreboard for Sovereign Wealth Funds[C]// Conference on China's Exchange Rate Policy. Washington, DC,2009.

[36] 李稻葵. 什么是中国与实践的新常态[C]// 胡舒立,主编. 新常态改变中国:首席经济学家谈大趋势. 北京:民主与建设出版社,2014.

[37] 楼继伟. 主权财富基金:现行国际金融体系的必然产物[C]// 吴敬琏,主编. 比较(第三十七辑). 北京:中信出版社,2008.

[38] 张丽娟. 共同体指令的直接效力[C]// 赵海峰,卢建平,主编. 欧洲法通讯(第二辑). 北京:法律出版社,2001.

二、期刊与报纸

[1] BACCHUS JAMES. Groping toward Grotius: the WTO and the International Rule of Law[J]. Harvard International Law Journal,2003,44(2).

[2] BACKER LARRY CATÁ. Sovereign Wealth Funds as Regulatory Chameleons: the Norwegian Sovereign Wealth Funds and Public Global Governance through Private Global Investment[J]. Georgetown Journal of International Law,2009,(2).

[3] BACKER LARRY CATÁ. The Private Law of Public Law: Public Authorities as Shareholders,Golden Shares,Sovereign Wealth Funds,and the Public Law Element in Private Choice of Law[J]. Tulane Law Review,2008,82(01).

[4] BERLE ADOLF A., MEANS GARDNER C. The Modern Corporation and Private Property[J]. Public Administration,1934,12(2).

[5] BLUNDELL-WIGNALL ADRIAN,HU YU-WEI,YERMO JUAN. Sovereign Wealth & Pension Fund Issues[J]. OECD Journal: Financial Market Trends. 2008,(1).

[6] CÂMARA PAULO. The End of the 'Golden' Age of Privatisation? The Recent ECJ Decisions on Golden Shares[J]. European Business Organization Law Review,2002,3(2).

[7] CHESTERMAN SIMON. The Turn to Ethics: Disinvestment from Multinational Corporations for Human Rights Violations—The Case of Norway's Sovereign Wealth Fund[J]. American University International Law Review,

2008，23.

[8] CHOI STEPHEN J, FISCH JILL E. On Beyond CalPERS: Survey Evidence on the Developing Role of Public Pension Funds in Corporate Governance [J]. Vanderbilt Law Review, 2008, 61(02).

[9] CLARK GORDON L, MONK ASHBY. Government of Singapore Investment Corporation (GIC): insurer of last resort and bulwark of nation-state legitimacy [J]. The Pacific Review, 2010, 23 (4).

[10] COGAN JACOB KATZ. Noncompliance and the International Rule of Law [J]. Yale Journal of International Law, 2006, 31.

[11] EPSTEIN R A, ROSE AMANDA M. The Regulation of Sovereign Wealth Funds: The Virtues of Going Slow [J]. The University of Chicago Law Review, 2009, 76 (111).

[12] FLEISCHER VICTOR. A Theory of Taxing Sovereign Wealth [J]. New York University Law Review, 2009, 84.

[13] FLOOD JOHN. Lawyers as Sanctifiers: The Role of Elite Law Firms in International Business Transactions [J]. Indiana Journal of Global Legal Studies. 2007, 1(14).

[14] GILSON RONALD J, MILHAUPT CURTIS J. Sovereign Wealth Funds and Corporate Governance: A Minimalist Response to the New Mercantilism [J]. Stanford Law Review, 2008, 60(05).

[15] GRAHAM COSMO. Privatization: the United Kingdom Experience [J]. Brooklyn Journal of International Law, 1995, 21(1).

[16] GREENE EDWARD F. , YEAGER BRIAN A. Sovereign Wealth Funds: A Measured Assessment [J]. Capital Markets Law Journal of Oxford University, 2008, (3).

[17] GRUNDMANN STEFAN, MÖSLEIN FLORIAN. Golden Shares—State Control in Privatised Companies: Comparative Law, European Law and Policy Aspects [J]. European Banking and Financial Law Journal(EUREDIA), 2004 (1).

[18] HARRIMAN EDWARD AVERY. Voting Trust and Holdings Companies [J]. Yale Law Journal. 1904, 13(3).

[19] HATTON KYLE, PISTOR KATHARINA. Maximizing Autonomy in the Shadow of Great Powers: The Political Economy of Sovereign Wealth Funds [J]. Columbia Journal of Transnational Law. 2012, (1).

[20] HEANEY RICHARD, LI LARRY, VALENCIA VICAR. Sovereign Wealth Fund Investment Decisions: Temasek Holdings [J]. Australian Journal of

Management，2011，36 (1).

[21] JEN STEPHEN L. Sovereign Wealth Funds：What they are and what's happening [J]. World Economics，2007，8(4).

[22] KELLER AMY D. Sovereign Wealth Funds：Trustworthy Investors or Vehicles of Strategic Ambition? [J]. Georgetown Journal of Law and Public Policy，2008，7(1).

[23] KELLER AMY. Sovereign Wealth Funds：Trustworthy Investors or Vehicles of Strategic Ambition? An Assessment of the Benefits，Risks and Possible Regulation of Sovereign Wealth Fund [J]. Georgetown Journal of Law & Public Policy,2008,333 (07).

[24] KIMMITT ROBERT M. Public Footprints in Private Markets：Sovereign Wealth Funds and the World Economy [J]. Foreign Affairs，2008，87(1).

[25] LI HONG. Depoliticization and Regulation of Sovereign Wealth Funds：A Chinese Perspective [J]. Asian Journal of International Law，2011，(1).

[26] LYONS GERARD. State Capitalism：The Rise of Sovereign Wealth Funds [J]. Journal of Management Research，2007，7(3).

[27] MACEY JONATHAN R. The Business of Banking：Before and After Gramm-Leach-Bliley[J]. Journal of Corporation Law，2000，25 (Summer).

[28] MALTBY NICK. Current Developments in Britain January-May 2013 [J]. European Procurement & Public Private Partnership Law Review，2013，272 (8).

[29] MATTOO AADITYA，SUBRAMANIAN ARVIND. Currency Undervaluation And Sovereign Wealth Funds：A New Role For The World Trade Organization [J]. World Economy，2009，32(8).

[30] MILTON FRIEDMAN. The social responsibility of business is to increase its profits [J]. The New York Times Magazine，1970，(9).

[31] MITCHELL OLIVIA S. ，PIGGOTT JOHN, KUMRU CAGRI. Managing Public Investment Funds：Best Practices and New Challenges [J]. Journal of Pension Economics and Finance，2008，7(3).

[32] MONK ASHBY. Recasting the Sovereign Wealth Fund Debate：Trust，Legitimacy，and Governance [J]. New Political Economy，2009，14(4).

[33] Pendleton Andrew. The real face of corporate social responsibility [J]. Consumer Policy Review. 2004，3(14).

[34] PEZARD ALICE. The Golden Share of Privatized Company [J]. Brooklyn Journal of International Law，1995，21(1).

[35] ROSE PAUL. Sovereign Wealth Funds：Active or Passive Investors? [J].

Yale Law Journal Pocket Part，2008，118.

[36] ROSE PAUL. Sovereigns as Shareholders [J]. North Carolina Law Review，2008，87(Fall).

[37] ROZANOV ANDREW. Definitional Challenges of Dealing with Sovereign Wealth Funds [J]. Asian Journal of International Law，2011，(1).

[38] ROZANOV ANDREW. Sovereign Wealth Funds: Defining Liabilities [J]. Revue d'Économie Financière，2009，9(1).

[39] ROZANOV ANDREW. Who holds the wealth of nations? [J]. International Journal of Central Banking，2005，15(4).

[40] SASSO LORENZO. New Trends in China's Foreign Investment Strategy [J]. International Spectator，2007，42(3).

[41] SAXON MATTHEW. It's Just Business, Or Is It?: How Business and Politics Collide with Sovereign Wealth Funds [J]. Hastings International and Comparative Law Review，2009，32(2).

[42] SHAPIRO MARTIN. The Globalization of Law [J]. Global Legal Studies Journal. 1993，(1).

[43] STEINITZ MAYA，INGRASSIA MICHAEL. The Impact of Sovereign Wealth Funds on the Regulation of Foreign Direct Investment in Strategic Industries: A Comparative View [J]. Business Law International，2009，10(01).

[44] STELZENMÜLLER CONSTANZE. Germany's Russia Question: A New Ostpolitik for Europe [J]. Foreign Affairs，2009 (March/April).

[45] STORK FLORIAN. A Practical Approach to the New German Foreign Investment Regime—Lessons to be Learned from Merger Control [J]. German Law Journal，2010，11(02).

[46] SZABADOS TAMÁS. Recent Golden Share Cases in the Jurisprudence of the Court of Justice of the European Union [J]. German Law Journal，2015，(5).

[47] The Economist. Who's afraid of Huawei? [EB/OL]. (2012-08-04)[2018-09-18]. http://www. economist. com/node/21559922.

[48] VOSSESTEIN GERT-JAN. Volkswagen: the State of Affairs of Golden Shares，General Company Law and European Free Movement of Capital [J]. Lecturer of Company Law，2008，(7).

[49] WATTS ARTHUR. The International Rule of Law [J]. German Yearbook of International Law，1993，36.

[50] WONG ANTHONY. Sovereign Wealth Funds and the Problem of Asymmetric Information: The Santiago Principles and International Regulations [J].

Brooklyn Journal of International Law. 2009，(3).

[51] YEUNG HENRY WAI-CHUNG. From national development to economic diplomacy? Governing Singapore's sovereign wealth funds [J]. The Pacific Review，2011，24 (5).

[52] 〔美〕本杰明·科恩. 主权财富基金与国家安全："大权衡"[J]. 刘坤，译. 国际事务，2009 (4).

[53] 车丕照. 法律全球化与国际法治[J]. 清华法治论衡，2002.

[54] 陈超. 主权财富基金全球兴起[J]. 当代金融家，2006 (10).

[55] 陈克宁，陈彬. 主权财富基金的透明度与信息披露[J]. 证券市场导报，2011 (5).

[56] 陈丽娟. 欧洲黄金股之研究[J]. 东吴法律学报，2009 (2).

[57] 陈之荣，王剑. 主权财富基金管理的国际比较与启示[J]. 中国金融，2009 (4).

[58] 戴迎新. 主权财富基金的发展和中投公司的投资策略简析[J]. 浙江金融，2009(6).

[59] 董箫，吴向荣. 试论对我国海外投资的外交保护[J]. 河北法学，2007 (10).

[60] 都父. 主权财富基金的暗战[J]. 国际融资，2008 (1).

[61] 法林. 解读美联储来函[J]. 财经，2008(20).

[62] 高鸿钧. 法律移植：隐喻、范式与全球化时代的新趋向[J]. 中国社会科学，2007(4).

[63] 高鸿钧. 美国法全球化：典型例证与法理反思[J]. 中国法学，2011(1).

[64] 高洁，翟博. 积极外汇储备管理与主权财富基金的发展[J]. 中国金融，2009(6).

[65] 郭雳. 中投：主权财富基金的控股公司路径 [J]. 中外法学，2009(4).

[66] 郭雳，张涛. 中投境外投资并购的监管环境与模式选择 [J]. 清华法学，2010 (5).

[67] 郭秀君，乔蕾. 淡马锡与挪威全球养老基金经营管理的比较分析[J]. 金融与经济，2009(6).

[68] 郭茵，任若恩. 国外主权财富基金投资取向借鉴与启示[J]. 生产力研究，2010(6).

[69] 国家发展改革委外事司. 当前全球主权财富基金的发展态势分析[J]. 中国经贸导刊，2009 (02).

[70] 何帆. 中国对外投资的特征与风险[J]. 国际经济评论，2013(1).

[71] 何志鹏. 国际法治：一个概念的界定[J]. 政法论坛，2009(4).

[72] 侯幼平. 论主权财富基金的国际监管[J]. 亚太经济，2010(2).

[73] 胡厚崑. 华为就 3Leaf 事件的公开信[EB/OL]. (2011-02-25)[2018-09-18]. http://news. xinhuanet. com/2011-02/25/c_121123794. htm.

[74] 胡振虎. 英格兰"北方经济增长战略"简析[J]. 环球财经，2016 (11).

[75] 黄进，曾涛，宋晓，等. 国家及其财产管辖豁免的几个悬而未决的问题[J]. 中国法学，2001(4).

[76] 姜影. 法国国有企业管理体制改革的历程及成效[J]. 证券市场导报，2014 (6).

[77] 蒋大兴. 论公司治理的公共性——从私人契约向公共干预的进化[J]. 吉林大学社会科学学报，2013 (1).

[78] 解正山. 主权财富基金投资法律环境新变化——评 IMF"圣地亚哥原则"[J]. 江西财经大学学报，2009(3).

[79] 李虹. 主权投资基金的法律属性及其监管[J]. 政治与法律，2008 (7).

[80] 李洁，曹晓蕾，蒋昭乙，高峰. 世界各国主权财富基金运作模式比较及对中国的启示[J]. 现代经济探讨，2008(11).

[81] 李箐，曹祯. 海外投资"另类"隐痛[J]. 财经，2009 (01).

[82] 李仁真，陈克宁. 论主权财富基金监管及其在中国的发展对策[J]. 投资研究，2000(10).

[83] 李扬，张晓晶. "新常态"：经济发展的逻辑与前景[J]. 经济研究，2015 (5).

[84] 李扬. 中国经济发展的新阶段[J]. 财贸经济，2013 (11).

[85] 林毅夫，刘培林. 自生能力和国企改革[J]. 经济研究，2001(9).

[86] 刘钊. 淡马锡在规避投资保护主义方面对中投公司的启示[J]. 山西财经大学学报，2010(2).

[87] 鲁楠. 匿名的商人法——全球化时代法律移植的新动向[J]. 清华法治论衡，2011(1).

[88] 鲁少军. 论主权财富基金信息披露法律规制及对中投公司的借鉴意义[J]. 上海金融，2010(1).

[89] 罗豪才，宋功德. 认真对待软法——公域软法的一般理论及其中国实践[J]. 中国法学，2006(2).

[90] 吕明，叶眉. 主权财富基金信息透明度问题研究[J]. 广东金融学院学报，2008(5).

[91] 苗迎春. 论主权财富基金的管理[J]. 内蒙古社会科学，2010(3).

[92] 苗迎春. 论主权财富基金透明度问题[J]. 国际问题研究，2010 (4).

[93] 苗迎春. 主权财富基金辨正[J]. 金融与经济，2010(8).

［94］苗迎春. 主权财富基金的兴起与国际经济关系的新变化——兼论中美经贸摩擦的新博弈［J］. 国际问题研究，2008(5).

［95］苗迎春. 主权财富基金发展及跨境投资理论研究［J］. 经济研究，2010(8).

［96］荣大聂，〔美〕提洛·赫恩曼. 中国对发达经济体的直接投资：欧洲和美国的案例［J］. 潘圆圆，译. 国际经济评论，2013(1).

［97］邵沙平. 国际法治的发展对跨国公司责任的影响［J］. 武汉大学学报(哲学社会科学版)，2015 (9).

［98］邵沙平. 国际法治的新课题：国家控制跨国公司犯罪的权责探析［J］. 暨南学报(哲学社会科学版)，2012 (10).

［99］史树林. 论主权财富基金的法律问题［J］. 中央财经大学学报，2008(5).

［100］宋家法. 联合国与跨国公司犯罪的法律控制［J］. 暨南学报(哲学社会科学版)，2013 (5).

［101］王佳. 论对跨国公司行为的法律控制［J］. 实事求是，2016 (5).

［102］王文华. 打击跨国贿赂犯罪的刑事政策研究［J］. 法治研究，2013 (7).

［103］王文华. 论跨国公司犯罪及有效抗制［J］. 法治研究，2013 (3).

［104］王霞，王曙光. 谈主权财富基金与西方投资保护措施［J］. 经济问题，2008 (06).

［105］王新红. 论企业国有资产管理体制的完善——兼论国资委的定位调整［J］. 政治与法律，2015 (10).

［106］王应贵，甘当善. 主权财富基金投资管理问题和思考——以新加坡淡马锡控股为例［J］. 亚太经济，2010(1).

［107］王志祥，刘婷. 跨国公司商业贿赂犯罪：现状、域外治理及借鉴［J］. 铁道警察学院学报，2016 (4).

［108］文学. 中国主权财富基金的国际发展战略研究［J］. 新金融，2008(3).

［109］文学. 中国主权财富基金在国际资本运作中面临的挑战及对策分析［J］. 南方金融，2008(11).

［110］向静，王苏生. 主权财富基金的国际比较和变化趋势研究［J］. 学术研究，2009(5).

［111］谢平，陈超，柳子君. 主权财富基金、宏观经济政策协调与金融稳定［J］. 金融研究，2009(2).

［112］谢平，陈超. 论主权财富基金的理论逻辑［J］. 经济研究，2009(2).

［113］徐忠，徐荟竹，庞博. 金融如何服务企业走出去［J］. 国际经济评论，2013 (1).

［114］严荣. 中国的主权财富基金与政策试验［J］. 经济体制改革，2009(6).

［115］杨鸿. 美国国家安全审查对主权基金的监管及其启示——结合美国国家

安全审查相关规则最新改革的分析[J]. 河北法学, 2009(6).

　　[116] 佚名. "华盛顿约定"为 SWFs 投资松绑? [J]. 中国对外贸易, 2008(4).

　　[117] 益言. 主权财富基金:发展、治理与投资策略[J]. 中国金融, 2009(11).

　　[118]〔美〕约翰·加普. 美国应向华为敞开大门[EB/OL]. (2012-10-12)[2018-09-18]. http://www.ftchinese.com/story/001046927/unreg.

　　[119] 张明. 论次贷危机对中国主权财富基金带来的机遇与挑战[J]. 国际经济评论, 2008(3).

　　[120] 张明. 面对指责,中投公司的策略[J]. 西部论丛, 2007(11).

　　[121] 张明. 主权财富基金与中投公司[J]. 经济社会体制比较, 2009(2).

　　[122] 张明坤. 论主权财富基金的监管[J]. 政治与法律, 2008(5).

　　[123] 张文联. 发达国家产业安全的保护之路[J]. 中国投资, 2006,(10).

　　[124] 张智勇. 资本自由流动与所得税的协调:欧盟的法律与实践[J]. 涉外税务, 2003(6).

　　[125] 赵何娟. 英国金融监管风向[J]. 财经金融实务, 2007(11).

　　[126] 赵小平. 主权财富基金开展对外投资所面临的外部投资环境和中国的对策[J]. 财贸经济, 2009(6).

　　[127] 赵英杰. 论 OECD《公司治理原则》——2015 年修订情况及其对我国的启示[J]. 证券法苑, 2016,(18).

　　[128] 钟伟,王天龙. 围绕主权财富基金的争议:是否需要一个国际监管框架? [J]. 中国外汇, 2008(7).

　　[129] 钟伟,王天龙. 主权财富基金辨正[J]. 金融与经济, 2010(8).

　　[130] 周晓红. 关于主权财富基金治理的三重追问[J]. 当代法学, 2012(6).

　　[131] 周煊. 黑石事件的反思与中国主权财富基金运营策略的建议[J]. 经济体制改革, 2010(3).

　　[132]〔德〕贡特尔·托依布纳. "全球的布科维纳":世界社会的法律多元主义[J]. 高鸿钧,译. 清华法治论衡, 2007(2).

　　[133]〔德〕图依布纳. 现代法中的实质要素和反思要素[J]. 矫波,译. 北大法律评论, 1999 (2).

　　[134] BRAUDE JONATHAN. Russian State Bank Buys Share of EADS [N]. The Deal, 2008-09-08.

　　[135] 但有为. 成本高企 中投公司面临如何赢利的考验[N]. 上海证券报, 2007-10-08.

　　[136] 李利明. 中投选定 40 亿美元私募股权基金合伙人[N]. 经济观察报, 2008-04-06.

　　[137] 楼继伟. 新兴市场崛起与中投选择[N]. 新世纪周刊, 2010-02-08(7).

[138] 陆绮雯. 华尔街无法拒绝——主权财富基金[N]. 解放日报,2008-03-01.

[139] 罗雨泽,罗来军."一带一路":开创全球合作发展新局面[N]. 光明日报, 2015-04-01.

[140] 任晓. 中投或向英国私募公司投资 12 亿美元[N]. 中国证券报,2009-12-04.

[141] 许思涛. 中国储蓄者才是最后贷款人[N]. 金融时报,2008-04-01.

[142] 俞险峰. 汇金 12 亿轮番增持工中建三行 A 股[N]. 上海证券报,2008-12-04.

[143] 张芝年. 英国对跨国并购活动的监管[N]. 经济日报,2007-05-30.

三、研究报告

[1] Abu Dhabi Investment Authority. ADIA 2015 Review[R]. Abu Dhabi: ADIA, 2016.

[2] BACKER LARRY CATÁ. Sovereign Investing and Markets-Based Transnational Rule of Law Building: The Norwegian Sovereign Wealth Fund in Global [R]. Pennsylvania: Coalition for Peace & Ethics Working Paper, 2013.

[3] BAGNALL ALLIE E, TRUMAN EDWIN M. Progress on Sovereign Wealth Fund Transparency and Accountability: An Updated SWF Scoreboard [R]. Washington, DC: Peterson Institute for International Economics, 2013.

[4] BALDING CHRISTOPHER. A Portfolio Analysis of Sovereign Wealth Funds[R]. Irvine: University of California-Irvine, 2008.

[5] BARNETT STEVEN, DAVIS JEFFREY M., OSSOWSKI ROLANDO, DANIEL JAMES. Stabilization and Savings Funds for Non-Renewable Resources: Experience and Fiscal Policy Implications [R]. Washington, DC: IMF, 2001.

[6] BECK ROLAND, FIDORA MICHAEL. The Impact of Sovereign Wealth Funds on Global Financial Markets [R]. Frankfurt: European Central Bank, 2008.

[7] BLICHNER LARS CHR., MOLANDER ANDERS. What is Juridification? [R]. Oslo: University of Oslo ARENA Centre for European Studies, Working Paper, 2005.

[8] BRACKE THIERRY, BUSSIÈRE MATTHIEU, FIDORA MICHAEL, STRAUB ROLAND. Framework for Assessing Global Imbalances [R]. Frankfurt: European Central Bank, 2008.

[9] CHEUNG YIN-WONG, QIAN XINGWANG. Hoarding of International Reserves: Mrs Machlup's Wardrobe and the Joneses [R]. Hong Kong: Hong Kong Institute for Monetary Research, 2007.

［10］Committee on Foreign Investment in the United States. Annual Report to Congress for CY 2013 ［R］. Washington, D. C: CFIUS, 2015: 3.

［11］ESADEgeo Center for Global Economy and Geopolitics. Sovereign Wealth Funds 2014 ［R］. Barcelona: ESADEgeo Center for Global Economy and Geopolitics, 2015.

［12］FARRELL DIANA, LUND SUSAN, GERLEMANN EVA, SEEBURGER PETER. The New Power Brokers: How Oil, Asia, Hedge Funds, and Private Equity are Shaping Global Capital Markets ［R］. New York: McKinsey Global Institute, 2007.

［13］FARRELL DIANA, LUND SUSAN, GERLEMANN EVA, SEEBURGER PETER. The New Power Brokers: How Oil, Asia, Hedge Funds, and Private Equity Are Shaping Global Capital Markets ［R］. New York: McKinsey Global Institute, 2007.

［14］FASANO UGO. Review of the Experience with Oil Stabilization and Savings Funds in Selected Countries ［R］. Washington, DC: IMF, 2000.

［15］GIC. GIC Report On The Management Of The Government's Portfolio For The Year 2015/16 ［R］. Singapore: GIC, 2016.

［16］GIEVE JOHN. Sovereign Wealth Funds and Global Imbalances ［R］. London: Bank of England, 2008.

［17］GILSON RONALD J. , MILHAUPT CURTIS J. Sovereign Wealth Funds and Corporate Governance: A Minimalist Response to the New Mercantilism ［R］. Stanford: Stanford Law and Economics Working Paper, 2008.

［18］GREEN RUSSELL, TORGERSON TOM. Are High Foreign Exchange Reserves in Emerging Markets a Blessing or a Burden? ［R］. Washington, DC: Office of International Affairs-U. S. Department of Treasury, 2007.

［19］HAMMER CORNELIA, KUNZEL PETER, PETROVA IVA. Sovereign Wealth Funds: Current Institutional and Operational Practices ［R］. Washington, DC: IMF, 2008.

［20］HAMMER CORNELIA, KUNZEL PETER, PETROVA IVA. Sovereign Wealth Funds-A Work Agenda ［R］. Washington, DC: IMF, 2008.

［21］International Financial Service in London. Sovereign Wealth Funds 2010 ［R］. London: IFSL, 2010.

［22］International Monetary Fund. Sovereign Wealth Funds-A Work Agenda ［R］. Washington, DC: IMF, 2008.

［23］International Monetary Fund. World Economic Outlook—Subdued

Demand: Symptoms and Remedies [R]. Washington, DC: IMF, 2016.

[24] International Monetary Fund. World Investment Report 2007: Financial Market and Turbulence: Causes, Consequences and Policies [R]. Washington, DC: IMF, 2007.

[25] International Monetary Fund. World Investment Report 2007: Market Developments and Issues [R]. Washington, DC: IMF, 2007.

[26] Invesco Australia Limited. Global Sovereign Asset Management Study 2014 [R]. Melbourne: Invesco, 2014.

[27] JEN STEPHEN L. How Big Could Sovereign Wealth Funds Be by 2015? [R]. New York: Morgan Stanley, 2007.

[28] KERN STEFFEN. Sovereign Wealth Funds—State Investments on the Rise [R]. Frankfurt am Main: Deutsche Bank Research, 2008.

[29] KERN STEFFEN. SWFs and Foreign Investment Policies—An Update [R]. Frankfurt am Main: Deutsche Bank Research, 2008.

[30] KOCH-WESER IACOB N., HAACKE OWEN D. China Investment Corporation: Recent Development in Performance, Strategy, and Governance [R]. Washington, DC: U. S. -China Economic and Security Review Commission, 2013.

[31] KPMG International. KPMG International Survey of Corporate Responsibility Reporting 2008[R]. Geneva: KPMG International, 2015.

[32] LE BORGNE, ERIC, MEDAS PAULO A. Sovereign Wealth Funds in the Pacific Island Countries: Macro-Fiscal Linkages [R]. Washington, DC: IMF, 2008.

[33] MEZZACAPO SIMONE. The So-Called "Sovereign Wealth Funds": Regulatory story Issues, Financial Stability and Prudential Supervision [R]. Brussels: European Commission, 2009.

[34] MIRACKY WILLIAM, DYER DAVIS, FISHER DROSTEN, GOLDNER TONY, LAGARDE LOIC, PIEDRAHITA VICTOR. Assessing the Risks: the Behavior of Sovereign Wealth Funds in the Global Economy [R]. Cambridge, MA: Monitor Group, 2008.

[35] Norges Bank Investment Management. Government Pension Fund Global Annual Report 2015 [R]. Oslo: Norges Bank Investment Management, 2016.

[36] OECD Investment Committee. Sovereign Wealth Funds and Recipient Country Policies [R]. Paris: OECD, 2008.

[37] OECD. OECD Code of Liberalisation of Capital Movements [R]. Paris: OECD, 2013.

[38] OECD. OECD Declaration on Sovereign Wealth Funds and Recipient

Country Policies [R]. Paris: OECD, 2008.

[39] OECD. The OECD Declaration and Decisions on International Investment and Multinational Enterprises: Basic Texts [R]. Paris: OECD, 2012.

[40] OECD. Transparency and Predictability for Investment Policies Addressing National Security Concerns: A Survey of Practices [R]. Paris: OECD, 2008.

[41] PINEAU GEORGES, DORRUCCI ETTORE, COMELLI FABIO, LAGERBLOM ANGELIKA. The Accumulation of Foreign Reserves [R]. Frankfurt: European Central Bank, 2006.

[42] Preqin. 2015 Sovereign Wealth Fund Review: Exclusive Extract [R]. New York: Preqin, 2015.

[43] REISEN HELMUT. How to Spend It: Sovereign Wealth Funds and the Wealth of Nations [R]. Paris: OECD Development Centre, 2008.

[44] SANTISO JAVIER. Sovereign Development Funds [R]. Paris: OECD Development Centre, 2008.

[45] SETSER BRAD, ZIEMBA RACHEL. Understanding the New Financial Superpower—The Management of GCC Official Foreign Assets [R]. London: RGE Monitor, 2007.

[46] SÖDERLING LUDVIG. Escaping the Curse of Oil? The Case of Gabon, [R]. Washington, DC: IMF, 2002.

[47] Sovereign Investment Lab. Towards a New Normal: Sovereign Wealth Fund Annual Report 2014 [R]. Milan: Sovereign Investment Lab, 2015.

[48] Sovereign Investment Lab. Towards a New Normal: Sovereign Wealth Fund Annual Report 2015 [R]. Milan: Sovereign Investment Lab, 2016.

[49] The International Forum of Sovereign Wealth Funds. IFSWF Members' Experiences in the Application of the Santiago Principles [R]. Washington, DC: IFSWF, 2011.

[50] The International Working Group of Sovereign Wealth Funds. generally accepted principles and practices—Santiago Principles [R]. Washington, DC: IWGSWF, 2008.

[51] The Peterson Institute for International Economics. China's Belt and Road Initiative Motives, Scope, and Challenges [R]. Washington, DC: The Peterson Institute for International Economics, 2016.

[52] TheCityUK Research Center. Sovereign Wealth Funds 2015 report [R]. London: TheCityUK, 2015.

[53] TRUMAN EDWIN M. A Blueprint for Sovereign Wealth Fund Best

Practices [R]. Washington，DC：The Peterson Institute for International Economics，2008.

[54] TRUMAN EDWIN M. Sovereign Wealth Funds：The Need for Greater Transparency and Accountability [R]. Washington，DC：Peterson Institute for International Economics，2007.

[55] Volkswagen AG. Annual Report 2017：Shaping the transformation together [R]. Germany：Volkswagen AG，2018.

[56] Volkswagen AG. Annual Report 2016：Shaping the transformation together [R]. Germany：Volkswagen AG，2017.

[57] United Nations Conference on Trade and Development. World Investment Report 2016-Investor Nationality：Policy Challenges [R]. New York：United Nations，2016.

[58] WU FRIEDRICH. Singapore's Sovereign Wealth Funds：The Political Risk of Overseas Investments [R]. Singapore：The S. Rajaratnam School of International Studies，2008.

[59] 安德慎律师事务所（Allens Arthur Robinson Law Firm）. 聚焦：澳大利亚外国投资政策之修订——国家利益［R］. Sydney：Allens Arthur Robinson Law Firm，2010.

[60] 巴曙松，李科，沈兰成. 主权财富基金：金融危机冲击下的新发展与监管运作新框架[R]. 深圳：平安证券有限责任公司，2006.

[61] 淡马锡. 淡马锡年度报告 2016 [R]. 新加坡：淡马锡控股（私人）有限公司，2016.

[62] 高小真，蒋星辉. 英国金融大爆炸与伦敦金融城的复兴[R]. 北京：中国证监会研究中心研究报告，2006.

[63] 国家外汇管理局. 国家外汇管理局年报（2015）[R]. 北京：国家外汇管理局，2016.

[64] 刘晨明，宋雪涛. 有多少外储花开别处：中国"影子外储"的规模估算[R]. 武汉：天风证券，2017.

[65] 商务部，国家统计局，国家外汇管理局. 2015 年度中国对外直接投资统计公报[R]. 北京：商务部、国家统计局、国家外汇管理局，2016.

[66] 中投公司. 中国投资有限责任公司 2011 年年度报告 [R]. 北京：中投公司，2012.

[67] 中投公司. 中国投资有限责任公司 2015 年年度报告 [R]. 北京：中投公司，2016.

四、电子文献

[1] A bill to authorize appropriate action if the negotiations with the People's Republic of China regarding China's undervalued currency are not successful [EB/OL]. (2005-02-03) [2018-09-18]. https://www. govtrack. us/congress/bills/109/s295/text.

[2] ABID ALI. IMF: Saudi Arabia running on empty in five years [EB/OL]. (2015-10-23) [2018-09-18]. http://www. aljazeera. com/news/2015/10/imf-saudi-arabia-151022110536518. html.

[4] ALVAREZ SCOTT G. Testimony on Sovereign Wealth Funds Before the Subcommittee on Domestic and International Monetary Policy, Trade, and Technology, and the Subcommittee on Capital Markets, Insurance, and Government Sponsored Enterprises, Committee on Financial Services, U. S. House of Representatives [EB/OL]. (2008-03-05) [2018-09-18]. https://www. federalreserve. gov/newsevents/testimony/alvarez20080305a. htm.

[5] APAX partner. Funds[EB/OL]. [2018-09-18]. http://www. apax. com/inside-apax/company/funds/.

[6] AVELLANA N J. Temasek is different from other sovereign wealth funds and pays tax [EB/OL]. (2013-12-05) [2018-09-18]. http://www. vcpost. com/articles/19295/20131205/chairman-lim-boon-heng-temasek-unique-sovereign-wealth-fund. htm.

[7] BARUTCISKI MILOS, KALBFLEISCH ADAM. What Foreign Investors Need to Know About the New National Security Guidelines under the Investment Canada Act [EB/OL]. (2016-12-20)[2018-09-18]. https://www. bennettjones. com/Publications%20Section/Blogs/What%20Foreign%20Investors%20Need%20to%20Know%20About%20the%20New%20National%20Security%20Guidelines.

[8] Board of Governors of the Federal Reserve System, Commodity Futures Trading Commission, Federal Deposit Insurance Corporation, Office of the Comptroller of the Currency, Securities and Exchange Commission. Agencies Issue Final Rules Implementing the Volcker Rule [EB/OL]. (2013-12-10) [2018-09-18]. https://www. federalreserve. gov/newsevents/press/bcreg/20131210a. htm.

[9] BOSTON WILLIAM. German Court Allows Lawsuits Against Volkswagen to Move Forward [EB/OL]. (2016-08-08)[2018-09-18]. http://www. wsj. com/articles/german-court-allows-lawsuits-against-volkswagen-to-move-forward-1470664803.

[10] BOSTON WILLIAM. Volkswagen faces $9 billion in claims in Germany [EB/OL]. (2016-09-21) [2018-09-18]. http://www. nasdaq. com/article/ volkswagen-faces-9-billion-in-claims-in-germany-20160921-00140.

[11] CBS News. China Investment: An Open Book? —Sovereign-Wealth Fund's President Promises Transparency [EB/OL]. (2008-04-06) [2018-09-18]. http:// www. cbsnews. com/stories/2008/04/04/60minutes/main3993933. shtml.

[12] China Global Investment Tracker [EB/OL]. [2018-09-18]. http://www. heritage. org/research/projects/china-global-investment-tracker-interactive-map.

[13] CLARK GORDON L. , MONK ASHBY H. B. The Legitimacy and Governance of Norway's Sovereign Wealth Fund: The Ethics of Global Investment [EB/OL]. (2009-9-15)[2018-09-18]. http://ssrn. com/abstract=1473973.

[14] CLARK NICOLA, KRAMER ANDREW E. Russian State Bank Buys Share of EADS [EB/OL]. (2006-09-11) [2018-09-18]. http://www. euronews. com/2006/09/11/russian-state-bank-confirms-buying-eads-shares.

[15] CLARK NICOLA, KRAMERSEPT ANDREW E. Russian state bank buys share of EADS—Business-International Herald Tribune [EB/OL]. (2006-09-11) [2018-09-18]. http://www. nytimes. com/2006/09/11/business/worldbusiness/ 11iht-eads. 2771394. html.

[16] CLIFFORD CHANCE. US Releases National Action Plan on Responsible Business Conduct [EB/OL]. (2016-12-20) [2018-09-18]. https://www. cliffordchance. com/briefings/2016/12/us _ releases _ nationalactionplanonresponsibl. html.

[17] COOPER DANIEL. Canada Vaguely Hints It'll Block Huawei from Government Projects, Cites Security Concerns [EB/OL]. (2012-10-20)[2018-09-18]. https://www. engadget. com/2012/10/10/canada-huawei-block-hint/.

[18] COX CHRISTOPHER. The Rise of Sovereign Business: Gauer Distinguished Lecture in Law and Policy at the American Enterprise Institute Legal Center for the Public Interest [EB/OL]. (2007-12-05) [2018-09-18]. https://www. sec. gov/news/speech/2007/spch120507cc. htm.

[19] DARLING ALISTAIR. Chancellor of the Exchequer, Speech at the London Business School(2007) [EB/OL]. (2007-07-25) [2018-09-18]. http://www. hm-treasury. gov. uk/speechschex_250707. html.

[20] DAVIS POLK & WARDWELL LLP. New CFIUS Legislation Enacted [EB/OL]. (2018-08-13) [2018-09-18]. https://mp. weixin. qq. com/s? _ _ biz =MzA5MjkyNTg

3Nw＝＝&mid＝2455906927&idx＝1&sn＝89006bcc451804a75229b5ddc313aea1&c
hksm＝87f330b5b084b9a34d4cf15e073f1f89e058581e2cb6f0baab64901447e2983f7551c
a27af82&mpshare＝1&scene＝1&srcid＝0815u3QYBNESN7fThpEjZgrS##.

[21] Department of Justice. Greene Street complaint [EB/OL]. (2016-07-20)
[2018-09-18]. https://www.justice.gov/opa/file/877321/download.

[22] Department of Justice. Van Gogh drawing complaint [EB/OL]. (2016-07-
20) [2018-09-18]. https://www.justice.gov/opa/file/877156/download.

[23] EL-ERIAN MOHAMED. 'The New Normal' Has Been Devastating For
America[EB/OL]. (2014-05-22)[2018-09-18]. http://www.businessinsider.com/
el-erian-state-of-the-new-normal-2014-3.

[24] EVANS-PRITCHARD AMBROSE. EC to Rule on Sovereign Wealth Funds
[EB/OL]. (2007-11-29) [2018-09-18]. http://www.telegraph.co.uk/finance/
markets/2820342/EC-to-rule-on-sovereign-wealth-funds.html.

[25] eVestment. SWFs pull $16.2 bln from external managers in Q2 as selling
accelerates [EB/OL]. (2016-08-19) [2018-09-18]. https://www.evestment.com/
swfs-pull-16-2-bln-external-managers-q2-selling-accelerates/.

[26] Federal Reserve System. Federal Reserve Supervision and Regulation Letter
(SR) 08-9: Consolidated Supervision of Bank Holding Companies and the Combined
U.S. Operations of Foreign Banking Organizations [EB/OL]. (2008-10-16) [2018-
09-18]. https://www.federalreserve.gov/boarddocs/srletters/2008/SR0809.htm.

[27] Federal Reserve System. Federal Reserve Supervision and Regulation Letter
(SR) 99-15: Risk-Focused Supervision of Large Complex Banking Organizations [EB/
OL]. [2018-09-18]. https://www.federalreserve.gov/boarddocs/SRLetters/1999/
sr9915.htm.

[28] Federal Reserve System. Framework for Financial Holding Company
Supervision [EB/OL]. (2000-08-15) [2018-09-18]. https://www.federalreserve.
gov/boarddocs/SRLetters/2000/sr0013.htm.

[29] Federal Reserve System. Frequently Asked Questions about Volcker Rule
[EB/OL]. [2018-09-18]. https://www.federalreserve.gov/bankinforeg/volcker-
rule/faq.htm#13.

[30] Federal Reserve System. Legal Developments: Third Quarter, 2008 [EB/
OL]. (2008-11) [2018-09-18]. https://search.newyorkfed.org/board_public/
search? text＝Board＋letter＋dated＋August＋5%2C＋2008%2C＋to＋H.＋Rodgin
＋Cohen&Search.x＝26&Search.y＝7.

[31] Federal Reserve System. Order Approving Acquisition of Shares of a Bank,

to Industrial and Commercial Bank of China Limited, China Investment Corporation, and Central Huijin Investment Ltd. [EB/OL]. (2012-05-09) [2018-09-18]. https://www. federalreserve. gov/newsevents/press/orders/order20120509a. pdf.

[32] Federal Reserve System. Order Approving Establishment of a Branch, to China Construction Bank Corporation Beijing, People's Republic of China [EB/OL]. (2008-12-08) [2018-09-18]. http://www. federalreserve. gov/newsevents/press/orders/orders20081208a1. pdf.

[33] Federal Reserve System. Order Approving Establishment of a Branch, to Industrial and Commercial Bank of China Limited, Beijing, People's Republic of China [EB/OL]. (2008-08-05) [2018-09-18]. https://www. federalreserve. gov/newsevents/press/orders/orders20080805a1. pdf.

[34] Federal Reserve System. Order Approving Formation of Bank Holding Companies and Notice to Engage in Certain Nonbanking Activities, to Morgan Stanley, Morgan Stanley Capital Management LLC, Morgan Stanley Domestic Holdings, Inc. [EB/OL]. (2008-09-22) [2018-09-18]. https://www. federalreserve. gov/newsevents/press/orders/orders20080922a2. pdf.

[35] Federal Reserve System. Securities Underwriting and Dealing Subsidiaries [EB/OL]. (2013-12-19) [2018-09-18]. https://www. federalreserve. gov/bankinforeg/suds. htm.

[36] Federal Reserve System. Statement by the Board of Governors of the Federal Reserve System Regarding the Application and Notices by Mitsubishi UFJ Financial Group, Inc. , to Acquire Interests in a Bank Holding Company and Certain Nonbanking Subsidiaries [EB/OL]. (2008-10-06) [2018-09-18]. https://www. federalreserve. gov/newsevents/press/orders/orders20081007a1. pdf.

[37] FIRB. Guidelines For Foreign Government Investment Proposals [EB/OL]. (2008-06-24) [2018-09-18]. http://www. aph. gov. au/About_Parliament/Parliamentary_Departments/Parliamentary_Library/pubs/BN/0708/ForeignInvestmentRules#_Toc202002020.

[38] GESLEY JENNY. The Volkswagen Litigations [EB/OL]. (2016-10-27) [2018-09-18]. https://blogs. loc. gov/law/2016/10/the-volkswagen-litigations/.

[39] HAMMER CORNELIA, KUNZEL PETER, PETROVA IVA. Sovereign Wealth Funds: Current Institutional and Operational Practices [R]. Washington, D. C: IMF, 2008.

[40] HM Treasury, Infrastructure UK & Infrastructure and Projects Authority. National Infrastructure Plan [EB/OL]. (2016-03-23) [2018-09-18]. https://www.

gov. uk/government/collections/national-infrastructure-plan ♯ national-infrastructure-pipeline.

[41] HM Treasury. Sovereign Wealth Funds: A British and Norwegian Perspective [EB/OL]. [2018-09-18]. http://www. hm-treasury. gov. uk/speech_est_060508. html.

[42] HOYOS CAROLA. The new Seven Sisters: oil and gas giants dwarf western rivals [EB/OL]. (2007-03-12)[2018-09-18]. http://www. ft. com/cms/s/2/471ae1b8-d001-11db-94cb-000b5df10621. html♯axzz4IIxpkN34.

[43] HULSMANN JENINE. UK to introduce foreign investment rules for critical infrastructure [EB/OL]. (2016-09-21) [2018-09-18]. https://www. cliffordchance. com/briefings/2016/09/uk_to_introduce_foreigninvestmentrulesfo. htm

[44] Infrastructure and Projects Authority. National Infrastructure Delivery Plan 2016—2021 [EB/OL]. (2016-03) [2018-09-18]. https://www. gov. uk/government/uploads/system/uploads/attachment _ data/file/520086/2904569 _ nidp _ deliveryplan. pdf.

[45] IWG-SWF. Establishment of The International Forum of Sovereign Wealth Funds [EB/OL]. (2009-04-06)[2018-09-18]. http://www. ifswf. org/sites/default/files/2010％20Kuwait％20Meeting％20-％20Kuwait％20Declaration. pdf.

[46] IWG-SWF. Sovereign Wealth Funds Generally Accepted Principles and Practices-The Santiago Principles [EB/OL]. (2008-10-28) [2018-09-18]. http://www. ifswf. org/sites/default/files/santiagoprinciples_0_0. pdf.

[47] JACOBS ANDREW. Paulson's China Trip Leaves Big Issues Unresolved [EB/OL]. (2008-12-06) [2018-09-18]. http://www. nytimes. com/2008/12/06/business/worldbusiness/06paulson. html? _r=1&ref=asia.

[48] JACOBSEN STINE. Norway's wealth fund files complaint against Volkswagen [EB/OL]. (2016-06-24) [2018-09-18]. http://www. reuters. com/article/us-volkswagen-lawsuit-swf-norway-idUSKCN0ZA1XL.

[49] JACOBSEN STINE. Norway's wealth fund files complaint against Volkswagen [EB/OL]. (2016-06-24)[2018-09-18]. http://www. reuters. com/article/us-volkswagen-lawsuit-swf-norway-idUSKCN0ZA1XL.

[50] JOHNSON SIMON. The Rise of Sovereign Wealth Funds [EB/OL]. (2007-09) [2018-09-18]. http://www. imf. org/external/pubs/ft/fandd/2007/09/straight. htm.

[51] JOSH HALLIDAY. Theresa May affirms commitment to 'northern powerhouse[EB/OL]. (2016-09-20) [2018-09-18]. https://www. theguardian. com/

uk-news/2016/sep/20/theresa-may-confirms-commitment-northern-powerhouse-george-osborne.

［52］KEATEN JAMEY. Swiss seize Monet，van Gogh works amid US probe of fund 1MDB［EB/OL］.（2016-07-22）［2018-09-18］. http://www. usnews. com/news/world/articles/2016-07-22/swiss-seize-monet-van-gogh-works-amid-us-probe-of-fund-1mdb.

［53］KIA. Overview［EB/OL］.［2018-09-18］. http://www. kia. gov. kw/.

［54］KIA. Overview［EB/OL］.［2018-09-18］. http://www. kia. gov. kw/en/ABOUTKIA/Pages/Overview. aspx.

［55］KIA. Structure and Governance［EB/OL］.［2018-09-18］. http://www. kia. gov. kw/en/Pages/orgStruct. aspx.

［56］KOCH MAXIMILIAN. The German Foreign Trade Act was Amended in 2009：How does this legislation affect cross-border Transactions in Germany?［EB/OL］.（2010-02-24）［2018-09-18］. http://www. martindale. com/business-law/article__922560. htm.

［57］Kuwait's KIA Says to Keep Daimler Stake Unchanged［EB/OL］.（2009-07-01）［2018-09-18］. http://wardsauto. com/kuwaits-kia-says-keep-daimler-stake-unchanged.

［58］LANDLER MARK. Chinese Savings Helped Inflate American Bubble［EB/OL］.（2008-12-26）［2018-09-18］. http://www. nytimes. com/2008/12/26/world/asia/26addiction. html? hp.

［59］LOWERY CLAY. Lowery at Barclays Capital's 12th Annual Global Inflation-Linked Conference［EB/OL］.（2008-02-25）［2018-09-18］. http://www. treas. gov/press/releases/hp836. htm.

［60］LOWERY CLAY. Remarks by Acting Under Secretary for International Affairs Clay Lowery on Sovereign Wealth Funds and the International Financial System［EB/OL］.（2007-6-21）［2018-09-18］. https://www. treasury. gov/press-center/press-releases/Pages/hp471. aspx.

［61］LOWERY CLAY. Remarks by Treasury Assistant Secretary for International Affairs Clay Lowery at Barclays Capital's 12th Annual Global Inflation-Linked Conference［EB/OL］.（2008-02-25）［2018-09-18］. https://www. treasury. gov/press-center/press-releases/Pages/hp836. aspx.

［62］MONCRIEF MARC. Swan Gives Foreign Governments A Peek at FIRB Guidelines［EB/OL］.（2008-02-18）［2018-09-18］. http://www. smh. com. au/business/swan-gives-foreign-governments-a-peek-at-firb-guidelines-20080217-1snl.

html.

[63] NEIL CUNINGHAME. Foreign investment in UK critical infrastructure faces government scrutiny (Competition briefing，September 2016) [EB/OL]. (2016-09-30) [2018-09-18]. https://www. ashurst. com/publication-item. aspx? id_Content ＝13514.

[64] NICHOLSON CHRIS V. C. I. C. Approved to Buy Stake in Apax Partners [EB/OL]. (2010-02-04) [2018-09-18]. https://dealbook. nytimes. com/2010/02/04/cic-approved-to-buy-stake-in-apax-partners/? _r＝0.

[65] Norges Bank Investment Management. External Managers [EB/OL]. [2018-09-18]. https://www. nbim. no/en/investments/external-mandates/external-managers/.

[66] Norges Bank Investment Management. External Management of the Fund's Management [EB/OL]. (2012-07-18) [2018-09-18]. http://www. nbim. no/contentassets/252ad9529f8b4564beae0f9c43ccf702/external-managers-1998-2015. xlsx? _t_id＝1B2M2Y8AsgTpgAmY7PhCfg％3d％3d&_t_q＝external-managers-1998-2015&_t_tags＝language％3aen％2csiteid％3ace059ee7-d71a-4942-9cdc-db39a172f561&_t_ip＝111. 195. 10. 183&_t_hit. id＝Nbim_Public_Models_Media_ExcelMedia/_64d556ed-15c0-4bc5-85ae-c7f5b01ea1ea&_t_hit. pos＝1.

[67] Norges Bank Investment Management. External Management of the Fund's Management [EB/OL]. (2015-02-19) [2018-09-18]. https://www. nbim. no/en/transparency/features/2011-and-older/2011/external-management-of-the-funds-management/? _t_id＝1B2M2Y8AsgTpgAmY7PhCfg％3d％3d&_t_q＝external＋managers&_t_tags＝language％3aen％2csiteid％3ace059ee7-d71a-4942-9cdc-db39a172f561&_t_ip＝111. 195. 3. 90&_t_hit. id＝Nbim_Public_Models_Pages_NewsItemPage/_2e5c551e-baa5-4389-888e-776486cc89b0_en-GB&_t_hit. pos＝7.

[68] Norges Bank Investment Management. From Oil and Gas to Financial Assets [EB/OL]. (2008-06-20) [2018-09-18]. https://www. nbim. no/en/transparency/features/2011-and-older/2008/from-oil-and-gas-to-financial-assets--norways-government-pension-fund--global/? _t_id＝1B2M2Y8AsgTpgAmY7PhCfg％3d％3d&_t_q＝deficit&_t_tags＝language％3aen％2csiteid％3ace059ee7-d71a-4942-9cdc-db39a172f561&_t_ip＝2001％3a0da8％3a0201％3a1412％3a0000％3a0000％3a0001％3a0573&_t_hit. id＝Nbim_Public_Models_Pages_NewsItemPage/_b1c0feae-7156-4ae0-baef-fa219a177c5c_en-GB&_t_hit. pos＝5.

[69] Norges Bank Investment Management. Positive Results from External Management [EB/OL]. (2015-02-19) [2018-09-18]. https://www. nbim. no/en/

transparency/news-list/2015/positive-results-from-external-management/? _ t _ id = 1B2M2Y8AsgTpgAmY7PhCfg％3d％3d&._ t _ q = external + managers&._ t _ tags = language％3aen％2csiteid％3ace059ee7-d71a-4942-9cdc-db39a172f561&._ t _ ip = 111. 195. 3. 90&._t_hit. id=Nbim_Public_Models_Pages_NewsItemPage/_f9b19020-d93b-474f-b6a1-d4beec4a9473_en-GB&._t_hit. pos=4.

[70] Norges Bank Investment Management. Volkswagen Complaint Filed [EB/OL]. (2016-06-24) [2018-09-18]. https：//www. nbim. no/en/transparency/news-list/2016/volkswagen-complaint-filed/.

[71] Norway Ministry of Finance. Norway's Position in the Debate on Sovereign Wealth Funds [EB/OL]. (2007-10-31)[2018-09-18]. https：//www. regjeringen. no/en/topics/the-economy/the-government-pension-fund/internt-bruk/Norways-position-in-the-debate-on-Sovere/id487466/.

[72] OECD Investment Committee. Sovereign Wealth Funds and Recipient Country Policies [EB/OL]. (2008-04-04) [2018-09-18]. http://www. oecd. org/investment/investment-policy/40408735. pdf.

[73] OECD. OECD Guidelines on Corporate Governance of State-Owned Enterprises (2015 Edition) [EB/OL]. (2015-11-19) [2018-09-18]. http://www. oecd-ilibrary. org/governance/oecd-guidelines-on-corporate-governance-of-state-owned -enterprises-2015_9789264244160-en.

[74] Office of the Attorney General. United States Seeks to Recover More Than $ 1 Billion Obtained from Corruption Involving Malaysian Sovereign Wealth Fund [EB/OL]. (2016-07-20) [2018-09-18]. https：//www. justice. gov/opa/pr/united-states-seeks-recover-more-1-billion-obtained-corruption-involving-malaysian-sovereign.

[75] SEC. SEC Filing Document [EB/OL]. [2018-09-18]. http://www. sec. gov/Archives/edgar/data/1468702/000095012310009135/c95690e13fvhr. txt.

[76] Sovereign Wealth Fund Institute. Sovereign Wealth Fund Rankings [EB/OL]. (2013-06)[2018-09-18]. http://www. swfinstitute. org/sovereign-wealth-fund-rankings/.

[77] Sovereign Wealth Fund Institute. Sovereign Wealth Fund Rankings [EB/OL]. (2016-06)[2018-09-18]. http://www. swfinstitute. org/sovereign-wealth-fund-rankings/.

[78] SUMMERS LAWRENCE. Funds that Shake Capitalist Logic [EB/OL]. (2007-07-29) [2018-09-18]. https：//www. ft. com/content/bb8f50b8-3dcc-11dc-8f6a-0000779fd2ac.

[79] The Economist. Asset-backed Insecurity [EB/OL]. (2008-01-17) [2018-

09-18]. http://www. economist. com/node/10533428.

[80] The Financial Services Register. Apax Partners UK Ltd [EB/OL]. [2018-09-18]. https://register. fca. org. uk/ShPo_FirmDetailsPage? id＝001b000000MfFJk AAN.

[81] The National Security Review & State-owned Enterprise ("SOE") Review Regimes under the Investment Canada Act [EB/OL]. (2010-08) [2018-09-18]. http://www. ipvancouverblog. com/2010/08/the-national-security-review-state-owned-enterprise-soe-review-regimes-under-the-investment-canada-act/.

[82] TRUMAN EDWIN M. A Scoreboard for Sovereign Wealth Funds [EB/OL]. (2007-10-19) [2018-09-18]. https://pdfs. semanticscholar. org/1d16/ccc4469806db14450be63a660e1eaac63d0b. pdf.

[83] TRUMAN EDWIN M. Sovereign Wealth Fund Acquisitions and Other Foreign Government Investments in the United States: Assessing the Economic and National Security Implications [EB/OL]. (2007-11-14) [2018-09-18]. https://www. banking. senate. gov/public/_cache/files/e4fe589e-90aa-46e0-afe9-1efb57fcd69c/33A699FF535D59925B69836A6E068FD0. 111407-truman. pdf.

[84] TRUMAN EDWIN M. The Rise of Sovereign Wealth Funds: Impacts on US Foreign Policy and Economic Interests [EB/OL]. (2008-05-21) [2018-09-18]. https://piie. com/sites/default/files/publications/testimony/truman0508. pdf.

[85] U. S. Department of the Treasury. Treasury Reaches Agreement on Principles for Sovereign Wealth Fund Investment with Singapore and Abu Dhabi [EB/OL]. (2008-03 20) [2018-09-18]. http://www. treasury. gov/press-center/press-releases/Pages/hp881. aspx.

[86] WOLF MARTIN. Asia's Revenge [EB/OL]. (2008-03-05) [2018-09-18]. https://www. ft. com/content/fba32c1e-9565-11dd-aedd-000077b07658.

[87] 布朗，塔克. GIC 出售花旗股份获得利润 16 亿美元[EB/OL]. (2009-09-23)[2018-09-18]. http://www. ftchinese. com/story/001028892.

[88] 《财经》综合报道. 消息称中投将获得 1000 亿至 2000 亿美元新资金[EB/OL]. (2011-04-27) [2018-09-18]. http://www. caijing. com. cn/2011-04-27/110703410. html.

[89] 陈思武，陈济朋. 楼继伟:欧美国家政策未明朗 中投不会大规模投资[EB/OL]. (2008-12-03) [2018-09-18]. http://news. xinhuanet. com/fortune/2008-12/03/content_10451850. htm.

[90] 陈思武，陈济朋. 楼继伟:欧美国家政策未明朗 中投不会大规模投资[EB/OL]. (2008-12-3) [2018-09-18]. http://news. xinhuanet. com/fortune/2008-12/03/

content_10451850. htm.

[91] 淡马锡. 淡马锡宪章[EB/OL]. [2018-09-18]. http://www. temasekreview. com. sg/zh/overview/the-temasek-charter. html.

[92] 淡马锡年度报告 2015 媒体发布会记录文稿[EB/OL]. (2015-07-07)[2018-09-18]. http://www. temasek. com. sg/mediacentre/speeches? detailid=23491.

[93] 邓美玲. 淡马锡清空巴克莱股份 亏损至少 5 亿英镑 [EB/OL]. (2009-06-05)[2018-09-18]. http://www. eeo. com. cn/finance/banking/2009/06/05/139231. shtml.

[94] 邓宇思. 海湾国家主权财富基金密集出售金融资产以弥补财政亏空[EB/OL]. (2015-10-20) [2018-09-18]. http://ae. mofcom. gov. cn/article/ztdy/201510/20151001141464. shtml.

[95] 丁学东. 中国将因粮食产业投资获益[EB/OL]. (2014-06-19) [2018-09-18]. http://www. ftchinese. com/story/001056815.

[96] 范晓琪. 马国公账会一马公司调查报告出炉 建议调查前 CEO [EB/OL]. (2016-04-07) [2018-09-18]. http://www. zaobao. com/realtime/world/story20160407-602377.

[97] 傅丽云. 杨家伟称通过 Aabar 交易 赚取约 2000 万元介绍费[EB/OL]. (2016-11-18) [2018-09-18]. http://www. zaobao. com/news/singapore/story20161118-691583.

[98] 高晨. 入股英国歌鸟公司? 中投进军英国房地产市场[EB/OL]. (2009-09-02) [2018-09-18]. http://www. ce. cn/cysc/fdc/jn/sy/200909/02/t20090902 _ 19650168. shtml.

[99] 顾梦琳. 南车与北车宣布正式合并为"中国中车"[EB/OL]. (2014-12-30) [2018-09-18]. http://news. china. com/domestic/945/20141230/19161680_all. html ♯ page_2.

[100] 国家审计署. 2014 年第 5 号公告:中国投资有限责任公司 2012 年度资产负债损益审计结果[EB/OL]. (2014-06-18) [2018-09-18]. http://www. audit. gov. cn/n5/n25/c63648/content. html.

[101] 国家外汇管理局. 外汇储备数据[EB/OL]. [2018-09-18]. http://www. safe. gov. cn/wps/portal/sy/tjsj_lnwhcb.

[102] 侯启祥. 未举报一马可疑交易 瑞意前高管判监 18 周罚 2 万余[EB/OL]. (2016-11-12) [2018-09-18]. http://www. zaobao. com/news/singapore/story20161112-689096.

[103] 胡雯. 透明度高引关注 海外业绩压力太大 [EB/OL]. [2018-09-18]. http://money. 163. com/special/view365/.

[104] 胡渊文. 一马公司调查新进展:我国扣押 2 亿 4000 万元银行账户和资产 [EB/OL]. （2016-07-21）[2018-09-18]. http://www. zaobao. com/news/advance/ story20160721-644082.

[105] 胡祖六. 管理主权财富基金[EB/OL]. （2007-08-06）[2018-09-18]. http://www. caijing. com. cn/2007-08-06/100026054. html.

[106] 环球时报. 中投集团可能 200 亿欧元投资德国商业地产市场[EB/OL]. （2008-02-04）[2018-09-18]. http://finance. ifeng. com/news/hqcj/200802/0203_ 2203_391617. shtml.

[107] 环球时报. 中投集团可能 200 亿欧元投资德国商业地产市场[EB/OL]. （2008-02-04）[2018-09-18]. http://finance. ifeng. com/news/hqcj/200802/0203_ 2203_391617. shtml.

[108] 黄晋. 三一重工在美诉讼赢了什么[EB/OL]. （2014-08-05）[2018-09-18]. http://intl. ce. cn/sjjj/qy/201408/05/t20140805_3290039. shtml.

[109] 黄丽伟,陈芸芸. 英国"北方经济增长区"战略概览[EB/OL]. （2016-07-21）[2018-09-18]. http://intl. ce. cn/specials/zxgjzh/201607/21/t20160721_140383 07. shtml.

[110] 姜艺萍. "搅局"阿根廷:北车"状告"南车削价竞争[EB/OL]. [2018-09-18]. http://business. sohu. com/20130610/n378549770. shtml.

[111] 君临. 这个世界上最有钱投资者的悲催经历,会让你终生受用[EB/OL]. （2016-07-29）[2018-09-18]. http://junlin1980. baijia. baidu. com/article/562451.

[112] 李隽琼. 科威特参与广东炼油项目 中国打通新找油路径[EB/OL]. （2007-12-05）[2018-09-18]. http://www. ce. cn/xwzx/gnsz/gdxw/200712/05/ t20071205_13813875. shtml.

[113] 李磊. 丁学东:已设立直投公司 中投业务与亚投行互补[EB/OL]. （2015-03-28）[2018-09-18]. http://finance. ifeng. com/a/20150328/13590522_0. shtml.

[114] 李箐. 千亿中投海外直投公司 7 月 27 日挂牌[EB/OL]. （2015-07-29）[2018-09-18]. http://money. 163. com/15/0729/09/AVMBVLOR00253368. html.

[115] 李若愚. 中投再曝竞购德国保时捷[EB/OL]. （2009-07-07）[2018-09-18]. http://finance. sina. com. cn/chanjing/gsnews/20090707/13266450315. shtml.

[116] 联合早报. 马国国行不再调查一马公司[EB/OL]. （2016-08-14）[2018-09-18]. http://www. zaobao. com/news/sea/story20160814-653840.

[117] 联合早报. 马拒绝助瑞士查一马案[EB/OL]. （2016-11-12）[2018-09-18]. http://www. zaobao. com/sea/politic/story20161112-689150.

[118] 联合早报. 马总审计署完成一马初步调查[EB/OL]. （2015-07-03）[2018-09-18]. http://www. zaobao. com/special/report/politic/mypol/story20150703-498493.

[119] 联合早报. 一马案关键人物 卡登在阿布扎比被捕[EB/OL]. (2016-08-20) [2018-09-18]. http://www.zaobao.com/znews/sea/story20160820-656277.

[120] 联合早报. 一马案曝光后失联多时 传刘特佐乘豪华游艇悄悄返马国[EB/OL]. (2016-10-14) [2018-09-18]. http://www.zaobao.com/news/sea/story201610 14-677570.

[121] 刘慧. 责任投资是资管行业持续发展"必上的一课"[EB/OL]. (2017-03-19) [2018-09-18]. http://news.xinhuanet.com/fortune/2017/03/19/c_1120654363. htm? from=groupmessage&isappinstalled=0.

[122] 刘歆宇. 美国司法部称马来西亚主权基金 35 亿美元遭挪用,高盛卷入 [EB/OL]. (2016-07-22) [2018-09-18]. http://www.thepaper.cn/newsDetail_ forward_1502321.

[123] 路透北京. 中投与中粮合组中粮国际控股 打造国际农业投资平台[EB/OL]. (2015-05-12) [2018-09-18]. http://industry.caijing.com.cn/20150512/ 3880728.shtml.

[124] 路透社. 德国汽车厂商戴姆勒与中投洽谈投资[EB/OL]. (2009-04-22) [2018-09-18]. http://www.jinmajia.com/article/hqsm/200904/20090400004365. shtml.

[125] 吕明,叶眉. 主权财富基金信息透明度问题研究[J]. 广东金融学院学报, 2008 (05).

[126] 马建国. 楼继伟:中投公司不宜太透明 强调长期投资收益[EB/OL]. (2007-12-12) [2018-09-18]. http://news.xinhuanet.com/fortune/2007-12/12/ content_7232132.htm.

[127] 马利德,珍妮·威金斯. 中投收购英国酒商帝亚吉欧 1.1%股权 [EB/OL]. (2009-07-21) [2018-09-18]. http://www.ftchinese.com/story/001027672.

[128] 马元月,岳品瑜. 央行万亿注资政策性银行[EB/OL]. (2015-07-22) [2018-09-18]. http://finance.people.com.cn/bank/n/2015/0722/c202331-27340818.html.

[129] 慕丽洁. "银杏树"与"曼陀罗":外管局投资系全球绽放[EB/OL]. (2013-11-17) [2018-09-18]. http://business.sohu.com/20131117/n390272083.shtml.

[130] 聂日明. 投资不是中投的特长[EB/OL]. (2015-06-26) [2018-09-18]. http://nieriming.baijia.baidu.com/article/20211.

[131] 欧阳晓红. 外管局和它的四朵金花[EB/OL]. (2014-07-12) [2018-09-18]. http://www.eeo.com.cn/2014/0712/263357.shtml.

[132] 欧阳晓红. 中投看上意大利? 高西庆赴罗马"密洽"组合投资[EB/OL]. (2010-02-05) [2018-09-18]. http://www.eeo.com.cn/eeo/jjgcb/2010/02/08/

162587. shtml.

[133] 祁斌. 大国兴衰、资本市场与海外并购[EB/OL].（2016-12-03）[2018-09-18]. http://mt. sohu. com/20161203/n474812804. shtml.

[134] 商灏. 中国对外投资为何频繁折戟[EB/OL].（2014-11-01）[2018-09-18]. http://finance. sina. com. cn/world/20141101/020520704339. shtml.

[135] 上市公司调研网. 中投海外投资连续下单[EB/OL].[2018-09-18]. http://www. 55168. cn/html/31/t-160731. html.

[136] 史蒂夫·约翰逊. 中国公司治理退步[EB/OL].（2016-11-10）[2018-09-18]. http://www. ftchinese. com/story/001070081? full＝y.

[137] 史蒂夫·约翰逊. 主权财富基金瞄上资产管理公司[EB/OL].（2015-12-31）[2018-09-18]. http://www. ftchinese. com/story/001045548.

[138] 宋璟. 100余国家和国际组织对参与"一带一路"建设表达积极意愿[EB/OL].（2016-10-14）[2018-09-18]. http://www. chinadevelopment. com. cn/2016/10/1088022. shtml.

[139] 宋云辉. 丝路基金正式落户北京金融街[EB/OL].（2015-01-22）[2018-09-18]. http://bj. people. com. cn/n/2015/0122/c82838-23651474. html.

[140] 苏俊翔. 美国继续调查一马公司[EB/OL].（2016-06-11）[2018-09-18]. http://www. zaobao. com/realtime/world/story20160611-627889.

[141] 孙轲，旷野. 中投三问[EB/OL].（2008-05-10）[2018-09-18]. http://finance. sina. com. cn/roll/20080510/02354852816. shtml.

[142] 唐逸如. 石油国主权财富基金玩大撤退[EB/OL].（2015-12-14）[2018-09-18]. http://finance. qq. com/a/20151214/030066. htm.

[143] 腾讯财经. 淡马锡已将所持美国银行股份全部出售[EB/OL].（2009-05-15）[2018-09-18]. http://finance. qq. com/a/20090515/003467. htm.

[144] 腾讯证券. GIC收购19.9％ITC股权 总价值12.3亿美元[EB/OL].（2016-04-21）[2018-09-18]. http://stock. qq. com/a/20160421/056167. htm.

[145] 王波. 中石化和沙特阿美石油公司合资建炼油厂[EB/OL].（2012-01-16）[2018-09-18]. http://news. cntv. cn/20120116/122062. shtml.

[146] 王玉亮，李斌，李巍. 河北省企业与中投公司签署合作协议[EB/OL].（2015-03-25）[2018-09-18]. http://hebei. hebnews. cn/2015/03/25/content_4652816. htm.

[147] 魏华，欧贤安. FBI已调查马来西亚一涉反洗钱公司 多国卷入其中[EB/OL].（2016-09-21）[2018-09-18]. http://world. huanqiu. com/exclusive/2015-09/7532380. html.

[148] 肖磊. 本次全球股灾起于"黑金之翼"[EB/OL].（2016-01-27）[2018-09-

18］. http：//news. hexun. com/2016-01-27/182051118. html.

［149］新浪财经. 中投复星集团旗下公司出价 48 亿竞购伦敦奥运办公楼，，
［EB/OL］. （2015-07-17）［2018-09-18］. http：//finance. sina. com. cn/chanjing/
gsnews/20150717/175922718922. shtml.

［150］央广网. 李克强：2016 年拟安排财政赤字 2. 18 万亿元［EB/OL］. （2016-
03-05）［2018-09-18］. http：//news. cnr. cn/native/gd/20160305/t20160305 _
521540849. shtml.

［151］央视新闻. 三一集团诉奥巴马案达成全面和解［EB/OL］. （2015-11-05）
［2018-09-18］. http：//www. chinacourt. org/article/detail/2015/11/id/1741166. shtml.

［152］杨舒怡. 生活压力大 马来西亚民众怒视"一马发展"贪腐案［EB/OL］.
（2016-04-17）［2018-09-18］. http：//www. chinanews. com/gj/2016/04-17/7836992.
shtml.

［153］叶海蓉. GIC 不追求经营决策权［EB/OL］. （2008-09-25）［2018-09-18］.
http：//futures. hexun. com/2008-09-25/109208596. html.

［154］叶檀. 中投投资歌鸟：又一笔愚蠢生意？［EB/OL］. （2009-07-21）［2018-09-
18］. http：//caihuanet. com/zhuanlan/geren/yetan/200909/t20090902_984076. shtml.

［155］佚名. 亚行关于亚洲基础设施投资需求为 8 万亿美元的测算说明［EB/
OL］. （2015-02-03）［2018-09-18］. http：//finance. china. com. cn/roll/20150203/
2942741. shtml.

［156］佚名. 专访中投屠光绍："中国视角"挖掘机会，打造跨境投资生态网络
［EB/OL］. （2018-09-29）［2018-10-06］. https：//baijiahao. baidu. com/s？id ＝
16129181797759894868＆wfr＝spider＆for＝pc.

［157］岳跃. 祁斌：探索中国特色的主权财富基金管理模式［EB/OL］. （2016-12-
04）［2018-09-18］. http：//topics. caixin. com/2016-12-04/101022862. html.

［158］张菲菲. 解码中投公司 2015 年成绩单：西边不亮东边亮［EB/OL］. （2016-
07-24）［2018-09-18］. http：//www. yicai. com/news/5049215. html.

［159］张飞扬. 马来西亚前总理纳吉布面临"洗黑钱"等三项新指控［EB/OL］.
（2018-08-08）［2018-09-18］. http：//world. huanqiu. com/exclusive/2018-08/
12671849. html.

［160］张伟. 科威特成为中国人民币市场最大的外国投资者［EB/OL］. （2014-
01-23）［2018-09-18］. http：//kw. mofcom. gov. cn/article/jmxw/201401/
20140100470987. shtml.

［161］招商局集团办公厅. 李建红、李晓鹏会见中投公司副董事长、总经理屠光
绍一行［EB/OL］. （2017-02-15）［2018-09-18］. http：//industry. caijing. com. cn/
20150512/3880728. shtml.

[162] 赵刚. 淡马锡"去政府化"[EB/OL]. (2009-08-27) [2018-09-18]. http://finance. sina. com. cn/roll/20090827/02376669435. shtml.

[163] 郑怡. 加拿大外国投资国家安全审查制度及其最新发展介绍[EB/OL]. (2017-01-03)[2018-09-18]. http://mt. sohu. com/20170103/n477628197. shtml.

[164] 中国驻意大利大使馆经济商务参赞处. 欧盟主要国家对待中国主权财富基金态度各异[EB/OL]. (2008-07-15) [2018-09-18]. http://www. mofcom. gov. cn/aarticle/i/jyjl/m/200807/20080705664153. html.

[165] 中投公司. 关于中投 [EB/OL]. [2018-09-18]. http://www. china-inv. cn/wps/portal/! ut/p/a1/jZBNC4JAEIZ_Ucy06mrHTcsP3CJEsr3IEqkLuUpIh359Jn R0dW4Dz8M784KAAoSWb1XLQXVaPn-7oOUJKW79DBPk7IjMwwM_WwlhjjMCt3 kgtInRv_x9P2SR7aaIaHsE42AfB+e6OI8Z0nY8zw3CdbwAW_k8mwJA_BpAX93kNo pdDs1G66qBouvZR3jVcQRgTMssMTA1PgKnCpRv7Ns _ z4pNWWay-vwv2gA!! / dl5/d5/L2dBISEvZ0FBIS9nQSEh/.

[166] 驻加拿大经商参处. 加拿大关于外国投资的国家安全审查制度[EB/OL]. (2016-02-25) [2018-09-18]. http://www. mofcom. gov. cn/article/i/dxfw/nbgz/201602/20160201262185. shtml.

[167] 驻卡塔尔经商处. 卡塔尔将成为伦敦证券交易所最大股东[EB/OL]. (2007-09-20) [2018-09-18]. http://www. mofcom. gov. cn/aarticle/i/jyjl/k/200709/20070905113834. html.

[168] 驻瑞士经商参处. 海航集团收购瑞士民航技术服务提供商 SR Technics 公司 [EB/OL]. (2016-07-15) [2018-09-18]. http://ch. mofcom. gov. cn/article/jmxw/201607/20160701360055. shtml.

词 汇 索 引

L-M透明度指数　187—189,244

《OECD关于主权财富基金与投资东道
　国政策的宣言》　35,59

《OECD跨国企业指南》　44,151,180

阿联酋阿布扎比穆巴达拉发展公司　57

阿联酋阿布扎比投资局（ADIA）　236

澳大利亚外国投资审查委员会
　（FIRB）　64

澳大利亚《外资并购与接管法案》　64

澳大利亚《与外国政府相关的在澳投资
　审查指导原则》　64

保护主义　3,34,36,37,59,130,133,
　134,171,199,200,204,207,209—
　212,231,263

被动投资　51,78,80,99,100,129,131

彼得森国际经济研究中心　188

表决权暂停机制　121,122

长期投资　1,8,9,15,18,35,47,116,
　129,132,149,150,152,161,175,195,
　215,237,238,249

撤资　209,212—217,243,244,250,254

储备投资公司　6,10,17,215

储蓄基金　6,10,15,23,146,215

搭伙间投　2,101

淡马锡控股（私人）有限公司　12,153,

　157,158,161,162,188

淡马锡宪章　154,156

道德风险　133

第三方基金　98

对冲基金　24,27,47,52,75,95,97,99,
　125,134,198,202,216

《多德—弗兰克华尔街改革和消费者保
　护法》　95

《二十国集团/经合组织公司治理准则》
　44,151

发展基金　6,10,15,17,18,28—30,
　176,205,215

法律全球化　40,41,44,218

反身型法律　43

非歧视性原则　36,120,130

非商品型基金　6

风险缓释　77,82,124

浮动汇率　126

负责任的投资　131,149—151,179,
　182,226,260

公共干预　178—180

公共利益　70,74,86,88,109—112,120

公平竞争　34,59,84,109,166,183,
　184,248,251,264

公私合营　173,174

功能剥离　3,246,265

功能监管　93

股东至上理论　178—180,264

股权直投　2,101,103,158

固定收益产品　75

关键基础设施　67,69,77,80,82,109,
110,112

关联关系理论　185

国际法治　3,40—43,45,131,182,183,
207,212,218,220,225—227,240,
255,257—259,263—265

国际货币基金组织（IMF）　4

国家安全审查　2,34,36,58—69,75,
76,82,104,123,125,129,136,137,
140,204,231,264

国有企业私有化　69

《华盛顿约定》　33,34,59,62,125,165,
166,211,231

黄金股　2,61,69—74,111—113,120,
124,264

回应式的投资模式　129

货币监理署（OCC）　95

基准指数　149,150,214

加拿大《关于投资的国家安全审查条例》
60,166

加拿大《外国投资国家安全审查指
引》　60

金融控股公司　87,90—94

金融全球化　126,127,217

经济安全　77,127,128

经济合作与发展组织（OECD）　26,
35—37,54,59,62,128,131,151,180,
211,250,257

经营基准组合　150

绝对收益产品　75

卡塔尔投资局（QIA）　236

科威特投资局（KIA）　141

科威特宣言　37,60

可持续性原则　154,157

控制权　2,10,65,78—80,87,105,107,
109,110,112,119,121,123,124,128,
132,141,158,178,251,264

跨区域套利　218

跨世代投资　156,158,159

利益相关者理论　179

联邦储备委员会（FRB）　95

联邦存款保险公司（FDIC）　88

联合国全球契约　44,151,180

联合国《商业和人权指导原则》　44,151

联接基金　98

另类投资　52,56,170,176,241,253

伦理委员会　147,148,150—153,179,
226,256,261

美国《联邦储备法》　87,88,144

美国商品期货交易委员会（CFTC）　95

美国《外国投资风险审查现代化法案》
（FIRRMA法案）　78—82

美国外国投资委员会（CFIUS）　76

美国《外国投资与国家安全法案》
（FINSA法案）　59,77—80

美国《银行控股公司法》　76,84—88,
91,95—97,140,142

美国《银行控制变动法》　85,86

美元回流　131

母基金　98

逆向选择　133

逆周期投资　131

挪威政府养老基金（全球）（GPFG）　12

欧共体条约 70,74,108,120

欧盟委员会 37,70,74,108,111,251

欧洲法院 65,70—74,108,120

欧洲自由贸易联盟（EFTA） 120

平行基金 98,205

企业行为准则 43,183,264

去政治化 118,124,128,130,132,
247,265

确定性原则 74,121

软法 40,44,63,135

沙特货币管理局 26,27,213

商品型基金 6,51

社会责任 43,135,183,248,258—
260,264

《圣地亚哥原则》（《主权财富基金的通用
准则与实践》） 4,10,11,15,17,37—
40,68,122,125,132,134—136,156,
158,161,180,189—195,211,216,
249,257

剩余控制权 178

剩余索取权 178

实力源泉原则 144

市场不确定性 3,207,263

适度透明 132

受托管理人 120,121,151

丝路基金 205,238,241,254

私募股权基金 27,30,57,75,95,97,
99,106,129,157,162,163,239,
241,255

私人秩序 178

投资组合 17,27,29,48,53,54,101,
129,147,149—153,156—158,162,
164,165,170,171,179,187,191,198,
199,201—203,209,217,238,239,248

透明度 3,14,24,30,32—34,36—39,
58,60—62,64,67,69,81,88,114—
116,124,125,128,129,131—136,
138,146,147,149,159,167,174,
180—182,184—188,190—192,194—
196,211,216,231,244,245,247—
249,255,258,263—265

外部审计机构 175

外部投资者 159—161

外部资产管理人 3,118,129,158,
197—201,203,204

外国银行机构（FBO） 142

外商直接投资（FDI） 52

完全发生于美国境外的交易（SOTUS交
易） 96—100

稳定基金 6,10,15,25—27,29,30,215

沃尔克规则 95—100,145,185

洗钱 90,109,212,218,220,221,
224,225

现金产品 75

相称性原则 121,130,264

协同治理模式 3,182,183,255

新常态 3,41,42,56,206—212,218,
225—228,231—236,244—247,249,
258,263,265

新加坡政府投资有限公司（GIC）
54,161

新商人法 40,41,43,44,226,262

新兴市场国家 41,233,234

信息不对称 133,197

信息披露 2,27,30,34,38,39,58,59,
61—63,85,88,93,101,108,114—
116,122—124,130—132,134—136,
144,149,150,156,161,164—166,

174，182，186，187，189，195—197，
211，244，245，262，264

牙买加体系　126，127，131

养老储备基金　6，10，17，30，146，216

"一带一路"倡议　109，234，235，255

一致行动人　108，251

意大利《金融统合法》　114

英国基础设施升级投资计划　109

英国金融服务管理局(FSA)　107，128

英国 2000 年《金融服务及市场法》
　(FSMA)　107—108

有限披露　132，134

战略投资者　158，238

证券交易委员会(SEC)　95

政府养老基金(全球)伦理指南　147

政治三元困境　126

治理结构　2，12，31，32，34，38，47，59，
　60，135，148，155，166，167，173，174，
　220，242，255，256

中国投资有限责任公司　26，45，47，
　205，208，209，237，243，245

中央汇金投资有限责任公司　46，76

主权财富基金国际论坛(IFSWF)　60，
　61，180，181，194

主权财富基金研究室　18，22，50，214

主权财富基金研究中心(SWFI)　187，
　194，241

资本自由流动　111，120，122，126，
　127，132

自我规制　3，43，226，265

自由化和促进型化　228

组合投资　2，18，101，113—115，254

后　记

　　本书源于笔者所主持的国家社会科学基金研究项目——"主权财富基金投资法律风险及监管模式研究——以中投公司展开"（11CFX038）。课题结项后，研究报告中的两大核心内容，即主权财富基金的监管因应和治理改革，经进一步修改完善，形成本书。

　　课题研究是一项团队工作。几年来，北京大学法学院的研究生夏戴乐、孙天驰、朱涤、徐骁睿、史诗、孙点婧、彭雨晨、宋悦、黎子仪等提供了出色的研究助理工作，张涛、林伯逍对部分章节有创造性的贡献，刘庄、苏盼、郭霓等参与前期的讨论，特别是李逸斯，精心整理了大量的资料，对全文成稿帮助巨大。这些同学中有的自己已经初执教鞭或是在不同岗位上取得不俗成绩。衷心感谢其辛苦付出的同时，深为能够在燕园与他们一道讨论合作分享、共同进步成长而庆幸。

　　中国证监会焦津洪教授、斯坦福大学 Curtis Milhaupt 教授、哈佛大学 William Alford 教授、范德比尔特大学 Randall Thomas 教授、Amanda Rose 教授、华盛顿大学 Jane Winn 教授、斯德哥尔摩大学 Sideek Seyad 教授、悉尼大学 Jennifer Hill 教授、新加坡国立大学 Simon Chesterman 教授、首尔大学 Hwa-Jin Kim 教授、学习院大学神田秀树教授等，对本研究的开展提供了帮助。谨此向这些师长和朋友致谢！

　　研究过程中的一些阶段性成果曾以论文形式在《中外法学》《清华法学》《江汉论坛》、Peking University Law Journal 等期刊发表，被《新华文摘》、人大复印报刊资料等全文转载，在世界各地的多场学术会议中研讨，也获得过吴鹏先生、唐立新先生、安子介先生、住友化学公司、道安基金等所设的奖教/研表彰。感谢这些刊物、编辑、会议组织者和设奖者的勉励。

　　北京大学出版社和王晶编辑曾与笔者数度合作，为本书的最终面世再次不辞劳苦，甚为感动。

　　恩师吴志攀教授曾教导"要以世界眼光,来研究中国问题",本书是为此的又一尝试。感谢北京大学法学院,一路走来,在这里与同事们每日交流,和学生们教学相长,非常幸运。同样地,感谢父母、家人和朋友,给予我的温暖、爱护与支持!

郭　雳

二〇一八年国庆节于北京大学法学院陈明楼